Becker · Planung von Unterricht

Georg E. Becker

Planung von Unterricht

Handlungsorientierte Didaktik
Teil I

7. Auflage

Beltz Verlag · Weinheim und Basel

Georg E. Becker, Dr. phil., Jahrgang 1937,
ist Professor für Allgemeine Didaktik/Schulpädagogik
an der Pädagogischen Hochschule Schwäbisch Gmünd.

7., neu ausgestattete Auflage 1997

Lektorat: Peter E. Kalb

© 1984 Beltz Verlag · Weinheim und Basel
Druck: Druckhaus Beltz, Hemsbach
Umschlaggestaltung: Federico Luci, Köln
Printed in Germany

ISBN 3-407-25189-9

Inhaltsverzeichnis

Einleitung

Diese Didaktik wendet sich an angehende und praktizierende Lehrer aller Schulstufen und Schularten, die unter den allgemein bekannten Bedingungen mehrheitlich an öffentlichen Schulen tätig sind. *Vorrangiges Ziel dieses Ansatzes ist die Ausbildung eines kompetent handelnden Lehrers, der den Schülern beim Lernen helfen kann und der sich seiner gesellschaftspolitischen Verantwortung bewußt ist.* Ausgangspunkt aller Überlegungen ist die Unterrichtswirklichkeit, wie sie sich an den Grund-, Haupt- und Realschulen, den Gymnasien, Sonder-, Berufs- und Berufsfachschulen darstellt. Damit soll der Versuch gemacht werden, jene Lehrer zu unterstützen, welche den Unterricht positiv verändern wollen. Lehrer, die ihre Wirklichkeit bewußter wahrnehmen, sie realistischer einschätzen, Schwachstellen sehen und aufzeigen können, sind eher in der Lage, humanistische Ansätze des Lehrens und Lernens zu erproben und durchzusetzen (vgl. Dick 1979, Lindenberg 1975, Singer 1981). Inkompetent handelnde Lehrer, die nicht von der zu verändernden Wirklichkeit ausgehen, unterliegen der Gefahr, daß ihre gutgemeinten Bemühungen in einem „neuen Romantizismus" (Gage/Berliner 1979, 605 ff.) münden und letztlich handlungsirrelevant bleiben.

Die handlungsorientierte Didaktik konzentriert sich in drei Bänden auf die zentralen Arbeitsbereiche des Lehrers, auf die *Planung, Durchführung und Auswertung von Unterricht* (vgl. Übersicht 1). Der Ansatz möchte Lehrern jene Planungs-, Handlungs- und Auswertungshilfen bieten, die sie zunehmend in die Lage versetzen, die eigenen Lehrhandlungen an den Lernvoraussetzungen der Schüler zu orientieren. Die für den Lehr-Lern-Prozeß typischen Handlungen, Handlungsstrukturen und Struktursequenzen werden analysiert und transparent gemacht, so daß Lehrer ihr Handlungsrepertoire erweitern und bedeutsame Lehr-Lern-Situationen und Situationsfolgen im Interesse der Schüler optimieren können.

Damit unterscheidet sich die handlungsorientierte Didaktik von anderen didaktischen, interaktionsanalytischen oder erziehungspsychologischen Ansätzen (z.B. Amidon/Hough 1967, Flanders 1971, Tausch/Tausch 1979, Wagner 1976), die versuchen, das hochkomplexe Handlungsfeld, in dem Lehrer und Schüler interagieren, mit nur wenigen Kategorien oder Dimensionen zu erfassen. Nicht der gesamte Unterricht wird analysiert, sondern typische Lehr-Lern-Situationen und Konfliktsituationen und die aufeinander bezogenen Lehr-Lern-Handlungen.

Dieses *situationsanalytische Vorgehen* hat Konsequenzen für die Planung, Durchführung und Auswertung des Unterrichts. Geplant wird der Unterricht in Lehr-Lern-Folgen, die Lehr-Lern-Situationen mit bedeutsamen Lehr-Lern-Handlungen in den Blick rücken. Im Lehr-Lern-Prozeß werden die Lehr-Lern-Situationen – und die meist unverhofft auftretenden Konfliktsituationen – miteinander verknüpft. Die Auswertung und Beurteilung der Lehr-Lern-Prozesse findet nicht nur nach bestimmten Kriterien, sondern primär über die zu beobachtenden Lehr-Lern-Handlungen statt. Lehrer erhalten auf diese Weise konkrete Anhaltspunkte für ihr berufliches Handeln und können es in vergleichbaren Lehr-Lern-Situationen und Konfliktsituationen korrigieren und effektivieren.

Wenn in der Übersicht 1 zwischen *zentralen und marginalen Arbeitsbereichen* unterschieden wird, dann soll dem politischen Engagement, der Kooperation mit Dritten, der Gestaltung des Schullebens und der Mitarbeit in kommunalen Einrichtungen kein geringer Stellenwert beigemessen werden – denn diese Arbeitsbereiche wirken ja unmittelbar in die zentralen hinein –, aber die bedeutsamste Aufgabe eines Lehrers besteht wohl nach wie vor darin, *den Schülern beim Lernen zu helfen.* Nur wer Unterricht kompetent planen, durchführen und auswerten kann, vermag dieser Berufsaufgabe gerecht zu werden.

Im Mittelpunkt der handlungsorientierten Didaktik steht der *Durchführungsaspekt* (vgl. Bd. II dieser Didaktik). Hier geht es direkt um die Schüler, um deren Lernvoraussetzungen, Lernbemühungen und Lernerfolge. Wer den Unterricht qualifiziert planen kann, muß kein handlungskompetenter

Handlungsorientierte Didaktik
Berufsfeld des Lehrers

MARGINALE
Arbeitsbereiche

Gesellschaftliches,
bildungspolitisches,
kommunal- und
berufspolitisches
Engagement

ZENTRALE
Arbeitsbereiche

I PLANUNG
von Unterricht
– Planungskompetenz

| Kooperation mit Kollegen und Vorgesetzten | II DURCHFÜHRUNG von Unterricht – methodische Kompetenz – pädagogische Kompetenz | Kooperation mit Eltern, Gestaltung des Schullebens |

III AUSWERTUNG
von Unterricht
– Auswertungs-
kompetenz

Mitarbeit in kommunalen
Einrichtungen, Verbän-
den und Vereinen

Lehrer sein. Im Lehr-Lern-Prozeß werden von ihm nämlich ganz andere Kompetenzen verlangt. Er muß prozeßbeglei-tende Wahrnehmungsleistungen erbringen – zuhören und beobachten –, auf die Belange der Schüler und der Lerngrup-pe eingehen, die Ereignisse einschätzen, analysieren, Ent-scheidungen vorbereiten, diese an theoretischen Einsichten messen, um sie dann auf die Handlungsebene zu übertragen. Das alles hat meist unter Zeit- und Handlungsdruck zu geschehen. – An dieser Stelle wird deutlich, wie anspruchs-voll die Tätigkeit des Lehrens ist, sofern der Lehrer an sein berufliches Handeln einen hohen Anspruch stellt und versucht, diesen durchzuhalten.

Wer kompetent handelt, verfügt wiederum nicht unbedingt über die Fähigkeit, Lehr-Lern-Prozesse zu beobachten, auszuwerten und zu beurteilen, wenngleich kompetentes Handeln wohl eine der wichtigsten Voraussetzungen für die Ausübung dieser Tätigkeit sein mag und die Übernahme einer Feedback-Funktion erleichtert (vgl. Bd. III dieser Didaktik).

Eine handlungsorientierte Didaktik ist *schülerzentriert.* Lehrhandlungen sind Verhaltensweisen mit dem Ziel, den Schülern beim Lernen zu helfen. Der Lehrer verhält sich bewußt so, daß die Schüler z.B. schwierige Sachverhalte besser verstehen, sie in Gesprächen und Diskussionen miteinander umgehen lernen, sie zunehmend schwierigere Lernaufgaben selbständig lösen oder soziale Konflikte regeln lernen. – Im Verlauf beruflicher Sozialisation werden vermutlich viele Handlungen, die anfangs noch bewußt gesteuert wurden, in ein Verhaltensrepertoire integriert, das dem erfahrenen Lehrer abrufbar zur Verfügung steht. Diese Lehrer unterliegen allerdings der Gefahr, stereotype Verhaltensmuster zu praktizieren (vgl. Zifreund 1966). Deshalb verfolgt eine handlungsorientierte Didaktik sowohl das Ziel, professionelles Handeln zu erleichtern, als auch die Absicht, erfahrene Lehrer bei ihren Versuchen zu unterstützen, eingefahrene Verhaltensmuster zu durchbrechen.

Im Rahmen dieses didaktischen Ansatzes wird häufig von *„Lehr-Lern-Prozeß"* und nicht von „Unterricht" gesprochen. In einem Lehr-Lern-Prozeß finden Interaktion und Kommunikation zwischen dem Lehrer und den Schülern in der Weise statt, daß die Schüler vom Lehrer, von den Mitschülern und durch Medien lernen und der Lehrer umgekehrt von seinen Schülern lernt. Lehr-Lern-Prozesse sind dann qualifiziert, wenn sich die Lehr-Lern-Handlungen an Normen und Wertvorstellungen orientieren, die den Grundsätzen einer pluralistischen und freiheitlich demokratischen Gesellschaft entsprechen; das bedeutet für den Lehrer Verzicht auf ungerechtfertigte Herrschaftsausübung (Habermas 1971) – aber auch Mut zu gerechtfertigter Herrschaftsausübung, indem er sich nicht scheut, Ansprüche zu stellen und durchzusetzen –, Verzicht auf fragwürdige Rituale sowie Bemühen um Symmetrie und Reversibilität der Kommunikation.

Die handlungsorientierte Didaktik möchte die *politische Komponente* des Lehrberufs stärker hervorheben, als dies in fast allen anderen didaktischen Ansätzen geschieht, aufzeigen, welche politische Relevanz schon einfache Planungsüberlegungen haben können und wie die Handlungen des Lehrers politisch motiviert und wirksam werden können. Damit soll der Gefahr vorgebeugt werden, obrigkeitshörige und apolitische Lehrer auszubilden, die für ein freiheitliches demokratisches System zu einer Gefahr werden müssen. In einer Zeit der Lehrerarbeitslosigkeit vollziehen viele Studenten und Referendare einen fragwürdigen Anpassungsprozeß, der zwar verständlich, einem demokratischen Gesellschaftssystem jedoch abträglich ist.

Im Unterschied zu fast allen anderen didaktischen Ansätzen wird der Tatsache Rechnung getragen, daß das Berufsfeld des Lehrers in besonderer Weise konfliktträchtig ist, es viele Lehrer gibt, die sich täglich immer wieder darum bemühen, die für das Lehren und Lernen erforderliche soziale Ordnung herzustellen. *Konflikte* werden jedoch nicht als dysfunktional, sondern auch als notwendig erachtet, um im Interesse der zu unterrichtenden Schüler Mißstände aufzuzeigen, überfällige Reformen voranzutreiben, fragwürdige Rituale abzubauen, ungerechtfertigte Machtansprüche zurückzuweisen und überkommene Herrschaftsverhältnisse in Frage zu stellen. Dem Berufsfeld entsprechend wird allerdings der Schwerpunkt des Bemühens darin liegen müssen, die Auseinandersetzungen und Schwierigkeiten zu schlichten oder zu bewältigen.

Dieser Ansatz geht davon aus, daß die *Tätigkeit des Lehrens* – wie jede andere berufliche Tätigkeit – *weitgehend erlernbar* ist. Besondere Persönlichkeitsmerkmale, Einstellungen, künstlerische Begabungen, Kreativität, Intuition und Charisma beeinflussen zwar die Lehrhandlungen, doch können diese bis zu einem gewissen Grad erworben werden. Im Rahmen dieses Ansatzes wird auch die Frage nach dem Berufsethos und der Übernahme einer Mode!lfunktion gestellt. Es wird zu prüfen sein, welche Erwartungen der Schüler zu Recht bestehen und welche als überhöht zurückgewiesen werden müssen.

Dem Ansatz entsprechend bemüht sich die handlungsorientierte Didaktik darum, angehende und praktizierende Lehrer beim Erwerb von Planungs-, Durchführungs- und Auswertungskompetenzen zu unterstützen. Ziele dieses Bemühens sind u.a.

- eine Steigerung der Sensibilität für gerechtfertigte Belange der Schüler,
- eine Verbesserung der Wahrnehmungsfähigkeit im Lehr-Lern-Prozeß,
- die Ausweitung des Handlungsrepertoires, um variabel und flexibel verfahren zu können,
- der Erwerb einer professionellen Handlungssicherheit, um sich auf die Schüler konzentrieren und den Überblick wahren zu können, und schließlich
- die Fähigkeit, das eigene Handeln analysieren und in Frage stellen zu können.

Diese handlungsorientierte Didaktik verfolgt also das Ziel, die Lehrhandlungen so weit zu *professionalisieren,* daß Lehrer im Vergleich zu Nicht-Lehrern besser in der Lage sind, den Schülern beim Lernen zu helfen, was sich empirisch nicht ohne weiteres nachweisen läßt (vgl. Popham 1971). Die Schüler haben Anspruch auf einen qualifizierten Unterricht und auf ausgebildete Lehrer, die planungs-, durchführungs-, konflikt- und auswertungskompetent sind. Diese Professionalisierung wird nicht angestrebt, um Unzulänglichkeiten des Schulsystems zu vertuschen, im Gegenteil – professionalisierte Lehrer sind wahrscheinlich eher in der Lage, Unzulänglichkeiten zu erkennen, diese aufzuzeigen, den Vorgesetzten und Politikern darzulegen und Unterstützung für ihr Anliegen zu gewinnen.

Die handlungsorientierte Didaktik möchte einen Beitrag zur *Überwindung der Theorie-Praxis-Problematik* leisten. Erziehungswissenschaftler formulieren häufig Ansprüche, die von den Lehrern nicht eingelöst werden können; Ansprüche wie – „Den Schülern zuhören", „Ihre individuellen Interessen berücksichtigen", „Die Schüler an der Planung beteiligen", „Das Lehrtempo dem Lerntempo anpassen" u.a.m. – Gerade junge und engagierte Lehrer, die dem Fachlehrersystem unterworfen sind, erleben eine Diskrepanz zwischen dem theoretischen Anspruch und der Unterrichtswirklichkeit. Diese Kluft kann nur überwunden werden, wenn Erziehungswissenschaftler ihre Forderungen auf die Handlungsebene übertragen – d.h. selbst unterrichten und diese Ansprüche relativieren – und wenn umgekehrt die Lehrer auch einen angemessenen theoretischen Anspruch an sich stellen und immer wieder versuchen, diesem gerecht zu werden. Auf diese Weise können sie handelnd erfahren, was letztlich möglich bzw. nicht möglich ist, und sich vor ungerechtfertigten Selbstbezichtigungen und Schuldzuschreibungen bewahren.

Wenn sich angehende oder praktizierende Lehrer mit den zahlreichen didaktischen Ansätzen befassen, bleiben sie meist ziemlich hilflos zurück. Da gibt es z.B. die bildungstheoretische, curriculare, kommunikative und die Konfliktdidaktik, die konstruktive, kooperative, kritisch kommunikative, kybernetische und die lerntheoretische Didaktik, eine Stufen-, Medien- und Fachdidaktik (Klafki 1980, Möller 1980, Popp 1976, Bönsch 1980, Hiller 1973, Ulshöfer/Götz 1976, Winkel 1980, v. Cube 1980, Schulz 1980a). Jeder Ansatz verwendet eine eigene Terminologie, setzt einen inhaltlichen Schwerpunkt und bemüht sich um eine theoretische Absicherung. Viele Lehrer sind enttäuscht, weil sie ihnen nicht die dringend benötigten Handlungs- und Entscheidungshilfen bieten, und bezeichnen deshalb einige Ansätze als handlungsirrelevant. – Nun soll es nicht Anliegen dieses Ansatzes sein, das Verwirrspiel fortzusetzen, den bestehenden didaktischen Ansätzen einen weiteren hinzuzufügen oder eine ,,Metadidaktik'' zu schreiben, was eine weitere Publikation erfordern würde. Auch hat Blankertz (1975) in seinen ,,Theorien und Modellen der Didaktik'' einige dieser Ansätze dargestellt, verglichen und problematisiert. Vielmehr kommt es darauf an, deutlich zu machen, daß sich alle didaktischen Ansätze trotz unterschiedlicher Schwerpunktbildung mit dem gleichen Forschungsgegenstand befassen, nämlich dem Versuch, unterrichtliche Prozesse möglichst optimal zu realisieren. Da es unterschiedliche Wege gibt, um dieses Ziel zu erreichen, verfolgt dieser Ansatz auch ein integratives Bemühen.

Es sollte möglich sein, *für die Bereiche der Unterrichtsplanung, -durchführung und -auswertung eine durchgängige Sprache* zu finden, die allgemein verstanden wird und die weitgehend frei ist von dem weitverbreiteten Wissenschaftsjargon. Wer heute in diesen drei Bereichen bei verschiedenen Autoren eine Orientierung sucht, muß sich in drei verschiedene Terminologien einarbeiten und verliert sehr bald die Freude am erziehungswissenschaftlichen Studium oder an der berufsbegleitenden Fachliteratur. An jenen Stellen, an denen eine Fachsprache unverzichtbar erscheint, werden innerhalb dieses Ansatzes neue Begriffe möglichst allgemeinverständlich erklärt oder umschrieben. Nur so ist zu hoffen, daß sich Lehrer und Erziehungswissenschaftler als Experten für Lehr-Lern-Prozesse verständigen, theoretische Einsichten auf die Handlungsebene übertragen und aus den Lehr-Lern-Prozessen neue Einsichten und Erkenntnisse gewinnen.

1 Die Lernvoraussetzungen einschätzen

Jeder qualifizierte Unterricht hat sich an den Lernvoraussetzungen der Schüler zu orientieren. Gelingt es dem Lehrer,
seine Lehrhandlungen dem Lernvermögen der Schüler anzupassen, dann ist dies sicher optimal; doch kann ein solcher
Anspruch zwar gestellt, praktisch aber selten eingelöst werden. Bei einer intensiven Lehrer-Schüler-Beziehung, wie sie
manchmal bei einem Privatunterricht aufgebaut werden
kann, ist es für den Lehrer möglich, die Lernvoraussetzungen des Schülers genau zu erfassen und den Lehr-Lern-
Prozeß auf diese Voraussetzungen abzustimmen. Da Unterricht an Schulen meist in Lerngruppen erfolgen muß, sind
auch Klassenlehrer nur in der Lage, die Lernvoraussetzungen ihrer Schüler einzuschätzen. Wenn aber Fachlehrer in elf
verschiedenen Lerngruppen unterrichten müssen und es
lange dauert, bis sie die Namen von z. B. 263 Schüler kennen,
dann können sie über die Lernvoraussetzungen ihrer Schüler
nur noch spekulieren.

Bleiben die Lernvoraussetzungen völlig unberücksichtigt,
sind alle Lehrbemühungen umsonst. Ein Unterricht, der
„über die Köpfe der Schüler hinweggeht", ist für den Lehrer
und für die Schüler gleichermaßen unbefriedigend. Der
Lehrer hat das Gefühl, den Schülern nicht gerecht zu
werden, und er verliert in der Lerngruppe an Autorität.
Sobald die Schüler merken, daß sich der Lehrer nicht um
ihre Lernvoraussetzungen kümmert, fühlen sie sich zu Recht
als Person abgewertet. In solchen Fällen „schalten die
Schüler ab", träumen vor sich hin, geben vielleicht noch
vor, dem Unterricht zu folgen, indem sie freundlich interes-
sierte Gesichter aufsetzen, in Wirklichkeit aber mit ihren
Gedanken abschweifen. Oder sie beschäftigen sich mit ganz
anderen Dingen, gehen unterrichtsfremden Aktivitäten nach,
stören die für das Lehren und Lernen erforderliche soziale

Ordnung, verhalten sich „undiszipliniert" oder werden aggressiv. Durch einen Unterricht, der die Lernvoraussetzungen der Schüler unberücksichtigt läßt, werden Schulunlust und Schulmüdigkeit erzeugt oder verstärkt.

Schüler haben einen Anspruch auf Berücksichtigung ihrer Lernvoraussetzungen. Dennoch soll es schon Lehrer gegeben haben, die ihren Schülern unverblümt erklärten, sie würden nur für das erste Drittel der Klasse unterrichten, gewissermaßen für die Elite, und sich für die anderen Schüler nicht interessieren. Solche Erklärungen deuten auf eine Mißachtung der Schüler, auf eine fragwürdige Berufsauffassung und auf mangelnde Professionalisierung hin. Jeder Schüler hat das Recht, seinen individuellen Möglichkeiten entsprechend gefördert zu werden (vgl. Art. 11 der Verfassung des Landes Baden-Württemberg). Damit ist zwar ein Ideal angesprochen – und es liegt im Wesen eines Ideals, daß es sich nicht verwirklichen läßt, oder anders gesagt, auch hier muß es wieder zu Diskrepanzen zwischen Verfassungsrecht und Verfassungswirklichkeit kommen –, doch sollte es sich jeder Lehrer zur Aufgabe machen, die sich hier auftuende Lücke so weit wie möglich zu schließen. Was die Berufsauffassung betrifft, so ist es vorrangige Aufgabe eines jeden Lehrers, den Schülern beim Lernen zu helfen, und das kann nur geschehen, indem er auf die Lernvoraussetzungen der Schüler eingeht. Und eine mangelnde Professionalisierung deutet sich an, weil in heterogenen Lerngruppen die unterschiedlichen Lernvoraussetzungen durch Maßnahmen der Binnendifferenzierung – Gruppenbildung und differenzierte Aufgabenstellung – ausgeglichen werden können, und der betreffende Lehrer von dieser Möglichkeit noch nie etwas gehört hat. – Damit soll nicht behauptet werden, man könne mit Hilfe dieser Maßnahmen den individuellen Lernvoraussetzungen voll entsprechen.

Im Verlauf der Unterrichtsplanung stehen Lehrer immer wieder vor der Frage: Über welche Lernvoraussetzungen verfügen die Schüler? Die Entscheidung für eine bestimmte Lehrer- oder Schüleraktivität kann nur getroffen werden, wenn die Voraussetzungen gegeben sind. Dabei handelt es sich um ein vorsichtiges Fragen, Suchen, Abschätzen, Vergleichen und Abwägen. Fehlen die entsprechenden Lernvoraussetzungen, bleibt auch der Lehr-Lern-Erfolg aus.

Voraussetzungsspektrum

arbeitstechnische –

sachstrukturelle –

psychomotorische –

familiale –

individuelle –

emotionale –

LERN-
VORAUSSETZUNGEN

kulturelle –

kognitive –

motivationale –

sprachliche –

gruppale –

soziale –

Da diese Planungskomponente einen sehr hohen Stellen-wert hat, soll versucht werden, die Lernvoraussetzungen einer differenzierten Betrachtung zu unterziehen. Die recht globale Unterscheidung von sozial-kulturelle und anthropo-gene Voraussetzungen (Heimann/Otto/Schulz 1972) reicht nicht aus, um fehlende Lernvoraussetzungen zu erkennen. Es wird deshalb der Vorschlag gemacht, zwölf Voraussetzungs-faktoren auszugliedern. Sie alle wirken in die Lehr-Lern-Situation hinein und sind insgesamt Voraussetzung für die Erfüllung bestimmter Lernaufgaben.

1.1 Die familialen Lernvoraussetzungen

Wenden wir uns den familialen Voraussetzungen zu, dann sind die frühkindlichen Sozialisationsbedingungen, die Entwicklung des Leistungsmotivs sowie die Sozialverhältnisse in der Familie von Bedeutung. Für die gesunde Entwicklung eines jeden Kindes sind die ersten Lebensjahre ausschlaggebend. Das Kind benötigt eine Bezugsperson, die sich ihm zuwendet und ihm das Gefühl der Geborgenheit gibt. Aus dieser Beziehung resultiert eine positive Grundhaltung. Das nun so abgesicherte Kind wagt die Auseinandersetzung mit der Umwelt und lernt an den Objekten seiner Umwelt. Wo die Bezugsperson fehlt, das Kind nicht angenommen und geliebt wird, kommt es zu einem Sozialisationsdefizit oder zu Hospitalismuserscheinungen (Spitz 1945). Solche Entwicklungsrückstände schränken das Kind – und später den Schüler – in seiner Lernfähigkeit erheblich ein. Sie lassen sich durch den Lehrer nicht mehr korrigieren, sondern müssen von ihm als solche erkannt und akzeptiert werden.

Gleiches gilt für die generelle Lernbereitschaft des Schülers, für die Ausbildung des Leistungsmotivs. Letzteres entwickelt sich in den ersten Lebensjahren und gilt bei Schuleintritt in seiner Entwicklung als weitgehend abgeschlossen (Aschersleben/Hohmann 1979, 159). Die Vorbildfunktion der Eltern spielt dabei eine erhebliche Rolle. Erlebt das Kind seine Eltern als aktiv produktiv und diszipliniert, dann werden solche Einstellungen und Handlungsmuster in den ersten Lebensjahren verinnerlicht. – Der Lehrer kann im Lehr-Lern-Prozeß die Anstrengungs- und Lernbereitschaft nur noch durch einzelne Maßnahmen der Lernmotivierung punktuell fördern, nicht aber die Ausbildung eines Leistungsmotivs bewirken.

Die Bedeutung der Sozialverhältnisse einer Familie und ihr Einfluß auf die Lernvoraussetzungen lassen sich an einem fiktiven Beispiel erklären: Schüler A ist im 4. Schuljahr, er hat eine ältere Schwester, die Mutter war früher Lehrerin und führt den Haushalt, der Vater verdient gut, und die Familie wohnt in einem Eigenheim. Die Mutter beaufsichtigt ihren Sohn bei den Hausaufgaben, indem sie auf deren selbständige Erledigung dringt und nur minimale Lernhilfen gibt. Wenn jedoch einmal wichtige Lernvoraussetzungen fehlen, wird aus dieser Beaufsichtigung ein richtiger Nachhilfeunterricht.

Schüler B sitzt in der Schule neben A; er hat drei jüngere Geschwister, seine Mutter arbeitet ganztags mit, weil die Familie auf die Mitarbeit angewiesen ist, der Vater ist Facharbeiter, und die Familie wohnt in einem Wohnblock an einer Hauptverkehrsstraße. Um seine Hausaufgaben kümmert sich niemand. Oft sucht er vergeblich nach einem ruhigen Platz, er wird laufend von seinen Geschwistern gestört, die er zu beaufsichtigen hat.

Diese sehr unterschiedlichen Familienverhältnisse wirken sich nicht nur auf die Hausaufgaben aus, sondern auch auf die Sprachentwicklung, die wiederum für die Entwicklung einiger Intelligenzdimensionen ausschlaggebend ist. Schüler A findet in seiner Familie ein reiches Anregungspotential vor, Kinderbücher, Spielsachen, Schallplatten, Zeitschriften usw. Seine Familie wird oft von Gästen besucht, die sich mit ihm unterhalten. Die Mutter organisiert Kindergeburtstage und weitere Aktivitäten mit Kindern anderer Familien. Für Schüler A besteht ein reiches Freizeitangebot, das er seinen Interessen entsprechend wahrnimmt. Schüler B hat dieses Anregungspotential nicht und spielt meist auf der Straße.

Schüler A zeichnet sich schließlich durch Eigenschaften aus, die Lehrer an einem Schüler schätzen. Er ist sprachgewandt, höflich, lernbereit und konzentrationsfähig, pünktlich und ordentlich; auch erfreut er sich unter seinen Mitschülern großer sozialer Beliebtheit. Er verfügt über all jene Verhaltensmuster, die einer Schulkarriere förderlich sind. Schüler B fällt auch hier gegenüber Schüler A stark ab.

Aus vorstehendem Beispiel wird deutlich, daß zu einer realistischen Einschätzung der familialen Lernvoraussetzungen die Kenntnis der Familienverhältnisse gehört. Elternbesuche mit dem Ziel, die unterschiedlichen Verhältnisse kennenzulernen, sind Grundschul- und Klassenlehrern möglich, nicht aber Fachlehrern, die zahlreiche Lerngruppen zu betreuen haben. Sie müssen unterrichten, ohne die familialen Lernvoraussetzungen ihrer Schüler berücksichtigen zu können.

Worum geht es bei solchen Besuchen zur Erfassung familialer Lernvoraussetzungen? – Nicht um die Befriedigung einer fragwürdigen Neugier und nicht um einen Vergleich unterschiedlicher Verhältnisse, sondern um das Bemühen, den Schüler in seiner Familie kennenzulernen, die Verhältnisse zu akzeptieren und Lernleistungen des Schülers besser einschätzen zu können. Wenn z.B. ein Schüler im Unterricht emotional beeinträchtigt ist und sich bei einem Besuch herausstellt, daß der Vater im Rollstuhl sitzt und an einer progressiven Krankheit leidet, dann zeigt sich der Sinn solcher Besuche.

1.2 Die individuellen Lernvoraussetzungen

Zur Erfassung der individuellen Lernvoraussetzungen sind eigentlich mehrere individualdiagnostische Verfahren erforderlich (Ingenkamp/Horn/Jäger 1982). Nur so läßt sich feststellen, ob sich ein Schüler laufend über- oder unterfordert, eine positive oder negative Zieldiskrepanz vorliegt, ob er Lernleistungen zeigt, die über oder unter seinen Lernmöglichkeiten liegen. Dazu ein Beispiel: Eine Realschullehrerin bat einen befreundeten Psychologen, die Schüler ihrer Klasse mit einer Testbatterie zu „beglücken", und mußte anhand der Untersuchungsergebnisse feststellen, daß eine ihrer leistungsstärksten Schülerinnen einen IQ von 82 zu verzeichnen hatte. Das Ergebnis wurde durch einen weiteren Intelligenztest bestätigt. Diese Lehrerin war wegen ihrer Unwissenheit stark betroffen, sie hatte die individuellen Lernvoraussetzungen dieser Schülerin jahrelang völlig falsch eingeschätzt und keine Ahnung gehabt, mit welchen immensen Anstrengungen diese Leistungen erzielt wurden.

Dieses Beispiel legt die Vermutung nahe, daß Lehrer immer wieder Schüler für Lernleistungen loben, obgleich sie weit unter dem individuellen Lernvermögen liegen, und umgekehrt Schüler für Lernleistungen tadeln, für die eigentlich ein Lob angebracht wäre. – An dieser Stelle können nicht Fragen der Testanwendung, einer Interpretation der Ergebnisse sowie deren Umsetzung in Planungsüberlegungen diskutiert werden. Letztere spielen sich auf einer ganz anderen Ebene ab, was die folgenden Beispiele zeigen sollen:

– Lehrerin A möchte am nächsten Tag in der Biologiestunde einen Unterrichtsfilm einsetzen. Sie weiß aus Erfahrung, daß Gerd den Filmapparat fachmännisch bedienen kann, und plant deshalb, ihn mit der Vorführung zu betrauen.

- Lehrerin B möchte in der Deutschstunde ein Gedicht behandeln. Sie überlegt sich, ob sie das Gedicht selbst vorlesen oder dies einem Schüler übertragen soll. Sie entscheidet sich für Antje, weil sie weiß, daß ihr die Mitschüler zuhören und das Gedicht von ihr flüssig und ausdrucksvoll vorgetragen wird.
- Lehrer C plant nach einer Mathematikarbeit eine Übungsstunde. Er überlegt sich, welche der Schüler die betreffenden Operationen beherrschen und ihre Mitschüler in Kleingruppen zum Üben anleiten können.
- Lehrerin D bereitet sich auf eine Musikstunde vor, in der ein neues Lied eingeübt werden soll. Sie konzipiert eine Lehr-Lern-Folge und plant für das Ende der Stunde den Solovortrag durch Barbara ein, die eine wunderschöne Stimme hat.
- Lehrer E spielt im örtlichen Fußballclub Mittelstürmer, und er läßt dementsprechend oft seine Schüler in den Sportstunden Fußball spielen. Außerdem trainiert er die Schüler- und Jugendmannschaften. Nun plant er den Besuch eines Fußballturniers und will eine Schulmannschaft zusammenstellen. Da er die individuellen Lernvoraussetzungen seiner Schüler genau kennt, besetzt er die einzelnen Positionen erst einmal doppelt, um dann diese vorläufige Mannschaftsaufstellung im Kreis der 22 Spieler zu diskutieren.
- Lehrerin F bereitet sich auf eine Unterrichtseinheit über die Balkanländer vor. Sie weiß, daß Tatjana aus Jugoslawien stammt und mit ihren Eltern immer wieder ihr Heimatland besucht. Nun überlegt sie sich, wie sie die besonderen Vorkenntnisse und Erfahrungen dieser Schülerin für die Klasse nutzen kann.

Wenn also Lehrer im Rahmen der Unterrichtsplanung über die individuellen Lernvoraussetzungen ihrer Schüler nachdenken, erfolgt dies im Hinblick auf spezifische Lerngebiete, Lerninhalte, Fähigkeiten, Techniken und Erfahrungen. Daneben spielt noch das erwünschte Sozialverhalten eine Rolle. Allgemeine Erwägungen hinsichtlich der Begabung oder der meßbaren Intelligenz treten in den Hintergrund.

Grundschul- und Klassenlehrer, die längere Zeit in ihren Lerngruppen unterrichten, glauben, die individuellen Lernvoraussetzungen ihrer Schüler recht gut zu kennen; doch auch sie nehmen die Lernleistungen entgegen, ohne zu wissen, wie diese zustande gekommen sind. Fachlehrer, die z.B. 277 Schüler pro Woche zu instruieren haben, nehmen besondere Lernvoraussetzungen in ihrem Fachgebiet eher zufällig wahr. Eine Berücksichtigung der individuellen Lernvoraussetzungen ist ihnen bei der Planung des Unterrichts kaum möglich.

1.3 Die kulturellen Lernvoraussetzungen

Planungsüberlegungen, die sich auf die kulturellen Lernvoraussetzungen der Schüler beziehen, sind in Lerngruppen mit hohem Ausländeranteil besonders relevant. Schüler aus Gastarbeiterfamilien haben mit zahlreichen Schwierigkeiten zu kämpfen. Meist wurden sie in ihrem Heimatland, gemessen an deutschen Verhältnissen, nur unzureichend beschult, und sie haben deshalb einen Beschulungsrückstand aufzuholen. Dann lernten sie in ihrer Heimat ganz andere Lehr- und Erziehungsstile kennen und sehen sich nun den verschiedensten Ansprüchen der Eltern, Lehrer und Religionslehrer (z.B. in der Koranschule) ausgesetzt. Sie sind häufig überfordert, wenn sie neben dem regulären Unterricht einen Förderunterricht in Deutsch, einen Unterricht in der Heimatsprache oder einen Religionsunterricht besuchen müssen, der ihrer Tradition entspricht. Das Leben zwischen den Kulturen, die unsicheren Familienverhältnisse, die soziale und wirtschaftliche Ungewißheit, die sich zu einer Existenz- und Zukunftsangst steigern kann, sowie die divergierenden Lehr- und Erziehungsstile schaffen Spannungen, die von diesen Schülern kaum verarbeitet werden können.

Planungsüberlegungen des Lehrers richten sich deshalb u.a. auf folgende Fragen:

– Wie lassen sich diese Schüler trotz fehlender Lernvoraussetzungen bei bestimmten Lernaktivitäten in die Lerngruppe integrieren?
– Lassen sich Arbeitsaufträge formulieren, die den besonderen Lernvoraussetzungen dieser Schüler entsprechen?
– In welchen Lehr-Lern-Situationen, in denen die anderen Schüler einem Arbeitsauftrag nachgehen, besteht die Möglichkeit der individuellen Förderung oder Betreuung?

- Welche leistungsstarken Schüler können zeitweise eine solche Betreuungsfunktion übernehmen?
- Wie lassen sich bestimmte pädagogische Maßnahmen erklären, die dem betreffenden Schüler ziemlich unverständlich sein müssen?
- Welche Möglichkeiten bieten sich an, besondere kulturelle Lernvoraussetzungen für die ganze Lerngruppe zu nutzen, um die Anliegen wechselseitigen Verstehens und interkultureller Toleranz zu fördern?

Wie vorstehende Planungsüberlegungen zeigen, beziehen sie sich mehrheitlich auf Maßnahmen der Binnendifferenzierung; doch durch sie können die Schwierigkeiten im Lehr-Lern-Prozeß nur abgeschwächt, nicht aber bewältigt werden.

1.4 Die motivationalen Lernvoraussetzungen

Wir können davon ausgehen, daß die Motive einzelner Schüler, sich in einer konkreten Lehr-Lern-Situation einem Lerninhalt zuzuwenden – oder sich ihm nicht zuzuwenden –, recht verschieden sind. So betrachtet, ist fast immer von differierenden motivationalen Lernvoraussetzungen auszugehen. Je nach Art und Ausprägung des Motivs und der situativen Anregungsvariablen befassen sich einige Schüler mit dem Lerninhalt, weil sie dieser interessiert, sie für die nächste Klassenarbeit lernen, die Eltern nicht enttäuschen wollen, die Lehrerin gern haben o.a.m. Andere Schüler befassen sich nicht mit dem Lerninhalt, weil ihnen derselbe irrelevant erscheint, sie weder Sinn, Zweck noch Ziel erkennen, sie die Lehrerin nicht leiden können, an einen Fernsehfilm denken, sich lieber mit dem Tischnachbarn unterhalten oder weil sie verliebt sind.

Wollte ein Lehrer die individuellen motivationalen Lernvoraussetzungen berücksichtigen, dann müßte er Einzelunterricht erteilen und selbst dann mitunter einige Maßnahmen der Lernmotivierung ergreifen. Lehren und Lernen in Gruppen ist aber nur möglich, wenn Schüler ihre momentanen Interessen einschränken oder zurückstellen und bereit sind, sich dem Lerninhalt gemeinsam zuzuwenden. Die Forderung, die manchmal an Praktikanten und Referendare gestellt wird, von den Interessen der Schüler auszugehen, läßt sich nicht erfüllen. Allenfalls kann versucht werden, diese durch Maßnahmen der Interessendifferenzierung einzubeziehen.

Für den Lehrer, der Unterricht plant, stellen sich einige Fragen, die nur ansatzweise beantwortet werden können:

- Wie steht es vermutlich mit der Lernbereitschaft der Gruppe, sich dem betreffenden Lerninhalt zuzuwenden?
- Welche Maßnahmen der Lernmotivierung erscheinen geeignet, die Aufmerksamkeit der Schüler auf den Lerninhalt zu lenken? – Aus dem breiten Handlungsspektrum, das zur Verfügung steht, ist eine begründete Auswahl zu treffen (vgl. Teil II, S. 130 ff.).
- Welche Anstrengungsbereitschaft besteht vermutlich, die Lernziele zu verfolgen und Lernergebnisse anzustreben? Und wie lassen sich die Lernbemühungen aufrechterhalten? (Vgl. Teil II, S. 136 ff.)
- Wie lassen sich einzelne Schüler oder Schülergruppen, bei denen ein mangelndes Interesse und eine geringe Anstrengungsbereitschaft vorausgesetzt werden kann, dennoch in die Gruppe integrieren oder so beschäftigen, daß sie die anderen Schüler beim Lernen nicht stören? Lehrer, die in Abschlußklassen unterrichten und den Kampf ihrer Schüler um Ausbildungsplätze miterleben, haben es manchmal schwer, ,,No-future''- oder ,,Null-Bock-Haltungen'' zu durchbrechen.
- Besteht die Gefahr, daß günstige motivationale Voraussetzungen durch fragwürdige methodische Maßnahmen – wie z.B. Medien- oder Methodenmonotonie – abgeschwächt oder beseitigt werden? Und wie läßt sich dieser Gefahr durch andere Maßnahmen begegnen?

1.5 Die sozialen Lernvoraussetzungen

Unter den sozialen Lernvoraussetzungen wird hier die Summe aller Sozialkontakte und Sozialerfahrungen verstanden, welche die Schüler außerhalb der Familie (familiale Lernvoraussetzungen) und außerhalb der Lerngruppe (gruppale

Lernvoraussetzungen) sammeln. Auf Schulhof und Schulweg, auf Spiel- und Sportplatz, in Freundes- oder Jugendgruppen lernen sie andere Schüler, Kinder oder Jugendliche kennen und sammeln mit diesen Erfahrungen; desgleichen geschieht beim Umgang mit Erwachsenen in Vereinen, im Urlaub mit den Eltern, bei der Ferienarbeit in den Betrieben oder bei Veranstaltungen in der Gemeinde.

Alle diese Erfahrungen werden in unterschiedlicher Form verarbeitet und wirken in die Lerngruppe hinein. Möchte der Lehrer im Unterricht die sozialen Lernvoraussetzungen seiner Schüler berücksichtigen, kann dies nur in Kenntnis des sozialen Umfeldes geschehen, und deshalb erscheint es auch sinnvoll, im Einzugsgebiet der Schüler zu wohnen. – Früher wurde diesem Gesichtspunkt durch die sog. Residenzpflicht Rechnung getragen.

1.6 Die gruppalen Lernvoraussetzungen

Die gruppalen Voraussetzungen werden durch die Art der sozialen Einstellung der Schüler zueinander und zum Lehrer, durch die Art des Miteinander-Umgehens sowie die gemeinsamen Sozialerfahrungen geprägt. Weiterhin spielen die Stadien im Gruppenprozeß, das Gruppen- und Lernklima, eine Rolle. Da Schüler sich die Lerngruppe und den Lehrer meist nicht aussuchen können, spricht Ulich (1971, 59) etwas überspitzt von der Schulklasse als einem „Zwangsaggregat". Diese bunt zusammengewürfelte Gruppe, die aufgrund administrativer Entscheidungen entstanden ist, unterliegt wie jede andere Gruppe einem gruppendynamischen Prozeß. Allgemein betrachtet entsprechen deshalb die gruppalen Lernvoraussetzungen einzelnen gruppendynamischen Stadien, wie dem Dominanzstadium, in welchem Schüler versuchen, andere zu beherrschen, dem Beruhigungsstadium, in dem Schüler beginnen, ihre Mitschüler bewußter wahrzunehmen und einzubeziehen, und dem Regelstadium, in dem sich eine Rangordnung gebildet hat, Rollendifferenzierungen erfolgten und die Gruppe nun fähig ist, sich Ziele zu setzen und diese zu verfolgen (vgl. Aschersleben/Hohmann 1978, 75; Meyer 1981; Sader 1976).

Für bestimmte Lehr-Lern-Aktivitäten sind spezifische gruppale Voraussetzungen erforderlich. So ist es für die

Durchführung von Kleingruppenarbeit entscheidend, ob Schüler mit dieser Sozialform vertraut sind und sie über grundlegende kommunikative Kompetenzen verfügen, wie z. B. dem Mitschüler zuhören, ihn ausreden lassen, seine Gedanken aufgreifen und weiterführen u. a. m. Fehlen diese basalen Fähigkeiten, werden Kleingruppengespräche zur Entwicklung der Gesprächsfähigkeit erforderlich (vgl. Teil II, S. 182 ff.).

Wanderungen und der Landschulheimaufenthalt setzen ein Gruppenklima voraus, das durch etwas Rücksichtnahme und Hilfsbereitschaft gekennzeichnet ist. Zur Rücksichtnahme gehört auch die Bereitschaft, den Anweisungen des Lehrers und der Begleitperson zu folgen. Äußerungen wie: „Mit dieser Klasse kann ich mich noch nicht in den Verkehr wagen!" oder: „Mit dieser Klasse ist ein Landschulheimaufenthalt nicht möglich – vielleicht im nächsten Jahr" deuten auf ein schlechtes Gruppenklima und ein gespanntes Verhältnis zum Lehrer hin.

Für einige Lehr-Lern-Aktivitäten und für die Zeitplanung ist das Lern- oder Arbeitsklima einer Gruppe von Bedeutung. So zeichnen sich einige Lerngruppen dadurch aus, daß Schüler sich beim Lernen helfen, aufeinander Rücksicht nehmen, ihnen übertragene Aufgaben gewissenhaft erledigen, freiwillig Aufgaben übernehmen u.a.m., während anderen Gruppen diese lernförderlichen Merkmale fehlen.

Die gruppalen Lernvoraussetzungen können für viele Planungsüberlegungen ausschlaggebend sein. Wer Kleingruppenarbeit plant, ohne die Schüler zu kennen, einen Ausflug wagt, ohne die Gruppe zuvor in anderen Situationen erlebt zu haben, wer das Lern- und Arbeitsklima unberücksichtigt läßt, der handelt pädagogisch verantwortungslos.

1.7 Die sprachlichen Lernvoraussetzungen

Die sprachlichen Voraussetzungen müssen in jedem Fall in die Überlegungen zur Unterrichtsplanung einbezogen werden. Sie sind für die verständliche Informationsvermittlung und für ein sinnerfülltes Lernen von großer Bedeutung. Für jeden Lehrer stellt sich deshalb die Frage nach dem vermutlichen Umfang des Zeichenvorrats seiner Schüler, den vorhandenen Begriffen, Sprachmustern und Sprachstrukturen, nach den möglichen Abstraktionsleistungen und dem Bedeutungsgehalt der Sprache im Bewußtsein der Schüler.

Sprachliche Voraussetzungen unterliegen großen interindividuellen Schwankungen, sie sind u.a. abhängig von dem sprachlichen Anregungspotential der Familie, der sozialen Umwelt, den kognitiven Fähigkeiten – die mit der Sprachentwicklung korrespondieren –, dem Sprachverhalten der Mitschüler in der Lerngruppe sowie dem Sprachvorbild des Lehrers.

Im Rahmen der Unterrichtsplanung beantworten sich Lehrer die Frage nach den sprachlichen Voraussetzungen ihrer Schüler selten allgemein, sondern eher schulstufen-, fach- oder aufgabenspezifisch. Grundschullehrer stehen immer wieder vor dem Problem, sich auf die Sprachebene ihrer Schüler einpendeln zu müssen. Sie erbringen, vor allem in den ersten Dienstjahren, bemerkenswerte Transferleistungen, bis sie den Zeichenvorrat 6- oder 8jähriger Schüler internalisiert haben. – Dieses Bemühen kann manchmal zu einer beruflichen Deformation führen, indem Lehrer sich auch im privaten Bereich auf der Sprachebene ihrer Schüler bewegen.

Wer Erstlese- und Erstschreibunterricht erteilt, kennt die besonderen sprachlichen Voraussetzungen der betreffenden Lerngruppe aufgrund der vorlaufenden Lehr-Lern-Prozesse, weiß um den erarbeiteten Wortschatz und um die schon erworbenen Techniken, und kann auf diesen Lernvoraussetzungen weiter aufbauen.

Ähnliche Planungsüberlegungen stellen Lehrer an, die Fremdsprachen unterrichten. Auch sie gehen von dem erarbeiteten Wortschatz und den Strukturen aus. – Deutschlehrer machen die Erfahrung, daß Schüler in einem bestimmten Alter noch nicht in der Lage sind, abstraktes Regelwissen, wie es durch die Interpunktionsregeln repräsentiert wird, ohne weiteres anzuwenden. – Lehrer, die im Religionsunterricht Gleichnisse behandeln, erfahren sehr bald, daß für Grundschüler diese noch den Charakter von Märchen haben und sie die Transferleistungen, die für das Verständnis erforderlich sind, noch nicht erbringen können.

Die Berücksichtigung der schulstufen-, fach- oder aufgabenspezifischen Sprachvoraussetzungen basiert also meist auf Erfahrungswerten der Lehrer; doch läßt sich dieser zeitintensive Prozeß im Interesse der zu unterrichtenden Schüler durch den Erwerb theoretischer Einsichten und Erkenntnisse auf dem Gebiet des Spracherwerbs abkürzen.

1.8 Die kognitiven Lernvoraussetzungen

Ähnlich verfahren Lehrer, wenn sie im Rahmen der Unterrichtsplanung versuchen, die kognitiven Lernvoraussetzungen ihrer Schüler für bestimmte Lernaufgaben einzuschätzen. Auch hier orientieren sie sich überwiegend an ihren Lehrerfahrungen, die sie mit Lerngruppen in ihrem Fach gemacht haben. Seltener erfolgt die Beantwortung dieser Frage z.B. über Lerntypen (Gagné 1969), Lernzielebenen (Bloom et al. 1972), Denkoperationen (Guilford 1964) oder Entwicklungsstufen (Piaget 1969, Kohlberg/Turiel 1978), obwohl diese Ansätze wertvolle Hinweise auf die Art der zu erbringenden kognitiven Leistungen und deren Voraussetzungen bieten könnten. Gage und Berliner (1979) haben in ihrer ,,Pädagogischen Psychologie" die genannten Ansätze dargestellt, und es wird für weiterführende Studien auf dieses Werk verwiesen.

Gagné (1969) unterscheidet acht Lerntypen:

1. Signallernen,
2. Reizreaktionslernen,
3. Kettenbildung,
4. Lernen durch verbale Assoziation,
5. Lernen durch multiple Diskrimination,
6. Konzeptuelles Lernen,
7. Lernen abstrakter Regeln und Prinzipien sowie
8. Problemlösen.

Der einfachste und anspruchsloseste Lerntypus ist das Signallernen, der komplizierteste und anspruchsvollste das Problemlösen. Lernleistungen, die einem anspruchsloseren Lerntypus zugeordnet werden können, sind nach Gagné die Voraussetzung für Lernleistungen, die einem anspruchsvolleren Typus entsprechen. Wenn Lehrer den Lerntypus der Lernaufgabe erkannt haben, sind sie eher in der Lage, den Schülern Lern- und Strukturierungshilfen zu geben.

Eine ähnliche Funktion kann die Taxonomie von Lernzielen für den kognitiven Bereich (Bloom et al. 1972) übernehmen (vgl. Kap. 4). Die sechs Lernzielebenen –

– Kenntnisse,
– Verstehen,
– Anwendung,
– Analyse,
– Synthese,
– Bewertung –

gestatten eine Unterscheidung zwischen anspruchsloseren (Ebene 1) und anspruchsvolleren (Ebene 2–6) Lernzielen. Eine Analyse der Lernaufgaben gibt Anhaltspunkte dafür, welche kognitiven Lernleistungen erwartet werden und welche Lernvoraussetzungen erfüllt sein müssen, um diese erbringen zu können.

Eine andere Möglichkeit, die Art der Lernleistungen und der kognitiven Voraussetzungen einzuschätzen, bietet die „Struktur des Intellekts" nach Guilford (1964), in welcher fünf Denkoperationen ausgewiesen werden:

– Erinnern,
– Erkennen,
– divergente Produktion,
– konvergente Produktion und
– Bewerten.

Die divergente Produktion ist mit eine Voraussetzung für kreatives Verhalten, während sich Problemlöse-Prozesse in einem Wechsel der drei letztgenannten Operationen vollziehen.

Piaget (1969) versuchte in seinem Stufenmodell, die intellektuelle Entwicklung mit dem Alter der Schüler in Beziehung zu setzen. Mit zunehmendem Alter befinden sich Kinder und Schüler auf der

– sensomotorischen (1. und 2. Lebensjahr) Stufe, der
– präoperationalen (3. bis 7. Lebensjahr) Stufe, der
– konkret-operationalen (8. bis 11. Lebensjahr) Stufe und der
– formal-operationalen (ab 12. Lebensjahr) Stufe.

Seine genauen Beschreibungen typischer Operationen bieten wertvolle Hinweise, welche Leistungen in einem bestimmten

Alter erwartet bzw. noch nicht erwartet werden können (vgl. Gage/Berliner 1979, 348 ff.).

Kohlberg/Turiel (1978) konzentrieren sich mit ihren Forschungsarbeiten auf die Entwicklung des moralischen Bewußtseins und der Urteilsfähigkeit. Sie nehmen drei Ebenen und sechs Stufen an, die von jedem Menschen in gleicher Form durchlaufen werden:

Niveau I Präkonventionelle Orientierung
          Stufe 1: Strafe und Gehorsam
          Stufe 2: Instrumenteller Egoismus
                   („Wie Du mir, so ich Dir")

Niveau II Konventionelle Orientierung
           Stufe 3: Interpersonelle Beziehungen
                    (früher „good boy" morality)
           Stufe 4: Autorität und Ordnung

Niveau III Postkonventionelle Orientierung
            Stufe 5: Sozialer Vertrag
                     (Gesichtspunkt der Billigkeit)
            Stufe 6: Universelle ethische Prinzipien.
(Vgl. Schmitt 1979)

Um ein Urteil abgeben zu können, sind drei Schritte erforderlich: Der zu beurteilende Sachverhalt oder das Ereignis ist aufzufassen, es sind Normen oder Wertvorstellungen zu suchen und diese mit dem Sachverhalt oder Ereignis in Beziehung zu setzen. Kohlberg liefert wichtige Anhaltspunkte zur Bewußtseinslage, zum Zustandekommen von Wertvorstellungen und Urteilen, die Schüler eines bestimmten Alters abgeben können.

Alle vorgenannten Ansätze unterliegen aus verschiedenen Gründen der Kritik, weil sie z.B. kognitive Lernleistungen nicht ganzheitlich sehen, diese nicht isoliert betrachtet werden können, mehrere ineinandergreifende Lernvoraussetzungen erfüllt sein müssen, es zwischen den Lerntypen, Lernzielebenen, Denkoperationen oder Stufen immer wieder zu Abgrenzungsschwierigkeiten und Überschneidungen kommt; auch wird bezweifelt, ob ein hierarchischer Aufbau oder eine Phasengesetzmäßigkeit angenommen werden kann. – Doch einige Unterscheidungen, wie die zwischen anspruchslosen und anspruchsvollen Denkleistungen (Bloom et al. 1972, Claus 1969), divergenter und konvergenter Produktion (Guilford 1964) oder der konkret-operationalen und der formal-operationalen Stufe (Piaget 1969), erscheinen als Reflexionshintergrund zur Einschätzung der kognitiven Lernvoraussetzungen unentbehrlich.

Keiner dieser Ansätze vermag allerdings die unendliche Zahl möglicher Frage- und Problemstellungen mit den erforderlichen kognitiven Lernvoraussetzungen zu erfassen und ein rezeptologisches Vorgehen zu bieten. Im Rahmen der Unterrichtsplanung muß deshalb ein Lehrer den Lerninhalt selbst analysieren, über die zu erbringenden Lernleistungen und die kognitiven Lernvoraussetzungen nachdenken, um so Verfrühungen vermeiden und den Schülern beim Lernen helfen zu können.

1.9 Die emotionalen Lernvoraussetzungen

Vermag ein Lehrer seinen Schülern emotional ausgeglichen zu begegnen, sind positive Übertragungseffekte zu erwarten. Die Schüler fühlen sich eher angenommen und aufgehoben, werden emotional stabilisiert und können sich besser auf die Lernaufgaben konzentrieren. Umgekehrt überträgt ein unausgeglichener Lehrer seine Nervosität auf die Schülergruppe, und das Gruppen-, Lern- und Arbeitsklima leidet.

Emotionale Ausgeglichenheit ist eine notwendige Voraussetzung für das erfolgreiche Durchlaufen der Lernprozesse. Die emotionalen Lernvoraussetzungen werden auch durch das Klima in und außerhalb der Familie, durch die Sozialverhältnisse, durch das Gruppenklima und die jeweilige Lehrer-Schüler-Beziehung beeinflußt. Sind Schüler innerhalb ihrer Familien starken emotionalen Belastungen ausgesetzt oder kommt es zu einem zentralen Konflikt in der Lerngruppe, beeinträchtigen die emotionalen Voraussetzungen den Lehr-Lern-Prozeß erheblich.

In diesem Zusammenhang sind auch die Rahmenbedingungen (Kap. 5) zu erwähnen. Ungünstige Rahmenbedingungen – Freitag, 6. Stunde, sommerliche Temperaturen, Verkehrslärm – können zu einer so starken emotionalen Beeinträchtigung führen, daß Lehren und Lernen kaum noch oder gar nicht mehr möglich sind.

Zur Behandlung bestimmter Lerninhalte bedarf es spezifischer emotionaler Lernvoraussetzungen. Kein Lehrer wird auf den Gedanken kommen, Grundschüler mit den fragwürdigsten Erscheinungsformen menschlicher Existenz – wie Folter, Mord oder Krieg – zu konfrontieren, und wenn doch zufällig die Schüler auf ein solches Phänomen zu sprechen kommen, zeigt sich, daß sie in den Augen der Erwachsenen völlig unangemessen reagieren, weil sie die Tragweite der Ereignisse noch nicht erfassen können. – Zur Einschätzung der emotionalen Lernvoraussetzungen bedarf es nicht nur der Überlegung, was Schülern einer bestimmten Altersstufe zugemutet werden kann, sondern vor allem auch einer erhöhten Sensibilität für die Gefühlswelt der Schüler (vgl. Muth 1967).

1.10 Die psychomotorischen Lernvoraussetzungen

Die psychomotorischen Lernvoraussetzungen sind nicht nur für jene Lernbemühungen bedeutsam, bei denen körperliche Leistungsfähigkeit, die Koordination von Bewegungsabläufen oder eine besondere Geschicklichkeit verlangt werden – psychomotorische Fähigkeiten sind auch eine Voraussetzung für angemessene Lernleistungen im kognitiven und emotionalen Lernbereich. Schüler, die große Schwierigkeiten haben, ihre eigenen Bewegungsabläufe zu koordinieren, haben diese Schwierigkeiten meist auch beim Erwerb von Kulturtechniken, indem es ihnen z.B. nicht möglich ist, Wörter richtig aufzufassen und die betreffende Wortgestalt korrekt wiederzugeben.

Die psychomotorischen Lernvoraussetzungen sind in enger Beziehung zur Befriedigung der Bewegungsbedürfnisse zu sehen. – Grundschullehrer verwenden viel Zeit und Kraft, um im ersten Schuljahr bewegungshungrige Kinder „schulfähig" zu machen. Es ist für jeden Schüler widernatürlich, wenn er, von wenigen kurzen Pausen abgesehen, stundenlang stillsitzen muß. So werden die ursprüngliche Lebensfreude und der Bewegungsdrang durch die Schule reduziert. Qualifizierte Lehrer wissen um die Qualen ihrer Schüler und sind bemüht, die Lehr-Lern-Situationen zu wechseln, die Schüler auch körperlich zu aktivieren und Spiele einzuplanen, die

Raum für Bewegungen bieten. Insgesamt betrachtet kann jedoch die Behauptung aufgestellt werden, daß die öffentliche Normalschule die psychomotorische Entwicklung der Schüler zu wenig fördert. – Wenn Schüler beim Klingelzeichen spontan aufspringen und aus dem Klassenzimmer stürmen, dann ist dies mit ein sichtbares Zeichen für diese Annahme.

Der Zusammenhang zwischen psychomotorischer Entwicklungsförderung und den Lernleistungen in anderen Bereichen wird von Vertretern der Motopädagogik stärker gesehen und beachtet (Kiphard 1979), und es ist bedauerlich, daß dieses ganzheitliche Anliegen nicht von allen Lehrern verfolgt und berücksichtigt wird.

Für den Lehrer, der Unterricht plant, stellen sich im Hinblick auf bestimmte Aktivitäten und Lernaufgaben u.a. folgende Fragen:

- Wie steht es mit der generellen Leistungsfähigkeit der betreffenden Lerngruppe? – So sind z.B. Wanderstrecken auf das Alter der Schüler abzustimmen.
- Welche Bewegungsabläufe werden von den Schülern verlangt? – So ist es z.B. nicht möglich, mit Schülern eines ersten Schuljahres ein Ballspiel durchzuführen, das viel Geschicklichkeit verlangt und außerdem nach einem komplizierten Regelsystem abläuft.
- Welche feinmotorischen Fähigkeiten werden für bestimmte Lernaufgaben gefordert? – So sind z.B. Grundschüler kaum in der Lage, Techniken zu praktizieren, die hohe Anforderungen an die Feinmotorik stellen, wie Scherenschnitte, Linolschnitte u.dgl.m.

1.11 Die arbeitstechnischen Lernvoraussetzungen

Zur erfolgreichen Bewältigung von Lernaufgaben sind oft besondere arbeitstechnische Voraussetzungen erforderlich. Verfügen die Schüler über diese Techniken nicht, besteht die Gefahr, daß sie an der Lernaufgabe scheitern. Dabei ist vor allem entscheidend, ob die Schüler mit einer bestimmten Technik erstmals konfrontiert werden oder ob sie diese wiederholt anwenden und schon eine gewisse Fertigkeit erlangt haben. Die nachstehenden Punkte sind als Beispiele gedacht, stellen also keine Übersicht dar:

- Über welche Lerntechniken verfügen die Schüler? – Technik des Auswendiglernens (Gedichte, Vokabeln), des Aufsatzschreibens (Stoff sammeln, gliedern, Entwurf fertigen, korrigieren, Reinschrift verfassen), des Überlernens und Wiederholens (Wendekarten schreiben, Lernpartner suchen, sich gegenseitig Fragen stellen), der Heftführung (mitschreiben, gliedern, Stichwörter ausformulieren, eintragen, bedeutsame Punkte hervorheben)...
- Über welche Fertigkeiten verfügen sie im Umgang mit Texten, Tabellen und Graphiken? – Technik des Nachschlagens, Ablesens, der Bearbeitung von Buchprogrammen, der Interpretation graphischer Darstellungen ... –
- Inwieweit beherrschen sie den Umgang mit Arbeitsmitteln? – Schreib- und Zeichengeräte, Werkzeuge, Apparate, Geräte, Lernspiele, Instrumente ...
- Haben die Schüler Erfahrungen im Umgang mit Arbeitsmaterialien? – Papier, Holz, Ton, Stein, Glas, Metall, Kunststoff ...

Sind spezifische arbeitstechnische Voraussetzungen nicht gegeben, muß die Vermittlung dieser Technik eingeplant oder die Arbeitstechnik als solche zum Lerninhalt werden.

1.12 Die sachstrukturellen Lernvoraussetzungen

Schließlich bleibt noch die Frage nach den Lernvoraussetzungen der Schüler hinsichtlich eines bestimmten Lerninhalts oder einer Sachstruktur zu beantworten (vgl. Kap. 3). Vorkenntnisse und Vorerfahrungen bezüglich eines Lerninhalts erwerben die Schüler innerhalb und außerhalb des Unterrichts. Was im Unterricht gelehrt und gelernt worden ist, sollte eigentlich den Plänen und Wochenbüchern entnommen werden können; doch sind letztere geduldig, und kein Lehrer kann davon ausgehen, daß jene Angaben gleichbedeutend mit den Lernvoraussetzungen sind. Der Bemerkung des Lehrers: „Das ist doch eigentlich Stoff des letzten Schuljahres" folgt fast stets die Schülerantwort: „Davon haben wir noch nie etwas gehört". – Welche Vorkenntnisse und Vorerfahrungen außerhalb des Unterrichts erworben bzw. gemacht worden sind, läßt sich immer nur sehr vage sagen. Oft melden sich Schüler zu Wort und beginnen mit dem Satz: „Im Fernsehen ..." Da die Aktualisierung der Vorkenntnisse für den Lehr-Lern-Prozeß hochbedeutsam erscheint, wird in Kap. 11 dieser Punkt näher ausgeführt.

Es wird deutlich geworden sein, daß die angemessene Einschätzung der Lernvoraussetzungen und deren Berücksichtigung bei der Unterrichtsplanung eine wichtige und schwierige Aufgabe darstellt. Sie läßt sich mit abnehmender Schülerzahl, zunehmender Intensivierung der Lehrer-Schüler-Beziehungen sowie zunehmender Lehrerfahrung immer besser bewältigen.

Wer einem Schüler jahrelang Einzelunterricht erteilt, der kennt die Lernvoraussetzungen dieses Schülers genau, weiß, wo er steht, und kann ihn immer wieder dort abholen. Auf diese Weise lassen sich die großen Erfolge erklären, die in früheren Jahrhunderten durch das Hauslehrertum erzielt worden sind und die heute noch an nordamerikanischen Eliteschulen und Eliteuniversitäten erzielt werden.

Die Schaffung überschaubarer Lerngruppen hängt primär von bildungs- und finanzpolitischen Entscheidungen ab. Und es besteht ein direkter Zusammenhang zwischen den familialen, kulturellen und sozialen Lernvoraussetzungen und jenen Entscheidungen, die der Familien-, Sozial-, Ausländer- oder Arbeitspolitik zuzurechnen sind. Wer diese Zusammenhänge leugnet, ignoriert die politische Dimension des Lehrberufs. Die weiterführende Frage, inwieweit Lehrer eine Chancenausgleichsfunktion wahrnehmen und Schüler aus sozial schwachem Milieu mit ungünstigen Lernvoraussetzungen stützen sollten, hat jeder Lehrer, seinem eigenen politischen Standort entsprechend, selbst zu beantworten.

2 Die Lerninhalte auswählen

Auf die sehr schwierige Frage, was gelehrt und gelernt werden soll, läßt sich nicht immer eine verbindliche Antwort finden. Die unterschiedlichen gesellschaftspolitischen Verhältnisse, die Einstellungen des Lehrers, die verschiedenen Zielsetzungen der Schulstufen, Schularten und der Fächer sowie die unterschiedlichen Rahmenbedingungen und Lernvoraussetzungen der Schüler lassen keine eindeutige Antwort zu. Um diese These zu belegen, werden eingangs verschiedene Personengruppen betrachtet, welche die Auswahl der Lerninhalte aus ihrer Perspektive rechtfertigen. Dann werden Auswahlentscheidungen über die Denkansätze einiger Pädagogen und Erziehungswissenschaftler begründet, Ansätze, die im Rahmen dieses Buches nur angedeutet werden können. Des weiteren wird die politische Komponente des Themas angesprochen und die Frage gestellt, welche Handlungsmöglichkeiten Lehrer haben, die Lehrplanvorgaben aus Gewissensgründen nicht akzeptieren können.

Vertreter einer Schulaufsichtsbehörde werden argumentieren, daß durch die staatlichen Lehrpläne oder Richtlinien die Frage nach der Auswahl der Lerninhalte für Lehrer an öffentlichen Schulen weitgehend beantwortet sei. Und sie haben aus ihrer Sicht mit dieser Auffassung auch recht; denn es erscheint sinnvoll, innerhalb einer Schulart vergleichbaren Schülern auch vergleichbare Inhalte anzubieten. Nur so kann den Schülern ein Schulwechsel erleichtert werden, und nur bei vergleichbaren Inhalten und Zielen sind auch die Abschlüsse weitgehend vergleichbar – was allerdings von Bildungspolitikern und Erziehungswissenschaftlern bestritten wird.

Grundschullehrer, die unter günstigen Rahmenbedingungen in ihren Klassen offene, gesamtunterrichtliche oder schülerorientierte Unterrichtskonzeptionen verfolgen, antworten vielleicht auf die Frage, daß vor allem jene Inhalte und Ziele anzustreben seien, die kindgemäß sind und dem Erfahrungs- und Erlebnishorizont der Schüler entsprechen. Sie können im Unterricht die besonderen Bedürfnisse ihrer Schüler berücksichtigen, auf sie eingehen, von aktuellen Ereignissen ausgehen, Gelegenheiten aufgreifen und nutzen. Diese Grundschullehrer können vielfach nach humanistischen Ansätzen des Lehrens und Lernens verfahren (vgl. Gage/Berliner 1979, 604 ff.). Der staatliche Lehrplan oder die Richtlinien dienen ihnen lediglich als Anregung, weniger als verbindliche Vorgabe, wie es sich die Vertreter der Schulaufsichtsbehörde erhoffen.

Haupt- oder Sonderschullehrer, die in sehr schwierigen Klassen unterrichten und die sich immer wieder mit unterschiedlichem Erfolg um die für das Lehren und Lernen erforderliche soziale Ordnung bemühen, antworten auf die Frage, daß für sie Inhalte im Vordergrund stehen, an denen die Schüler lernen können, miteinander umzugehen. Diese Lehrer kennen zwar zumeist die Anforderungen, die Lehrpläne und Richtlinien stellen; doch wissen sie auch, daß ihre Schüler diese nicht erfüllen können, weil ihnen bedeutsame Lernvoraussetzungen fehlen.

Realschullehrer werden anders argumentieren, sich an die Lehrpläne und Richtlinien halten, damit ihre Schüler einen qualifizierten Realschulabschluß bescheinigt bekommen. Daneben wird versucht – sofern es die Zeit erlaubt –, die Lernbedürfnisse und Interessen der Schüler zu berücksichtigen und soziale Lernziele anzustreben. Für Realschullehrer steht meist der kompetent handelnde Schüler im Vordergrund, dem es zunehmend gelingt, auch schwierige Aufgaben erfolgreich zu bewältigen. Doch diese Lehrer argumentieren auch fachspezifisch.

Für einige *Fachlehrer* hat die Entwicklung und Ausbildung kognitiver Strukturen Vorrang; die Schüler sollen nicht nur Kenntnisse erwerben, sondern auch anspruchsvollere Denkleistungen erbringen (vgl. Bloom et al. 1972). – Fachlehrer, die im musisch-ästhetischen Bereich lehren, möchten vorrangig die kreativen Fähigkeiten ihrer Schüler fördern; sie bevorzugen Inhalte, die kreatives Verhalten ermöglichen und zu divergenter Produktion (Guilford 1964) anregen.

Lehrer der gymnasialen Oberstufe, die Leistungskurse zu betreuen haben, beantworten vermutlich die Frage nach den Inhalten mit einer weiteren Akzentverschiebung. Sie folgen zwar ihren Kollegen, indem auch sie bestrebt sind, bei ihren Schülern anspruchsvolle Denkstrukturen auszubilden und Inhalte auszuwählen, mit deren Hilfe das kreative Potential der Schüler gefordert und gefördert werden kann; doch geht es ihnen um die Vermittlung fundamentaler Inhalte der jeweiligen Bezugswissenschaften. Sie möchten die Struktur der entsprechenden Fachdisziplin (Bruner 1970) berücksichtigen und die Schüler auf das Studium vorbereiten.

Ganz andere Antworten werden *Lehrer aus dem Bereich der beruflichen Bildung* geben, die ihre Schüler für berufsspezifische Aufgaben zu qualifizieren haben. Für sie haben jene Inhalte Vorrang, die Schüler in derzeitigen oder künftigen Berufssituationen zu kompetentem Handeln befähigen (vgl. Robinsohn 1972).

Eine Begründung für die Auswahl der Lerninhalte läßt sich im Anschluß an grundlegende pädagogische und erziehungswissenschaftliche Einsichten und Erkenntnisse geben. So wurde und wird immer wieder die Auffassung vertreten, daß es sinnvoll sei, die *Bedürfnisse der Schüler umfassend zu berücksichtigen und deren Kräfte allseitig auszubilden.* Dieses Anliegen wurde schon in der Antike gesehen, es wurde von bedeutenden Pädagogen wie Comenius (1592–1670) oder Pestalozzi (1746–1827) verfolgt. Und zu Beginn unseres Jahrhunderts haben es Vertreter der pädagogischen Reformbewegung (Hugo Gaudig, Georg Kerschensteiner), insbesondere der deutschen Landerziehungsheimbewegung (Paul Geheeb, Kurt Hahn, Hermann Lietz, Gustav Wyneken), wieder aufgegriffen und unterschiedlich akzentuiert. – Es ist einfacher, eine Forderung zu stellen, als sie zu verwirklichen. Häufig fehlen den Schulen die entsprechenden Rahmenbedingungen, um Lerninhalte in einem ausgewogenen Verhältnis anbieten zu können. So ist z.B. die tägliche Spiel- und Sportstunde nur an wenigen Schulen verwirklicht. – Dann unterliegen Lehrer in einem Fachlehrersystem der Gefahr eines Fachegoismus, indem sie die von ihnen zu vermittelnden Lerninhalte für besonders wichtig erachten, Akzente setzen, die das Anliegen einer umfassenden Förderung zurückdrängen. – Und schließlich muß davon ausgegangen

werden, daß einzelne Schüler sehr unterschiedliche Lernbedürfnisse haben, denen nur über eine weitgehende Individualisierung der Lehr-Lern-Prozesse Rechnung getragen werden
kann.

Erziehungswissenschaftler werden die Frage nach der Auswahl der Lerninhalte ihrem Ansatz entsprechend in der
ihnen eigenen Terminologie beantworten. Nach Wagenschein (1959) sollten jene Lerninhalte ausgewählt werden,
die für das betreffende Lerngebiet *exemplarisch* sind, an
denen die Schüler wichtige Einsichten, Erkenntnisse und
Erfahrungen gewinnen, die dann auf andere, ähnliche Frage-
und Problemstellungen übertragen werden können. – Nur
findet dieses exemplarische Prinzip bald seine Grenzen, wo
bestimmte Inhalte repräsentativ abgedeckt werden müssen.
Wenn z.B. Schüler im Englischunterricht lernen sollen,
sich in verschiedenen Alltagssituationen zurechtzufinden,
dann genügt es nicht, wenn sie sich nur den Wortschatz
und die Redewendungen für eine dieser Situationen aneig-
nen.

Nach Klafki (1985) erscheinen Lerninhalte und Ziele
bedeutsam, sofern sie den Erwerb bestimmter Fähigkeiten
ermöglichen, so z. B. die „Fähigkeit zur Selbst- und Mitbestimmung, Kritik- und Urteilsfähigkeit ... Fähigkeit zum Handeln
in Gruppen, zur Solidarität ... Fähigkeit, eigene Interessen
formulieren, in Diskussionen einbringen und praktisch verfolgen zu können, aber zugleich die Fähigkeit, eine Situation aus
der Sicht des Mitmenschen, des Partners oder des Kontrahen-
ten sehen zu können ... Fähigkeit, sich kritisch auf neue
Situationen und Anforderungen einstellen zu können ...
Fähigkeit, neue Lösungen zu finden ... Fähigkeit zur realen
Utopie (a. a. O., 172/173).

Mit Schulz (1980b) ließe sich die Auswahl der Lerninhalte
über seine Anliegen der *Kompetenz, Autonomie und Solidarität* begründen. Nach Schulz sind jene Lerninhalte wichtig, die den Schülern *Sach-, Gefühls- und Sozialerfahrungen* vermitteln, die ihn zu sachkompetentem Handeln führen, das Selbstwertgefühl erhöhen und an denen er lernen
kann, eigene Wünsche und Bedürfnisse nach den Interessen
einer Gesellschaft auszurichten, die sich solidarisch zeigt.
Um diese Erfahrungen gewinnen zu können, ist der konkrete Umgang mit Sachen, Gefühlen und Personen erforderlich.

Nach v. Hentig (1971) wären im Unterricht vor allem jene Lerninhalte zu berücksichtigen, die der jungen Generation die Chance bieten, die gesellschaftlichen Verhältnisse zu hinterfragen und sie konstruktiv zu verändern. Mit seinem daseins-interpretatorischen Ansatz will er die möglichen *Freiräume des Individuums sichern* und versuchen, die *notwendigen und möglichen Reformen* in Schule und Gesellschaft *voranzutreiben.* Und in ganz ähnlicher Weise stellen Henderson und Lanier (1973) – What Teachers Need to Know and Teach? – for Survival on the Planet – die Frage nach der Auswahl der Lerninhalte: Der Unterricht muß darauf ausgerichtet sein, den Menschen ein *lebenswertes Überleben zu sichern,* die Schüler zu befähigen, den Prozeß der Selbstvernichtung zu unterbinden. Dazu werden Kenntnisse über die symbiotischen Beziehungen zwischen den Menschen, Pflanzen, Tieren und Elementen benötigt; denn nur so lassen sich Kriegsgefahr, Armut und Hunger, Arbeitslosigkeit und Umweltkatastrophen bannen.

Ein anderes Auswahlkriterium gewinnt in der Zeit hoher Arbeitslosigkeit, in der von vielen Menschen eine erhöhte Mobilität verlangt wird, an Bedeutung. Danach sind jene Lerninhalte besonders wichtig, an denen die Schüler *lernen können, wie man lernt* (vgl. Schraeder-Naef 1978). Die Ausbildung der Lernfähigkeit und die Bereitschaft zu lebenslangem Lernen erscheinen wichtiger als der Erwerb abrufbarer Kenntnisse. Doch wenn in Prüfungen der Lernerfolg an der Präsenz abfragbarer Kenntnisse gemessen wird, dann bleibt die Absicht, die Lernfähigkeit zu fördern, hinter der Wirklichkeit zurück.

Neben den vorstehend genannten Kriterien gibt es zahlreiche pragmatische Gründe, die für Auswahlentscheidungen maßgebend sein können, so z.B. die *Freude der Schüler* an einer bestimmten Aktivität, die ihnen ein positives Lebensgefühl vermittelt; das besondere *Interesse des Lehrers* an einem Lerninhalt, so daß er ein ihn fesselndes Lerngebiet mit Charisma (Duck 1981) lehrt und es ihm gelingt, sein eigenes Interesse auf die Schüler zu übertragen; *Besonderheiten der Schulen,* die z.B. an der Küste oder im Gebirge liegen, so daß sich für die Schüler Segel- oder Bergrettungslehrgänge anbieten; *Gelegenheiten,* wenn z.B. eine bekannte Persönlichkeit für einen Vortrag gewonnen werden kann; *aktuelle Ereignisse oder überlieferte Traditionen.*

Begründungsspektrum

- für derzeitige oder künftige Berufssituationen relevant
- für Schüler und Lehrer von besonderem Interesse
- derzeit aktuell
- bereitet den Schülern und dem Lehrer Freude
- vermittelt Sacherfahrung
- vermittelt Gefühlserfahrung
- vermittelt Sozialerfahrung
- verbessert das Gruppenklima
- bewahrt oder schafft individuelle Freiräume
- trägt zur Selbständigkeit und Eigenständigkeit bei
- fördert die Kritikfähigkeit
- fördert anspruchsvolle kognitive Strukturen
- vermittelt Lerntechniken
- ermöglicht kreatives Verhalten
- kategorial mit hohem Bildungsgehalt
- exemplarisch oder repräsentativ
- für weiterführende Inhalte und Lernziele grundlegend
- traditionell und kulturell wertvoll
- für derzeitige oder künftige Lebenssituationen relevant

Für die Auswahl der Inhalte

Es gibt also zahlreiche Möglichkeiten, die Auswahl der Lerninhalte zu begründen, theoretische und pragmatische, und die Vielfalt der Argumente auf sehr unterschiedlichen Begründungsebenen kann verwirrend sein. Um einem fragwürdigen Relativismus vorzubeugen, versuchten und versuchen Philosophen, Theologen und Pädagogen den Lehrern Entscheidungshilfen zu bieten und die Auswahl über normative Setzungen abzusichern (vgl. Blankertz 1975, 18 ff.). Da die Auswahl von Lerninhalten einen Bewertungs- oder Beurteilungsprozeß beinhaltet, werden Normen oder Werte benötigt, die zu einer Begründung von Auswahlentscheidungen herangezogen werden können. Ein möglicher Prozeßverlauf läßt sich dabei wie folgt strukturieren:

- „Vordenker" entwickeln Norm- oder Wertvorstellungen für die Auswahl von Lerninhalten;
- Lerninhalte werden analysiert, strukturiert, einer detaillierten Betrachtung unterzogen;
- in Frage kommende Lerninhalte werden mit Norm- und Wertvorstellungen konfrontiert, wobei es sich hier um einen wechselseitigen Prozeß handelt, der sowohl von den Lerninhalten als auch von den Normen ausgehen kann, und
- schließlich erfahren die ausgewählten Lerninhalte über die gesetzten Normen und Werte ihre Legitimation.

Da in einer freiheitlich demokratischen Gesellschaft kein Konsens hinsichtlich der Normen und Werte zu erwarten ist, diese der Dynamik gesellschaftlicher Veränderungen unterliegen und außerdem in Lebens- oder Berufssituationen gegensätzliche Werte gefragt sein können, die das Handeln bestimmen sollten, trägt ein solches Verfahren für die Auswahl von Lerninhalten nicht. Dezisionistische Bemühungen, Versuche, Normen zu setzen und sie von außen an die Lehrer heranzutragen und ihre Entscheidungen zu beeinflussen, müssen schon deshalb als bedenklich bezeichnet werden, weil sie eigenständige Entscheidungen der Lehrer eher behindern als fördern. Dazu v. Hentig:

„... um deutlich zu machen, daß die Grundwert-Diskussion, die heute in Deutschland und anderwärts ausgebrochen ist, zu nichts führen kann. Es geht nicht darum, Werte oder gar Grundwerte gegen Unwerte durchzusetzen, modische und schädliche Irrtümer durch bleibende und heilende Wahrheit auszutreiben, nicht um hie Hilfsbereitschaft, Fleiß, Ehrlichkeit, Gemeinsinn und da Konfliktbereitschaft, Kritikfähigkeit, Veränderungsmut, Selbstbehauptung. Diese beiden Heerscharen bekämpfen sich zu Unrecht; in unserer Welt werden beide gebraucht; es gibt keine gottgewollte oder natürliche oder auch nur vernünftige Hierarchie unter ihnen – derzufolge beispielsweise Gemeinsinn über der Selbstentfaltung stünde oder umgekehrt. Wer nichts von dem bedrohten Anspruch des Individuums auf seine Eigenart weiß, dessen Gemeinsinn ist keine Tugend, sondern ein unaufgehellter Zustand; wer nicht weiß, was er der Gemeinschaft schuldet, dessen Selbstbehauptung ist blind, eine Verwirrung, keine Leistung der Freiheit" (v. Hentig 1981, 113).

Lehrplanentscheidungen sind auch politische Entscheidungen, d.h. jeder Staat nimmt für sich in Anspruch, in den öffentlichen Schulen systemkonforme Staatsbürger heranzubilden und Lehrer wie Schüler im Sinne der vorherrschenden Ideologie zu beeinflussen (vgl. Blankertz 1975, 106 ff.). Bei diesem Bemühen bedient sich jeder Staat der erwähnten „Vordenker", der Medien und der staatlichen Lehrplankommissionen. Wenn auch nicht die Richtlinienkompetenz und die Tatsache der Beeinflussung in Frage gestellt oder geleugnet werden kann, so muß doch immer wieder die Art der Beeinflussung kritisch hinterfragt werden.

In der Bundesrepublik Deutschland werden Auswahlentscheidungen durch jene Ideologien bestimmt und legitimiert, die für westliche Demokratien typisch sind. Das Grundgesetz und die Länderverfassungen, die Präambeln der Lehrpläne und Richtlinien, in denen die verfassungsmäßigen Anliegen aufgegriffen werden, machen dies deutlich.

In der Deutschen Demokratischen Republik werden Lerninhalte unter der Fragestellung ausgewählt, ob ihre Behandlung der vorherrschenden Ideologie dienen kann:

„Zum Teil sind diese Strategien in den Lehrplänen angelegt, z.B. im Hinblick auf die Herausbildung solcher Überzeugungen, wie denen von der Gesetzmäßigkeit des Sieges des Sozialismus, der historischen Mission der Arbeiterklasse, der Einheit von Patriotismus und Internationalismus, der führenden Rolle der Arbeiterklasse und ihrer Partei" (Weck 1982, 34).

Die Vermittlung der nationalsozialistischen Ideologie, die Verbreitung der „Blut und Boden"-Thesen, die Erziehung zum Haß gegen Juden und Ausländer, zu Gehorsam, Pflichterfüllung und Opferbereitschaft – selbst dann, wenn diese Tugenden verbrecherischen Zielen dienen – wäre ohne die Vorgabe von Lerninhalten durch die nationalsozialistische Propaganda in dieser Form nicht möglich gewesen.

Vorstehende Überlegungen machen deutlich, daß jeder Staat im Bildungsbereich Herrschaft ausübt und stets die Gefahr eines Mißbrauchs besteht. Für den politisch verantwortungsbewußt handelnden Lehrer ergeben sich aus dieser Erkenntnis zwei Aufgaben:

– Einmal ist er verpflichtet, gerechtfertigte Forderungen anzuerkennen und an der Verwirklichung dieser Anliegen mitzuarbeiten,
– zum anderen hat er aber auch die Aufgabe, die Schüler vor ungerechtfertigten Ansprüchen des Staates zu schützen und Lerninhalte dahingehend zu überprüfen, ob sie mit dem Grundgesetz und den Länderverfassungen vereinbar sind.

Lehrplan- und Richtlinienentscheidungen sind also auch politische Entscheidungen. Die Kultus- und Unterrichtsminister, durch parlamentarische Mehrheiten legitimiert, üben das Recht aus, Lehrplankommissionen zu berufen, Lehrpläne zu erlassen und auf die Einhaltung dieser Pläne zu dringen. – Dies kam in der eingangs dargelegten Auffassung von Vertretern der Schulaufsichtsbehörde zum Ausdruck. – Diese Entscheidungen werden aber auch durch die „objektiven Mächte" (Wilhelm 1967), die politischen Parteien, Gewerkschaften, Verbände und Kirchen, mitgeprägt. Sie alle versuchen, ihren Einfluß auf Lehrplankommissionen und Lehrpläne geltend zu machen. Auf diese Weise läßt sich z.B. erklären, warum sich der Lehrplan einer privaten, bayerischen Klosterschule von dem einer integrierten Gesamtschule unterscheidet.

Ministerien befinden darüber, welche Lerninhalte und Fächer in welchem Umfang an den staatlichen Schulen gelehrt werden sollen. Und in einer pluralistischen Gesellschaft müssen diese Entscheidungen, den unterschiedlichen weltanschaulichen und politischen Positionen entsprechend, einer permanenten Diskussion unterliegen, an der sich jeder politisch verantwortungsbewußte Lehrer, der sich nicht selbst zum Befehlsempfänger degradieren möchte, beteiligen sollte.

Der Versuch staatlicher Einflußnahme und deren Abhängigkeit von politischen Trends und Notwendigkeiten wird auf dem Gebiet der Friedenserziehung besonders deutlich: Massenvernichtungswaffen und die große Zahl der Wehrdienstverweigerer lassen es heute geboten erscheinen, dem Anliegen der Landesverteidigung in den Schulen verstärkt Rechnung zu tragen. Eine Diskussion um ein mögliches Fach „Wehrkunde" oder ein Austausch des Begriffs „Friedenserziehung" durch „Friedenssicherung" werden vor allem dann problematisch, wenn Maßnahmen dieser Art nicht mehr in vollem Umfang verfassungskonform erscheinen – wenn z.B. im Art. 12 der Verfassung des Landes Baden-Württemberg die Erziehung zur „Brüderlichkeit aller Menschen und zur Friedensliebe" gefordert wird.

Welches sind nun im Rahmen einer handlungsorientierten Didaktik die für den Lehrer unmittelbar handlungsrelevanten Überlegungen für die Auswahl der Lerninhalte?

Einmal hat diese Auswahl nach den Lehrplänen oder Rahmenrichtlinien zu erfolgen, die in dem betreffenden Bundesland für die jeweilige Schulstufe, Schulart und für das Fach vorliegen. Diese Auswahl sollte ein Fundamentum enthalten, das kontinuierliches Lernen in vergleichbaren Schulen und damit auch einen Schulwechsel ohne größere Nachteile sicherstellt. Wenn ein hoher Prozentsatz der Lehrer die für sie verbindlichen Pläne oder Richtlinien nicht einmal kennt (vgl. Meyer 1980), dann ist dies bedauerlich, zeugt von einer mangelnden Professionalisierung und von dem vergeblichen Bemühen der Ministerien, gerechtfertigte Ansprüche durchzusetzen.

Die Auswahl der Inhalte ist entsprechenden Sinneinheiten zuzuordnen, nach Unterrichtseinheiten zu gliedern, die dann wiederum aufeinander zu beziehen sind. Dabei erscheint es sinnvoll, nicht die gesamte zur Verfügung stehende Unterrichtszeit zu verplanen, damit sich Schüler wie Lehrer mit ihren eigenen Vorstellungen und Anliegen in den Lehr-Lern-Prozeß einbringen können.

Da nicht davon ausgegangen werden kann, daß alle

staatlichen Institutionen in Zukunft auf ungerechtfertigte Herrschaftsausübung im Bildungsbereich verzichten, ist es die Aufgabe eines jeden Lehrers und Staatsbürgers, ihm fragwürdig erscheinende Lerninhalte zu analysieren, um sie ideologiekritisch zu durchdringen. Die folgende Strategie ist deshalb für einen möglichen „bildungspolitischen Notstand" gedacht, für jene politische Situation, in der es darum geht, die Schüler vor fragwürdiger staatlicher Einflußnahme zu schützen und als Lehrer nicht gegen eigene weltanschauliche und politische Überzeugungen handeln zu müssen. Diese Strategie ist natürlich ergänzungsbedürftig, einige der Handlungsmöglichkeiten können gleichzeitig realisiert werden, auch mag es angebracht sein – der politischen Konstellation entsprechend –, sie in einer anderen Abfolge auf die Handlungsebene zu übertragen; doch gilt es, tätig zu werden, bevor ein totaler Überwachungsstaat zum Stillhalten zwingt. Dies ist also keine subversive Strategie, sondern der Versuch, die freiheitlich demokratische Grundordnung im Bildungsbereich, die Vielfalt unterschiedlicher Positionen und Meinungen und ein freies Miteinander-Umgehen im Lehr-Lern-Prozeß zu bewahren:

1 Die eigene Einstellung zu dem betreffenden Lerninhalt nochmals überprüfen. Die Zweifel oder die Ablehnung sorgfältig begründen.

2 Sich Handlungsaufschub verschaffen, d.h. die fragwürdigen Lerninhalte vorerst nicht lehren.

3 Den Lerninhalt lehren, die inhaltlichen Aussagen jedoch sofort relativieren, auf gegensätzliche Positionen oder verschiedene Sichtweisen aufmerksam machen und diese diskutieren lassen.

4 Den Lerninhalt zwar lehren, aber mit ihm andere oder entgegengesetzte Ziele verfolgen.

5 Den Meinungsaustausch mit Kollegen suchen. Die Meinungsbildung durch Gespräche und Diskussionen fördern.

6 Sich mit Kollegen, die ähnliche Zweifel oder Gewissensnöte haben, solidarisieren.

7 Dem Schulleiter die eigenen Ansichten darlegen – dessen politische Meinung berücksichtigen.

8 Eingaben an die vorgesetzten Behörden machen und die Stellungnahme ausführlich begründen.

9 In Fachzeitschriften die eigenen Argumente veröffentlichen.

10 Die Berufsverbände auf das Problem aufmerksam machen und sie bitten, aktiv zu werden.

11 Die Eltern auf die Gefahren hinweisen, denen ihre Kinder ausgesetzt sind, und die Eltern mobilisieren.

12 Bürgerinitiativen gründen, die das Anliegen in der Öffentlichkeit vertreten.

13 Andere demokratische Mittel voll ausschöpfen, den Abgeordneten und den Medien – Presse, Funk und Fernsehen – entsprechende Informationen zur Verfügung stellen.

Wenn alle die vorstehenden Handlungsmöglichkeiten nicht zum Erfolg führen und eine Überwachung im Unterricht erfolgen sollte, bleiben nur noch jene Handlungsmöglichkeiten, die für Auseinandersetzungen in totalitären Gesellschaftssystemen typisch sind – offener oder geheimer Widerstand, Emigration etc. Nun ist zu hoffen, daß die hier dargelegte Strategie zumindest in naher Zukunft nicht umgesetzt werden muß.

Sofern einige Leser der Meinung sind, diese Überlegungen seien handlungsirrelevant, dann muß an die Zeit des Nationalsozialismus erinnert werden und daran, daß es in vielen Staaten Lehrer gibt, die täglich massiven Zweifeln und Gewissensnöten ausgesetzt sind, die Lerninhalte vermitteln müssen, die sie nicht lehren wollen und von deren Wert sie nicht überzeugt sind.

Damit ist das Stichwort für den letzten Gedankengang dieses Kapitels gegeben. Lehrer sollten nur dann einen Lerninhalt lehren, wenn sie von dessen Wert überzeugt sind. Dazu bedarf es einer stichhaltigen Begründung. Oder anders gesagt: Es muß gestattet sein, jedem Lehrer im Hinblick auf einen bestimmten Lerninhalt die Frage vorzulegen, warum er ihn eigentlich unterrichtet. Und die gleiche Frage sollten die Schüler jederzeit ihrem Lehrer stellen dürfen.

Das Spektrum möglicher Begründungen ist breit. Sofern sich die Auswahl des Lerninhalts nicht überzeugend begründen läßt, sollte besser auf ihn verzichtet werden.

3 Die Lerninhalte strukturieren

Nach erfolgter begründeter Auswahl der Lerninhalte stellt sich die Frage nach der Inhaltsstruktur und der Anordnung der Inhalte im Lehr-Lern-Prozeß. Die Struktur eines Inhaltes besteht aus verschiedenen Elementen, die miteinander in Beziehung stehen und in ihrer Gesamtheit ein Beziehungsgefüge darstellen. Dabei zeichnen sich – bezogen auf unser Problem, Lerninhalte für den Unterricht zu strukturieren – mehrere Strukturebenen ab, eine Makro- und eine Mikrostruktur, die inhaltliche Struktur mit ihrer Beziehung zur Bezugswissenschaft, die bei den Schülern vorherrschende Sachstruktur und die didaktische Struktur, die dann hervortritt, wenn ein Inhalt zum Lerninhalt wird.

Die *Makrostruktur* betrifft die Inhalte einer Schule, ganzer Lernbereiche, Fächer, die Inhalte eines Schuljahres mit nachgeordneten Unterrichtseinheiten. So werden z.B. Hauptschülern im Fach Geschichte andere Lerninhalte geboten als Realschülern oder Gymnasiasten, und es ist nur logisch, den Versuch zu machen, die Inhalte der einzelnen Schuljahre aufeinander zu beziehen und abzustimmen, um Überschneidungen und nicht gerechtfertigte Wiederholungen zu vermeiden. Innerhalb der Lerninhalte des Faches eines Schuljahres lassen sich thematische Sinneinheiten erkennen und ausgliedern, die die Basis für mögliche Unterrichtseinheiten darstellen. Letztere erstrecken sich über 3 bis 12 Unterrichtsstunden, wobei mehrere Einheiten zu Epochen verknüpft werden können. Wichtig erscheint in diesem Zusammenhang die thematische Sinneinheit, denn sie sollte nach Möglichkeit immer Ausgangspunkt aller Planungsüberlegungen sein. Sie enthält mehrere Themen, Frage- und Problemstellungen, die sich in einem zentralen Thema zusammenfassen lassen.

Die Planung auf der Makroebene dient der Orientierung, wobei es sinnvoll erscheint, über die Fachgrenzen hinwegzusehen, weil es nur so dem Lehrer möglich wird, Querverbindungen zu anderen Fächern zu sehen und Verknüpfungen mit anderen Lerninhalten anzuregen. Strukturanalytische Überlegungen auf der Makroebene führen zu einem Arbeits- oder Stoffverteilungsplan, zu einem Entwurf einer möglichen Abfolge thematischer Sinneinheiten. Die *Mikroebene* bezieht sich nun auf die Inhaltsstruktur von Unterrichtseinheiten, Doppel- und Einzelstunden. Letztere erscheinen nur dann gerechtfertigt, wenn sie sich ein- und abgrenzen und in den Lehr-Lern-Prozeß eingliedern lassen. Die Vorbereitung von Einzel- oder Doppelstunden sollte die Ausnahme sein, weil bei ihnen oft die thematische Sinneinheit fehlt. So betrachtet sind viele Planungsüberlegungen im Rahmen schulpraktischer Übungen oder des Referendariats, die lediglich auf die Durchführung von Einzelstunden ausgerichtet sind, höchst fragwürdig. – Die weiteren Ausführungen beziehen sich auf die Strukturierung der Lerninhalte einer Unterrichtseinheit.

Befaßt sich ein Lehrer mit den Lerninhalten einer Unterrichtseinheit, die er noch nie durchgeführt hat, dann bemüht er sich zunächst einmal um die fachinhaltliche Orientierung. Zwar werden in sein Bemühen immer wieder didaktische und methodische Überlegungen einfließen; doch bilden Fachkenntnisse die Grundlage seiner Überlegungen. In diesem Zusammenhang wird immer wieder die Frage nach der Intensität fachlicher Vorbereitung gestellt. Dabei kann die ,,Haltung des Wissenschaftlers, der den betreffenden Inhalt als fachwissenschaftliches Forschungsproblem betrachtet" (Klafki 1967, 129), nicht verlangt werden und auch nicht das Leitbild sein. Lehrer, die mehrere Fächer unterrichten, wären auch total überfordert; doch kann wohl zu Recht verlangt werden, daß sich jeder Lehrer im Hinblick auf die betreffende Unterrichtseinheit informiert, einliest und eindenkt. Dieses Einarbeiten erfolgt mit dem Ziel, die für die Schüler bedeutsamen Elemente der Inhaltsstruktur zu erkennen, Elemente, die es wert sind, vermittelt zu werden. Und die Beschäftigung mit den Inhaltsstrukturen muß so lange fortgesetzt werden, bis der Lehrer in der Lage ist, die Inhalte – gemessen an den Ansprüchen der jeweiligen Bezugswissenschaft – sachlich richtig und ausreichend differenziert (vgl. Hörner/Maier/Pfistner 1981, 70) zu vermitteln. Dies ist zwar ein hoher Anspruch, der sich nicht immer erfüllen

lassen wird, doch muß er im Interesse der zu unterrichtenden Schüler gestellt werden.

Wenn auch die Haltung eines Fachwissenschaftlers und
Forschers nicht verlangt werden kann, so doch die Haltung
eines Lehrers, der zu den Lerninhalten eine Beziehung
entwickelt, der Freude an geistiger Arbeit hat und die
Auseinandersetzung mit diesen Inhalten nicht scheut, der
sich um die Lerninhalte bemüht, sich eindenkt, an ihnen
herumdenkt, weiterdenkt, Zeit und Kraft investiert, um sie
zu durchdringen. Eine derart gründliche Auseinandersetzung
mit den Lerninhalten einer Unterrichtseinheit hat mehrere
Vorteile:

- Der Lehrer vertieft seine Kenntnisse, neue Einsichten
  werden für ihn zunehmend interessant. Er erkennt nun
  Elemente, die ihm bedeutsam sind und von deren Wich-
  tigkeit für die Schüler er überzeugt ist. Auf diesem
  Hintergrund entwickelt sich ein spezifisches Berufsver-
  ständnis, das Lehren wird ihm zu einem Anliegen, er kann
  Inhalte und Ziele den Schülern gegenüber begründen.
- Die intensive Befassung mit den Lerninhalten und den
  Möglichkeiten der Vermittlung führt zu Einstellungen, die
  in der angelsächsischen Fachliteratur mit dem Begriff
  ,,Charisma`` umschrieben werden (vgl. Duck 1981). Das
  Interesse an den Lerninhalten bestimmt viele Handlungen
  des Lehrers, es durchdringt seine Persönlichkeit. Und weil
  dem Lehrer die Lerninhalte zu einem wirklichen Anliegen
  geworden sind, spüren die Schüler etwas von deren Be-
  deutsamkeit, und es kommt zu lernfördernden Übertra-
  gungseffekten.
- Lehrer, die wirklich fachkompetent sind, können sich im
  Unterricht voll auf methodische und pädagogische Probleme konzentrieren. Sie müssen nicht an einem Konzept
  kleben und sind so eher in der Lage, flexibel und variabel
  zu reagieren.
  - Fachkompetente Lehrer werden emotional stabilisiert,
    denn sie haben weniger Angst, den ,,roten Faden`` zu
    verlieren oder ,,ins Schwimmen`` zu geraten. Sie können
    ruhig und gelassen in den Unterricht gehen, mit den
    Schülern an den Lerninhalten arbeiten und an jenen
    Stellen, an denen auch sie mal überfragt sind, dies ruhig
    zugeben, ohne in den Augen der Schüler inkompetent zu
    wirken.

– Lehrer, die sich gründlich mit den Lerninhalten der betreffenden Unterrichtseinheit befaßt haben, können die Fragehaltung ihrer Schüler fördern und werden sich über Schülerfragen freuen, während fachinkompetente Lehrer Fragen der Schüler unterdrücken, gar nicht erst zulassen oder als Störung empfinden. Wenn nun aber Schüler den Eindruck haben, daß sie auf ernstgemeinte Fragen auch kompetente Antworten erhalten, fühlen sie sich mit ihren Fragen von diesem Lehrer aufgenommen.

– So betrachtet beeinflußt Fachkompetenz das Lernklima oder die Lehrer-Schüler-Beziehung positiv. Ein fachkompetenter Lehrer kann seine Fachkenntnisse natürlich in den Umgang mit den Schülern einbringen, er gewinnt auf diese Weise an Fachautorität, die sich aus der gemeinsamen Beschäftigung und Arbeit an den Lerninhalten ergibt. Zumindest in diesem Bereich wird der Lehrer von den Schülern anerkannt.

– Und schließlich ist fachliche Kompetenz die Basis, um im Unterricht für pädagogische Aufgaben frei zu werden. Wenn es z.B. um die Wiederherstellung der für das Lehren und Lernen erforderlichen sozialen Ordnung geht, wenn ein sozialer Konflikt beigelegt oder ausgetragen werden muß, dann können sich nur jene Lehrer voll auf diese Aufgaben konzentrieren, die nicht selbst inhaltliche Schwierigkeiten zu bewältigen haben.

Dennoch besteht die Gefahr, sich in der Analyse der Lerninhalte zu verlieren und viele andere bedeutsame Aspekte der Unterrichtsplanung zu vernachlässigen. Die Beschäftigung mit Fachinhalten dient manchmal als Alibi, um sich nicht mit anderen Fragen auseinandersetzen zu müssen. Wir kennen jene hochqualifizierten Fachwissenschaftler, die ihre Kenntnisse nicht vermitteln können oder nicht gewillt sind, über den Vermittlungsaspekt nachzudenken. Nur-Fachwissenschaftler, die eine Nur-Inhaltsanalyse betreiben, sind in der Schule fehl am Platz. Denn ihre Analysen führen ja nicht sehr weit. Unter fachwissenschaftlichem Aspekt stellt sich für sie die Frage nach der Inhaltsstruktur, den Elementen, nach der Art der Verknüpfung. Es stellt sich weiterhin für sie die Frage nach der sachlogischen Struktur, nach Inhalten, die aufeinander aufbauen und deshalb auch in dieser Folge unterrichtet werden müssen.

Und es erhebt sich für den Fachwissenschaftler die Frage nach Inhalten in anderen Wissenschaftsbereichen, nach ähnlichen Elementen und Strukturen, nach Möglichkeiten der Verknüpfung und Zusammenschau. So betrachtet ist eine Analyse, die ein Nur-Fachwissenschaftler vornimmt, didaktisch nicht besonders interessant und ergiebig.

Eine auf Schüler bezogene Inhaltsanalyse wirft hingegen ganz andere Probleme auf, die sehr komplex sind und nur teilweise gelöst werden können. Da es aber in jedem Unterricht in erster Linie um die Schüler geht, sich ohne Schüler weder Lehr- noch Lernerfolge einstellen, lohnt es sich immer wieder, schülerbezogen zu fragen und nach vorläufigen Antworten zu suchen.

Einmal können wir davon ausgehen, daß sich für viele Inhalte bei den Schülern noch keine Struktur abzeichnet. Das gilt vor allem für Grundschüler, bei denen die Fähigkeit, strukturanalytisch zu denken, noch recht unvollständig ausgeprägt ist. Grundschüler nehmen viele Lerninhalte ganzheitlich, stark affektiv oder emotional getönt auf.

Ältere Schüler nehmen Lerninhalte häufig ganz anders wahr, als dies Erwachsene tun. Sie verfügen zwar schon über die Fähigkeit des Strukturierens, doch strukturieren sie anders, entwickeln ihre eigenen Strukturen, die ihnen gemäß sind. In diesem Zusammenhang stellt sich immer wieder neu die Frage, inwieweit wir Kinder und Jugendliche mit den Vorstellungen und Strukturen der Erwachsenen konfrontieren können und sollen.

So ist also die Fähigkeit der Schüler, bestimmte Strukturen zu erkennen und zu durchdringen, an den jeweiligen ,,sachstrukturellen Entwicklungsstand" (vgl. Heckhausen 1969, 199) gekoppelt. Letzterer variiert von Schüler zu Schüler, weil er durch zahlreiche Variablen beeinflußt wird und sich laufend verändert. Dennoch muß die Frage nach dem sachstrukturellen Entwicklungsstand immer wieder gestellt werden, um die Lernvoraussetzungen der Schüler einschätzen zu können. Daß es dabei manchmal zu Fehleinschätzungen, also zu Über- oder Unterforderungen der Schüler, kommt, läßt sich nicht vermeiden. Und so bleibt eine jede Unterrichtsstunde ein Risiko, ein Wagnis, und mitunter wird sie zu einem Abenteuer, das es zu bestehen gilt.

Neben der Struktur des Lerninhalts aus der Sicht des Fachwissenschaftlers und aus der des Schülers gibt es eine didaktische Struktur aus der Perspektive des Lehrers. Klafki (1967, 126 ff.) hat sich in seiner „didaktischen Analyse als Kern der Unterrichtsvorbereitung" mit der Vermittlungsstruktur befaßt. Die nachfolgenden Fragen werden deshalb im Anschluß an Klafki, aber in der Terminologie dieses Ansatzes gestellt:

1 Welche Lerninhalte müssen dem zu behandelnden Inhalt vorausgegangen sein?
2 Wie lassen sich die erforderlichen Vorkenntnisse aktualisieren?
3 Wie läßt sich die Lerngruppe für den Lerninhalt motivieren?
4 Wie sind die Elemente der Inhaltsstruktur miteinander verknüpft?
5 Zeichnet sich für die Inhaltsstruktur eine Schichtung ab?
6 Was können zentrale Frage- und Problemstellungen für die Schüler sein?
7 Welche Teillernziele lassen sich in Verbindung mit spezifischen Elementen anstreben?
8 Wo bieten sich Zäsuren für die einzelnen Unterrichtsstunden an?
9 Entspricht das in den Blick genommene Pensum vermutlich dem Lernvermögen der Lerngruppe?
10 Welche Unterrichtskonzeption oder Methode bietet sich für die Vermittlung dieses Lerninhalts an?
11 Welche Elemente lassen sich teilweise oder ganz durch Medien einbringen, und wo muß der Lehrer aktiv werden?
12 Welche Arbeitsmittel und Arbeitsmaterialien stehen zur Verfügung, um die Schüler zu aktivieren?
13 Welche Elemente eignen sich für Einzel-, Partner- oder Gruppenarbeit, und welche Differenzierungsmöglichkeiten bieten sich an?
14 Wie lassen sich zentrale Arbeitsaufträge verständlich formulieren?
15 Bei welchen Frage- und Problemstellungen zeigen sich vermutlich Lernwiderstände?
16 Wie müssen die Lernhilfen aussehen, damit die Lernchancen gewahrt bleiben?
17 Wie lassen sich bedeutsame Elemente der Inhaltsstruktur hervorheben?

18 Wie können Lehr-Lern-Erfolge überprüft werden?

19 Wie lassen sich die gewonnenen Einsichten, Erkenntnisse oder Erfahrungen in andere Bereiche übertragen?

Diese und weitere Fragen lassen sich an die Struktur eines Lerninhalts richten. Ihre Relevanz wird im Folgenden umrissen: Weinert und Zielinski (1977) haben in ihrem Beitrag „Lernschwierigkeiten – Schwierigkeiten des Schülers oder der Schule?" die Bedeutung der Vorkenntnisse für den nachfolgenden Lehr-Lern-Prozeß herausgestellt. Wenn wichtige *Vorkenntnisse* fehlen, dann sind alle Lehr-Lern-Bemühungen umsonst, leistungsstarke Schüler profitieren von dem nachfolgenden Unterricht immer mehr, leistungsschwache ohne die erforderlichen Vorkenntnisse immer weniger (Frage 1 und 2; vgl. Kap. 11). Stereotype Handlungsmuster in der *Anfangssituation* – „Nehmt Eure Hausaufgaben vor", oder: „Was haben wir das letzte Mal gemacht?", oder: „Schlagt auf, Seite..." – wirken demotivierend, können Schulmüdigkeit erzeugen oder verstärken (3).

Die Art der *Verknüpfung* der Elemente ist in Verbindung mit allen methodischen Entscheidungen zu sehen. Sind einzelne Elemente der Inhaltsstruktur austauschbar, kann das Vorgehen variiert werden. Sind sie sachlogisch aufeinander bezogen, so fallen methodische Entscheidungen aufgrund der Sachlogik, und der methodische Handlungsspielraum ist eingeengt (4). Zur *Schichtung* der Struktur bietet Klafki einige Beispiele an:

„Bei einem Lesestück oder einer Ganzschrift etwa: Erstens die Schicht der erzählten Vorgänge und Handlungen; zweitens die Schicht der nicht ausdrücklich dargestellten inneren Erlebnisse der Personen; drittens die (möglicherweise) symbolische Bedeutung der in der ersten und zweiten Schicht ermittelten Phänomene und Zusammenhänge. – Oder in der Erdkunde, beim Thema ‚Afrika': Erstens die grundlegende Schicht der Erkenntnisse der Klima- und Vegetationszonen; zweitens die Schicht der einzelnen geographischen (bzw. anthropologischen, wirtschaftsgeographischen usw.) Sachverhalte. – In der Geschichte beim Thema „Die bolschewistische Revolution 1917 in Rußland": Erstens die Schicht der wesentlichen historischen Tatsachen; zweitens die Schicht der politischen Ideologie; drittens die Schicht der historisch-politisch-soziologischen Grundphänomene und Grundbegriffe: „Staat, Regierung, Zar-Kaiser, Klassen, Revolution..." (Klafki 1967, 139) (5).

Einige *Frage- und Problemstellungen,* die für die Schüler zentral sind, lassen sich durchaus voraussehen und formulieren, andere ergeben sich aus dem Lehr-Lern-Prozeß. Die Aufgabe des Lehrers ist es nun, in Kenntnis möglicher Frage- und Problemstellungen die Fragen der Schüler aufzugreifen und ihnen nachzugehen, d.h. die eigenen Vorstellungen bezüglich des Fragehorizontes der Schüler zu korrigieren (6).

Für einige Elemente lassen sich bestimmte *Lernziele* erkennen, für andere nur mögliche Ziele. Und dann gibt es Ziele, die sich nur andeuten oder von wenigen Schülern erreichen lassen. Weiterhin werden einige Schüler auch ganz andere Ziele verfolgen, und doch muß nach den Zielen gefragt werden, weil von der Antwort viele Planungsentscheidungen abhängig sind (7).

Zäsuren bieten sich nach überschaubaren Sinneinheiten an, deren Elemente fest miteinander verknüpft sind. Ihre Behandlung im Unterricht bedingt meist typische Handlungen in Lehr-Lern-Situationen, z.B. den Abschluß einer Erklärung, die Beendigung eines Gesprächs, die Lösung einer Aufgabe, die Übernahme einer Tafelzeichnung (8).

Die Frage nach dem *Lernpensum* läßt sich vom Lehrer nur dann befriedigend beantworten, wenn er die Lernvoraussetzungen und das Lernvermögen seiner Schüler einschätzen und er eine Beziehung zwischen den Inhalten, dem möglichen Lernfortschritt und dem voraussichtlichen Lehr-Lern-Tempo herstellen kann (9).

Die Auswahl der *Unterrichtskonzeption und der Methode* wird nicht nur durch den Lerninhalt, sondern durch zahlreiche andere Größen bestimmt, wie z.B. durch die Rahmenbedingungen oder durch die Lernvoraussetzungen der Schülergruppe (vgl. Kap. 1 u. 5) (10).

Die Vermittlung inhaltlicher Elemente kann ganz oder teilweise durch *Unterrichtsmedien* übernommen werden. Für den Lehrer ergeben sich zahlreiche weiterführende Fragen, so z.B. welche Zusatzinformationen er liefern muß, an welcher Stelle im Lehr-Lern-Prozeß das Medium eingesetzt werden soll oder welche Vorbereitungen für den Medieneinsatz getroffen werden müssen (vgl. Kap. 8) (11).

Arbeitsmittel und Arbeitsmaterialien können die Schüler aktivieren. Leider sind ihrer Beschaffung auch durch die entstehenden Kosten enge Grenzen gesetzt; doch muß das Mögliche hier möglich gemacht werden (12).

Ein *Wechsel der Sozialform* bietet sich oft auch durch die Inhaltsstruktur an. Bestimmte Inhalte lassen sich besser und schneller in Partnerarbeit oder Kleingruppenarbeit aufnehmen, die Schüler erhalten Gelegenheit, miteinander umzugehen, und der Lehr-Lern-Prozeß wird für sie abwechslungsreicher. Außerdem sollten Lehrer von der Vorstellung abrücken, daß alle Schüler einer Lerngruppe zur selben Zeit Gleiches lernen können, und Differenzierungsmöglichkeiten prüfen (vgl. Kap. 7) (13).

Die Qualität eines jeden Unterrichts ist sicher mit davon abhängig, ob es gelingt, die *Arbeitsaufträge verständlich* zu formulieren (Miltz 1972, Rosenshine 1971, Groeben 1972). Sicherlich liegt auch eine Lernchance in dem Lernbemühen, erst einmal herauszufinden, was der Lehrer gemeint haben könnte; doch erscheint eine solche Argumentation im Hinblick auf leistungsschwache Schüler sarkastisch und der Gesichtspunkt der Lehr-Lern-Ökonomie wird dabei völlig vernachlässigt. – Erleben Schüler Arbeitsaufträge als für sie sinnvoll und lohnend, sind sie auch eher bereit, die für das Lehren und Lernen erforderliche soziale Ordnung zu achten (Kounin 1976) (14).

Lernwiderstände stellen für die Schüler Lernchancen dar, denn ohne sie lernen die Schüler nur passiv-rezeptiv oder sie wiederholen nur das früher Gelernte. Aktiv-produktives Lernen ist deshalb nur bei vorhandenen Lernwiderständen möglich (15).

Lernhilfen zur Überwindung der Lernwiderstände sind erforderlich, damit sich keine Lernschwierigkeiten und Mißerfolgserlebnisse einstellen, die zu einer Lernmüdigkeit führen können. Dabei ist es für den Lehrer kaum möglich, nach dem Prinzip minimaler Lernhilfen zu verfahren (vgl. Aebli 1977, Becker 1982), weil seine Hilfen für leistungsstarke Schüler oft zu weit gehen und für leistungsschwache nicht ausreichen werden (16).

Ein *Hervorheben bedeutsamer Elemente* der Inhaltsstruktur erscheint schon deshalb gerechtfertigt, weil nicht über einen Vormittag hinweg von allen Schülern verlangt werden kann, daß sie sich stets voll auf den Lehr-Lern-Prozeß konzentrieren. Der Hervorhebung können entsprechende Ankündigungen oder Hinweise des Lehrers dienen, indem er z.B. die Relevanz des Inhalts begründet (vgl. Allen/Ryan 1972, S. 33), oder der Einsatz von Medien, der

Analysespektrum
Struktur der Lerninhalte einer Unterrichtseinheit

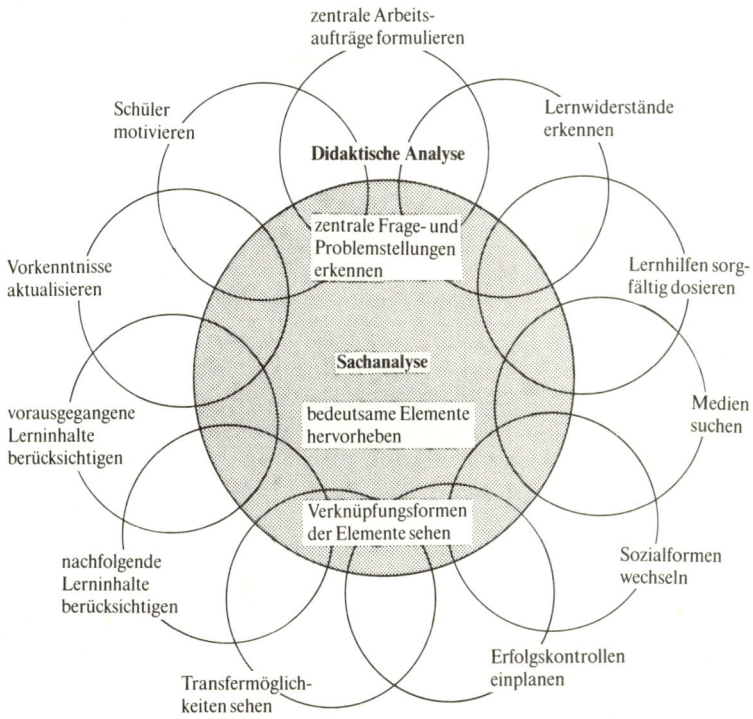

Diese analytischen Überlegungen führen zu folgenden
Fragestellungen:

Ziele der Unterrichtseinheit? Stundenziele? Teilziele?
Unterrichtskonzeption? Medienwahl? Medieneinsatz?
Lehr-Lern-Folgen?

die Aufmerksamkeit der Schüler in eine bestimmte Richtung lenkt (17).

Lehr-Lern-Erfolge sind immer wieder zu kontrollieren, damit der Lehrer weiß, ob er erfolgreich gelehrt hat, und die Schüler Auskunft darüber erhalten, ob ihre Lernbemühungen zu Lernergebnissen geführt haben. Im Falle positiver Rückmeldung werden Lehrer und Schüler emotional stabilisiert und frei für weiterführende Lernaufgaben (18).

Durch *Transferleistungen* werden vor allem zwei Ziele erreicht, einmal erfahren die Schüler, daß sie etwas mit dem Gelernten anfangen können, und zum anderen bleiben die Einsichten, Erkenntnisse und Erfahrungen länger präsent, nachdem mit ihnen umgegangen worden ist (19).

Wenden wir uns nun der Frage zu, ob es sinnvoll und möglich erscheint, sich die hier skizzierte analytische Arbeit zu ersparen, die Strukturierung der Lerninhalte nicht eigenständig vorzunehmen, sondern auf vorhandene Materialien und auf das Expertenwissen erfahrener Lehrer zurückzugreifen. Bei dem Versuch, inhaltliche Strukturen zu erkennen und zu durchdringen, wird jeder Lehrer verschiedene Quellen benutzen, Lehrpläne und Richtlinien, Fachbücher und Fachzeitschriften, Schulbücher und Begleithefte, Lexika und Handreichungen für den Lehrer in Form von fertigen Unterrichtsentwürfen. Da vor allem Lehranfänger ständig unter Zeit- und Handlungsdruck stehen, sie sich in eine Vielzahl neuer Inhalte eindenken und einarbeiten müssen, lohnt es sich besonders für sie, nach verständlichen Quellen zu suchen, denen sich in kurzer Zeit bedeutsame Informationen entnehmen lassen. Doch die schlichte Rezeption fertiger Entwürfe oder Handreichungen führt nicht zum gewünschten Erfolg. Einmal verhindert eine rezeptologische Übernahme die Aneignung der Inhaltsstruktur durch den Lehrer und die eigenständige Auseinandersetzung mit derselben. Zum anderen sind so vorbereitete Lehrer nicht in der Lage, Schülern zuzuhören, auf deren Beiträge einzugehen und deren Fragen zu beantworten. So notwendig es also ist, die Inhaltsstrukturen eigenständig zu durchdenken, so sinnvoll kann es sein, nach einer entsprechenden Prüfung methodische Anregungen aus diesen Entwürfen und Handreichungen zu übernehmen.

Ein ähnlicher Umgang empfiehlt sich im Hinblick auf kompetente Personen, wie erfahrene Kollegen, Mentoren,

Seminarleiter, Fachleiter, Fachberater und Dozenten. Ein gemeinsamer Diskurs (Habermas/Luhmann 1971) über die Inhaltsstruktur, über den zu erwartenden sachstrukturellen Entwicklungsstand und über die Struktur der Vermittlung kann nie schaden. Doch fragwürdig wird eine solche Beratung, wenn der Lehrende blind den Ratschlägen folgt oder der Experte die Übernahme bestimmter Handlungsstrukturen verlangt. Eine solche Verpflichtung macht unfrei für den Umgang mit den Schülern.

Damit sind auch schon einige Grenzen des strukturanalytischen Vorgehens angesprochen. – Wichtig ist ja nicht so sehr die sich beim Lehrer abzeichnende Inhaltsstruktur, wichtiger ist die der Schüler. Zwischen beiden gilt es zu vermitteln. Wird das eigene strukturanalytische Bemühen zu weit getrieben, besteht die Gefahr, den Blick für die Lernbedürfnisse und Lernmöglichkeiten der Schüler zu verlieren, die Gefahr, in der eigenen Struktur „umzukommen" und als Lehrer zu versagen.

Die Aneignung inhaltlicher Strukturen hat immer den Charakter der Vorläufigkeit, d.h. kein Lehrer kann gewiß sein, alle Elemente einer Struktur vollständig und differenziert erfaßt zu haben. Einige Elemente wollte oder konnte er im Rahmen der Unterrichtsplanung nicht sehen, auf andere wird er erst im Verlauf des Unterrichts durch die Schüler aufmerksam gemacht. Strukturanalytisches Bemühen bedarf der Offenheit, weil es sonst in einer Sackgasse mündet.

Für den Referendar und für jenen Lehrer, der erst wenige Jahre im Dienst ist, stellt sich die Strukturierung der Lerninhalte auch als zeitliches Problem dar. Viele Lehrer würden sich gerne einlesen, einarbeiten, intensiv mit den Inhalten befassen, doch bleibt ihnen bei der Vielzahl der Aufgaben und der hohen Deputatsbelastung wenig Zeit und Kraft. In diesem Fall muß versucht werden, den Überblick zu wahren, sich intensiv genug mit den Inhalten zu befassen, um nicht oberflächlich zu bleiben und sich breit genug auf die Lerninhalte vorzubereiten, um den Schülern noch gerecht werden zu können. Für die verschiedenen Stadien der beruflichen Sozialisation kommen deshalb auch ganz unterschiedliche Formen der Vorbereitung in Betracht. Lehranfänger werden viel Zeit und Kraft in die Strukturierung der Lerninhalte investieren müssen, während erfahrene Lehrer, die einen bestimmten Lerninhalt zum fünften Mal lehren, sich ausnahmsweise auch „mit einem Blick auf den Stunden-plan" (vgl. Meyer 1980) begnügen können (vgl. Kap. 13).

Bleibt die Frage nach der politischen Komponente eines strukturanalytischen Bemühens zu beantworten. „Lernen" läßt sich auch als die „Entwicklung von Ordnungsvorstel-lungen", als die „Aneignung neuer Strukturen", die „Ent-wicklung von Denkvorstellungen" oder als „Gewinn neuer Erfahrungen" umschreiben. Politisch verantwortungsbewußt handelnde Menschen kommen ohne strukturanalytische Fä-higkeiten nicht aus. Sie sind nur dann in der Lage, ihre Aufgabe zu erfüllen, wenn es ihnen gelingt, politische Sachverhalte und Ereignisse einer angemessenen Beurteilung zu unterziehen. Dazu ist es aber erforderlich, daß sie die zu beurteilenden Tatbestände wahrnehmen und analysieren lernen, Normen und Wertvorstellungen suchen oder entwik-keln, die für eine Beurteilung herangezogen werden können, um dann die Tatbestände an diesen zu prüfen. Für die Beurteilung politischer Sachverhalte und Ereignisse sind demnach anspruchsvolle kognitive Leistungen unerläßlich.

Dies gilt aber nicht nur für die kognitive Dimension, sondern auch für den affektiven oder sozio-emotionalen Bereich. Wenn wir davon ausgehen, daß auch Gefühlsinhalte eine Struktur aufweisen, dann erscheint es sinnvoll, mit den Schülern über Gefühlsqualitäten zu sprechen, bis sie sich über diese Rechenschaft ablegen können.

Und wenn Politiker emotional gefärbte Reden halten oder Absichtserklärungen abgeben und versuchen, die Bürger zu beeinflussen, dann sind diese Reden und Erklärungen von einem verantwortlich handelnden Lehrer gemeinsam mit den Schülern zu analysieren, d.h. es sind jene Elemente aufzuspüren, denen ein realer Kern fehlt oder die manipula-tive Tendenzen aufweisen.

4 Mögliche Lernziele formulieren

Es ist ein Merkmal von Unterricht, daß Ziele angestrebt werden. Sie umschreiben die Absichten des Lehrers und/oder der Schüler in den verschiedenen Lernbereichen. Dabei ist es unerheblich, wer diese Ziele in den Lehr-Lern-Prozeß einbringt, der Lehrer, die Schüler oder Lehrer und Schüler aufgrund einer Absprache. Wichtig ist allerdings, daß Lehrziele für die Schüler zu Lernzielen werden und Lernziele für den Lehrer zu Lehrzielen, sofern sie sinnvoll erscheinen. Gelingt dieses Aufeinander-Eingehen nicht, dann findet auch kein Lehr-Lern-Prozeß statt, der ja auf Interaktion und Kommunikation beruht. In einem Lehr-Lern-Prozeß lernen die Schüler vom Lehrer, und der Lehrer lernt von seinen Schülern. So betrachtet wäre es korrekter, von Lehr-Lern-Zielen zu sprechen, aber der Einfachheit halber – und um den Blick auf die Schüler zu lenken – wird im folgenden nur von Lernzielen, manchmal auch von Erziehungszielen, die Rede sein.

Lernziele lassen sich auf verschiedenen Ebenen mit unterschiedlichem Abstraktionsniveau sehr allgemein oder ganz konkret formulieren. Die Ziele mit dem größten Allgemeinheitsgrad sind in den Länderverfassungen oder in den Präambeln der Lehrpläne und Richtlinien niedergelegt, so z.B.: „Die Jugend ist in Ehrfurcht vor Gott, im Geiste der christlichen Nächstenliebe, zur Brüderlichkeit aller Menschen und zur Friedensliebe, in der Liebe zu Volk und Heimat, zu sittlicher und politischer Verantwortlichkeit, zu beruflicher und sozialer Bewährung und zu freiheitlich demokratischer Gesinnung zu erziehen" (Art. 12 der Verfassung des Landes Baden-Württemberg).

Ganz konkret hingegen formuliert ein Lehrer für die Schüler ein Lernziel in Verbindung mit einer spezifischen Lernaufgabe, wenn er z.B. einen Arbeitsauftrag erteilt: „Unterhaltet Euch mit dem Nachbarn darüber, welche Angaben ein Lebenslauf enthalten muß, und schreibt die einzelnen Punkte auf. In einer Viertelstunde tragen wir dann die Ergebnisse zusammen." Lernziel: Die Schüler sollen den Sinn bestimmter Angaben erkennen, die Angaben aufschreiben und deren Notwendigkeit erklären können.

Die Unterscheidung in drei Ebenen, in eine Richt-, Grob- und Feinzielebene (Möller 1974) ist fragwürdig, weil sie den Blick für die vielen möglichen Ebenen verstellt und die Gefahr besteht, daß allgemeine politische Bildungsziele nicht mehr genügend Beachtung finden. Schließlich kommt es ganz darauf an, auf welcher Ebene die Lernzieldefinition einsetzt und welcher Abstufungsgrad gewählt wird. Bei Einbeziehung der obersten Ebene und feiner Abstufung lassen sich sechs oder mehr Ebenen unterscheiden, z.B. Verfassungs-, Leit-, Richt-, Grob-, Fein- und Handlungsziele oder Verfassungsziele, Ziele der Schulart, der Schule, des Faches, des Lerngebiets, der Unterrichtseinheit, der Unterrichtsstunde, Grob-, Fein- und Handlungsziele.

Handlungsziele lassen sich zwar aus abstrakten Lern- oder Erziehungszielen deduzieren, doch kommen Personen oder Personengruppen, die eine solche Ableitung vornehmen, meist zu ganz anderen Ergebnissen. Wenn z.B. im politischen Raum die Forderung nach „mehr Gemeinsinn" erhoben wird, die ein entsprechend abstraktes Erziehungsziel impliziert, und Lehrer diese Forderung an ihre Schüler weitergeben, dann steht keineswegs fest, wie die einzelnen Schülergruppen dieses Anliegen aufgreifen und konkretisieren. Einige Schüler verstehen unter „Gemeinsinn" vielleicht, daß es vor allem darauf ankomme, in der Klasse zusammenzuhalten, die Klassengemeinschaft und den Klassengeist zu pflegen, füreinander einzustehen und sich gegen andere Lehrer und Schüler zu schützen. Und dabei wäre auch eine gegenteilige Auslegung denkbar, nämlich die Bereitschaft und das Bemühen, auf Lehrer und Schüler anderer Klassen zuzugehen, ihnen zu helfen, mit ihnen zu spielen u.a.m.

Lernziele lassen sich mit unterschiedlicher Reichweite formulieren, d.h. es besteht die Möglichkeit, entweder mehrere kurzgesteckte Teilziele von geringer Komplexität und geringem Schwierigkeitsgrad zu beschreiben und den Lernweg weitgehend festzulegen oder ein weitgestecktes Ziel von hoher Komplexität und hohem Schwierigkeitsgrad zu formulieren und den Lernweg weitgehend offenzuhalten. Mehrere kurzgesteckte Teilziele, die zu angebbaren Teilergebnissen führen, ermöglichen leistungsschwachen Schülern kurzfristig kleine Erfolgserlebnisse und können leistungsstarke Schüler unterfordern. Ein weitgestecktes Ziel bietet leistungsstarken Schülern bessere Lernchancen, weil sie den Lernweg selbst suchen können, und eröffnet einen größeren Lösungsspielraum; aber dabei besteht auch die Gefahr einer Überforderung leistungsschwacher Schüler.

Die Zielkomplexität ist von zahlreichen Faktoren abhängig, so von den Zielsetzungen der betreffenden Schulart, den Lernvoraussetzungen der Lerngruppe oder von der Art der Aufgabenstellung. Sollen Berufsfachschüler in einer begrenzten Zeit genau angebbare Techniken erlernen, dann steht einer Formulierung zahlreicher Teilziele sowie einer Vorstrukturierung des Lernweges nichts entgegen. Für Sonderschüler müssen Komplexität und Schwierigkeitsgrad der Lernaufgaben immer wieder reduziert werden, um so ein Vorgehen in kleinsten Schritten zu ermöglichen. Ist eine Lernaufgabe offen, wird von den Schülern kreatives Verhalten oder divergentes Denken erwartet (vgl. Guilford 1964, 374 ff.), dann verbietet sich eine zu starke Komplexitätsreduktion.

Im Rahmen der Unterrichtsplanung erscheint es sinnvoll, nach einem oder mehreren Lernzielen für die betreffende Unterrichtseinheit zu suchen, die sich stichhaltig begründen lassen. Es muß die Frage an den unterrichtenden Lehrer erlaubt sein, welches Ziel oder welche Ziele im Lehr-Lern-Prozeß angestrebt werden sollen. Im Prozeß selbst sind dann bei auftretenden Lernschwierigkeiten kurzfristig zu erreichende Teilziele zu setzen oder mit den Schülern zu vereinbaren, um so den Schwierigkeitsgrad der betreffenden Frage- oder Problemstellung zu reduzieren.

Lernziele lassen sich in verschiedenen Bereichen formulieren, so z.B. im kognitiven, affektiven oder psychomotorischen Bereich.

Für jeden dieser Bereiche wurden taxonomische Ansätze entwickelt, für den kognitiven Bereich von Bloom et al. (1972), für den affektiven von Krathwohl, Bloom und Masia (1975) und für den psychomotorischen Bereich von Kibler/ Barker und Miles (1970). Diese Einteilung unterliegt zu

Recht der Kritik, denn Lernbemühungen sind ganzheitlich, und Lernleistungen werden vom ganzen Schüler erbracht. Deshalb lassen sich Lernziele auch nicht ohne weiteres dem einen oder anderen Bereich zuordnen. Wenn z.B. ein Schüler eine Mathematikarbeit schreibt, dann ist er geistig gefordert (kognitiver Bereich), vielleicht muß er seine Angst vor den Aufgaben und vor der drohenden schlechten Note überwinden (affektiver Bereich), und seine Handflächen werden feucht (psychomotorischer Bereich); das Zentrum seines Bemühens und der Schwerpunkt der zu erbringenden Lernleistung liegen jedoch im kognitiven Bereich.

Lernziele können auch in ganz anderen Bereichen klassifiziert werden. So sind Taxonomien für das Sozialverhalten oder für den sozio-emotionalen Bereich denkbar. Und es gibt Ansätze z.B. für den kooperativ-kommunikativen (Ulshöfer 1976) oder für den historisch-politischen Bereich (Hug 1976). Da solche fachlich orientierten begrenzten Klassifikationssysteme ein bestimmtes Anliegen verfolgen, fließen in sie verstärkt ideologische und normative Setzungen der Verfasser ein – was kein Nachteil zu sein braucht. – Eine Rückbesinnung auf die schon vorliegenden traditionellen Ansätze zeigt fast immer, daß viele der Lernzieldefinitionen schon in den traditionellen Taxonomien enthalten sind oder dort eingeordnet werden können.

Doch was haben diese taxonomischen Ansätze mit der Unterrichtsplanung zu tun? – Der Lehrer steht immer wieder vor der Aufgabe, die Art der Lernbemühungen und die Art der zu erbringenden Lernleistungen abzuschätzen, und bei dieser schwierigen Aufgabe können ihm taxonomische Ansätze hilfreich sein. Es ist schon viel gewonnen, wenn Lehrern bewußt wird, daß es sich um Lernziele handelt, die überwiegend im kognitiven, affektiven, psychomotorischen Bereich, im sozialen, sozio-emotionalen, kooperativ-kommunikativen oder historisch-politischen Bereich angesiedelt sind. Überschneidungen lassen sich aufgrund des ganzheitlichen Lehr-Lern-Bemühens nicht vermeiden; doch kann ein Lehrer seinen Schülern nur dann beim Lernen helfen, wenn er selbst die Art der jeweiligen Lernaufgabe in ihrem Schwerpunkt erfaßt.

Bestimmte Lernziele lassen sich mit unterschiedlichen Lerninhalten erreichen, und mit einem spezifischen Lerninhalt können ganz verschiedene Ziele verfolgt werden. – Das

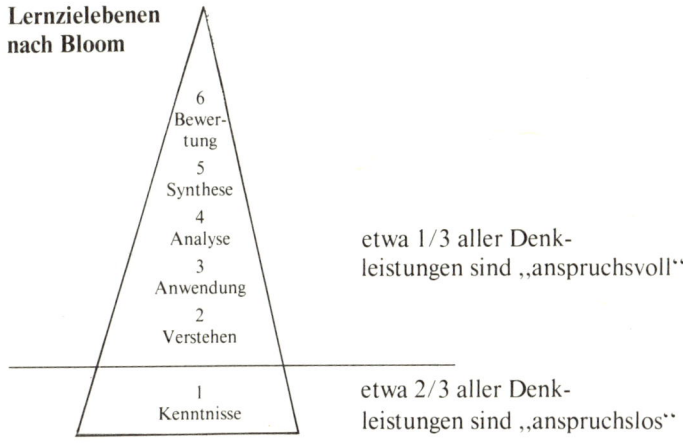

Lernzielebenen nach Bloom

6 Bewer- tung
5 Synthese
4 Analyse
3 Anwendung
2 Verstehen

1 Kenntnisse

etwa 1/3 aller Denk- leistungen sind „anspruchsvoll"

etwa 2/3 aller Denk- leistungen sind „anspruchslos"

Zeitalter der Vorreformation z.B., die Erlösungssehnsucht der Menschen jener Zeit, kann den Schülern am Leben und Werk des Johannes Hus, des Mönches Girolamo Savonarola, des Kaufmannes Petrus Waldes *oder* des Engländers John Wiclif erklärt werden, während die anderen Vorreformatoren nur Erwähnung finden. Und wenn der Lerninhalt „Reformationszeit" ansteht, läßt sich Martin Luther als großer Reformator, als Ketzer oder als Konterrevolutionär darstellen, als Gegenspieler von Thomas Münzer, als Söldner der Fürsten, der die soziale Revolution verhinderte. Lernziele und Lerninhalte stehen in einem interdependenten Verhältnis zueinander (vgl. Heimann/Otto/Schulz 1972). Und für den Lehrer stellt sich im Rahmen der Planung die Frage, welche Lerninhalte sich für die Erreichung bestimmter Ziele eignen.

Lernziele können auf unterschiedlichem kognitiven Niveau formuliert werden, wobei sich anspruchslose und anspruchsvolle Denkleistungen unterscheiden lassen. Erstere fordern von den Schülern nur ein Erinnern, letztere das Verstehen von Zusammenhängen, das Übertragen und Anwenden von Kenntnissen und gewonnenen Einsichten, die Analyse oder Synthese von Sachverhalten, Ereignissen sowie deren Bewertung. Um diese Unterscheidung zwischen anspruchslosen und anspruchsvollen Denkleistungen zu erklären, wird auf die „Taxonomie von Lernzielen für den kognitiven Bereich" (Bloom et al. 1972) zurückgegriffen, es werden einige Einwände gegen diese Taxonomie genannt und schließlich handlungsrelevante Überlegungen angestellt.

Etwa 2/3 aller Denkleistungen, die von Schülern im Unterricht zu erbringen sind, können als anspruchslos bezeichnet werden, das letzte Drittel als anspruchsvoll (vgl. Borg et al. 1970). Die Unterscheidung zwischen anspruchslos und anspruchsvoll trägt nicht ganz, weil Kenntnisse die Voraussetzung für anspruchsvollere Denkleistungen bilden, anspruchslose Leistungen notwendig sind und weil für leistungsschwache Schüler selbst Gedächtnisleistungen anspruchsvoll sein können. Die beiden nachstehenden Übersichten sollen die hier getroffene Unterscheidung verdeutlichen.

Lernzielebenen und Art der Denkleistungen

6	Bewertung	Das zu bewertende Ereignis oder den Sachverhalt sichten, nach Bewertungskriterien suchen und diese mit dem Ereignis oder Sachverhalt in Beziehung setzen.
5	Synthese	Ereignisse oder Sachverhalte miteinander verknüpfen.
4	Analyse	Strukturen durchschauen, die Elemente identifizieren und die Beziehungen zwischen den Elementen erkennen.
3	Anwendung	Kenntnisse oder Einsichten auf andere Ereignisse oder Sachverhalte übertragen.
2	Verstehen	Ereignisse oder Sachverhalte durchschauen, Erklärungen nachvollziehen.
1	Kenntnisse	Sich an Ereignisse oder Sachverhalte erinnern, diese erkennen.

Lernziele auf verschiedenen kognitiven Ebenen

Lerninhalt: Lebenslauf

6 Die Schüler sollen überprüfen, ob ein ihnen vorgelegter Lebenslauf inhaltlich und formal korrekt abgefaßt ist.

5 ... ihren eigenen Lebenslauf schreiben.

4 ... aus einem Lebenslauf überflüssige Angaben heraussuchen.

3 ... jene Angaben zusammenstellen, die für ihren eigenen Lebenslauf wichtig sind.

2 ... erklären, warum bestimmte Angaben im Lebenslauf enthalten sein müssen.

1 ... jene Angaben nennen, die ein Lebenslauf enthalten sollte.

Die Kritik an der Bloomschen Taxonomie bezieht sich u. a. auf die Tatsache, daß Lernleistungen ganzheitlich erbracht werden und deshalb die kognitive Dimension nicht einfach abgekoppelt werden kann und die Arbeit mit der Taxonomie zu einer noch stärkeren Betonung der ohnehin schon überbewerteten kognitiven Dimension führen kann. Die einzelnen Ebenen lassen sich nicht scharf voneinander trennen, es gibt Abgrenzungsprobleme. Lernleistungen auf einer anspruchsvollen Ebene bedingen nicht immer entsprechende Leistungen auf den unteren Ebenen. Die Lernziele lassen sich nur dann taxonomieren, wenn die Lernvoraussetzungen berücksichtigt werden, denn was für sechsjährige Schüler noch eine Verständnisleistung darstellt, kann für neunjährige eine Kenntnisleistung sein. Vielen Kritikern erscheint die Taxonomie zu differenziert und deshalb wenig praktikabel. Es muß bezweifelt werden, ob sich alle Denkleistungen erfassen lassen. Und schließlich ist dieser Ansatz rein beschreibend, er klammert die Normenfrage und das Legitimationsproblem aus (vgl. auch Messner 1972).

Trotz dieser Kritikpunkte lassen sich im Anschluß an die Taxonomie nach Bloom et al. (1972) wertvolle Überlegungen anstellen, die für die Planung von Unterricht unmittelbar handlungsrelevant sind:

- Die Schule ist eine Institution, die den Schülern kognitive Leistungen abverlangt. Zahlreiche Lehr-Lern-Prozesse haben das Ziel, anspruchsvollere Denkstrukturen auszubilden. Wenn auch diese Tatsache von einigen Schulkritikern beklagt wird, so sollte sie doch nüchtern betrachtet und anerkannt werden.
- Mit Hilfe dieses Ansatzes läßt sich die Unterscheidung zwischen anspruchslosen und anspruchsvollen Denkleistungen meist mühelos vornehmen, wenn auf eine weitere Differenzierung verzichtet wird. Damit entfällt das Abgrenzungsproblem, und der Ansatz wird praktikabel.
- Ein Unterricht ist dann wenig qualifiziert, wenn er sich ausschließlich auf der ersten kognitiven Ebene abspielt. Zahlreiche Faktenfragen, die lediglich an das Erinnerungsvermögen der Schüler appellieren, wirken demotivierend, z.B.: Wann wurde Karl der Große gekrönt? Wieviel Blütenblätter hat die Tollkirsche? Wo liegt...? Wo fließt...?

- Da Kenntnisse die Voraussetzung für anspruchsvollere Denkleistungen sind und die Erarbeitung dieser Kenntnisse sehr viel Zeit in Anspruch nimmt, stellt sich für jeden Lehrer die Frage nach der Art der Kenntnisvermittlung, z.B. durch Medien (vgl. Kap. 8).
- Um den Schülern einen interessanten Unterricht bieten zu können, muß in die Planung die Überlegung einfließen, wo sich Frage- und Problemstellungen abzeichnen, die auf einem anspruchsvollen kognitiven Niveau liegen.
- Der Schwierigkeitsgrad einer Lernaufgabe läßt sich über ein kategoriales System, wie es z.B. die Taxonomie darstellt, leichter bestimmen. Nur so läßt sich stichhaltig begründen, warum Arbeitsauftrag A anspruchsvoller als Auftrag B ist.
- Eine Aufgabenanalyse, die im Verlauf der Unterrichtsplanung vorgenommen wird, kann helfen, Lernwiderstände einzuschätzen, Lernschwierigkeiten vorauszusehen und die Art der Lernhilfen zu kalkulieren.
- Über die Taxonomie nach Bloom läßt sich das kognitive Niveau des Unterrichts bewußt beeinflussen, heben oder senken.

Einige Lernziele lassen sich operationalisieren, andere entziehen sich einer genauen Beschreibung. Unter einer „Operationalisierung" ist die genaue Angabe des Endverhaltens zu verstehen, das Schüler nach Durchlaufen des Lehr-Lern-Prozesses unter ganz bestimmten Lernbedingungen bei Beachtung eines spezifischen Gütemaßstabs zeigen sollen – „Die Schüler sollen am Ende der Unterrichtseinheit in einem Test fünf Textaufgaben ... selbständig richtig lösen können". – Verfechter einer Operationalisierung von Lernzielen wenden sich gegen die vielen nichtssagenden Lernzielformulierungen in traditionellen Lehrplänen. Wenn z.B. (nach Mager 1972) in einem Lehrplan steht, daß die Schüler „Musikverständnis entwickeln sollen", dann weiß kein Mensch so richtig, was sie eigentlich sollen, denn ein solches Lernziel kann ganz beliebig interpretiert werden:

„a) Der Lernende seufzt ekstatisch, wenn er Bach hört.
 b) Der Lernende kauft eine Hi-Fi-Einrichtung und Schallplatten im Werte von 500 Dollar.
 c) Der Lernende beantwortet 95 Auswahl-Antwort-Fragen zur Musikgeschichte richtig.

d) Der Lernende schreibt einen flüssigen Aufsatz über die Bedeutung von 37 Opern.

e) Der Lernende sagt, ‚Mann, glaub mir, ich bin Fachmann. Es ist einfach großartig' "(a.a.O., 15).

Und Mager führt dazu weiter aus:

„Wir möchten damit natürlich nicht sagen, daß es nicht ein erstrebenswertes Ziel sei, ‚Musikverständnis zu entwickeln'. Nur hat bei einer so vagen Formulierung niemand die geringste Ahnung, was derjenige, der dieses Ziel ausgewählt hat, sich darunter vorgestellt haben mag. Es kann durchaus ein wichtiges Ziel sein, doch ist aus der angeführten Beschreibung nicht zu entnehmen, was gemeint ist" (a.a.O., 15).

Mit diesem Beispiel wird das Anliegen hinreichend deutlich, und es erscheint sicher sinnvoll, Ziele zu präzisieren. Zur genauen Bezeichnung des Endverhaltens bedarf es eindeutiger Verben wie „schreiben, auswendig hersagen, identifizieren, unterscheiden, lösen, konstruieren, aufzählen, vergleichen, gegenüberstellen" (a.a.O., 11), die keinen oder doch nur einen geringen Interpretationsspielraum zulassen. In unserem ersten Beispiel liegt ein solches eindeutiges Verb vor, denn die Schüler haben die Textaufgaben zu „lösen". – Andere Verben oder Umschreibungen, wie „Musikverständnis entwickeln" oder „wirklich verstehen, zu würdigen wissen, voll und ganz zu würdigen wissen, die Bedeutung von etwas erfassen, Gefallen finden, glauben, vertrauen" (a.a.O., 11), sind für eine genaue Beschreibung des Endverhaltens unbrauchbar. – Weiterhin bedarf es einer Angabe der Bedingungen, unter denen die anzustrebende Lernleistung erbracht werden soll, ob sie in Einzel-, Partner- oder Kleingruppenarbeit, in einer bestimmten Zeiteinheit, mit bestimmten Techniken, Hilfsmitteln oder an einem näher zu bezeichnenden Lernort gezeigt werden soll. – Und schließlich müssen Gütemaßstäbe oder Kriterien genannt werden, denen die Lernleistung zu genügen hat.

Vertreter solcher Operationalisierungsbemühungen erhoffen sich viele positive Auswirkungen auf den Unterricht, und sie argumentieren etwa wie folgt: Wenn Lehrer und Schüler die anzustrebenden Ziele genau definiert haben und kennen, wird für sie der Lehr-Lern-Prozeß transparenter. Lehrer wissen dann, was sie zu lehren haben, und Schüler, was sie zu lernen haben, beide können die Ziele bewußter ansteuern. – Sind erst die Ziele bekannt, lassen sich auch die Methoden diskutieren, planen, festlegen und verfolgen. Eine Methodendiskussion ist ohne Kenntnis der Ziele nicht möglich. – Lehrer und Schüler werden durch ein solches Vorgehen emotional stabilisiert. Sobald das erste Lernziel erreicht worden ist, weiß der Lehrer, daß seine Lehrbemühungen erfolgreich waren, und die Schüler wissen um die Wirksamkeit ihrer Lernbemühungen. Beide werden positiv verstärkt und können nun, im Bewußtsein der Lehr-Lern-Erfolge, das nächste Ziel ansteuern. – Eine Leistungsüberprüfung wird nun für Lehrer und Schüler kalkulierbar. Wenn Lehrer ihren Schülern vor einer Klassenarbeit die Ziele genau beschreiben, können sich die Schüler sorgfältig vorbereiten, die Prüfungssituation wird weniger bedrohlich sein, die erwarteten Prüfungsleistungen werden von einer Mehrzahl der Schüler erbracht, und die Beurteilungen werden eher akzeptiert (vgl. Möller 1974, 34).

Die Schwächen dieses Operationalisierungskonzepts werden von Vertretern eines lernzielorientierten Unterrichts selten genannt: Ein Unterricht, der nach zuvor operationalisierten Lernzielen abläuft, ist produkt- und nicht prozeßorientiert. In diesem Unterricht kommt es in erster Linie auf die Erreichung der Ziele an, weniger auf die Beiträge der Schüler, sofern sie nicht direkt der Zielerreichung dienen. – Die Lernziele sind von außen gesetzt; für Ziele, die sich die Schüler setzen, bleibt in einem solchen Unterricht wenig Raum. Lehrer und Schüler werden stark eingeengt, sie sind auf die Lehr-Lern-Ziele fixiert, denken lediglich darüber nach, wie sie diese erreichen können. Die Ziele sind der Angelpunkt des Unterrichts, die Inhalte und der Prozeß treten zurück. – Wenn dann noch in einem lernzielorientierten Curriculum sehr viele Lernziele verbindlich gemacht werden, die in einer begrenzt zur Verfügung stehenden Unterrichtszeit erreicht werden sollen, dann werden Lehrer und Schüler zu Sklaven des Konzepts. Sie hetzen von einem Ziel zum anderen, haben aber wenig Zeit und Lust, über die vorgeschriebenen Ziele hinauszudenken (vgl. Kozdon 1981).

Operationalisierungen erscheinen in vielen Bereichen sinnlos, so z.B. im affektiven, sozialen, sozio-emotionalen, kommunikativen oder politischen Bereich. Dazu einige Beispiele:

– Die Schüler des ersten Schuljahres sollen gemeinsam innerhalb von vier Minuten das Lied „Auf einem Baum ein Kuckuck" textgetreu und nach der im Liederbuch vorgeschriebenen Melodie ohne Hilfe des Lehrers und ohne Instrumentalbegleitung laut (Angabe der Phonstärke) und freudig singen. – Das Lied soll den Schülern Spaß machen, nicht viel mehr, doch „Spaß machen" läßt sich nicht operationalisieren. Und ob nun die Schüler ein bißchen vom Text abweichen oder einen Ton verfehlen, ist wohl unerheblich.

– Die Schüler sollen ihre Gesprächsfähigkeit ausbilden, indem sie sich in Kleingruppen über ein bestimmtes Thema unterhalten, den Mitschülern zuhören, auf deren Beiträge eingehen, die Beiträge aufgreifen und weiterverwenden, darauf achten, daß jeder etwas sagen kann ... – Da die Gesprächsfähigkeit bei vielen Erwachsenen sehr unzureichend ausgebildet ist und sich jeder Mensch lebenslang in der Fähigkeit des Zuhörens schulen sollte, kann es sich hier nur um ein Ziel handeln, dem sich die Schüler graduell annähern. Ein Gütemaßstab läßt sich nicht ohne weiteres festlegen.

– Die Schüler sollen den Mut haben, Befehle, die gegen die Menschenwürde oder gegen die Menschenrechte verstoßen, nicht auszuführen. Oder – Die Schüler sollen sich einer Regierung verweigern, die die Verfassung mißachtet. – Solche Lernziele, die hochbedeutsam sind, lassen sich weder operationalisieren, noch im Unterricht überprüfen. Allenfalls können dürre Kenntnisse oder fragwürdige Bekenntnisse abgeprüft oder entlockt werden.

Die Lernzieloperationalisierung erscheint dem unterrichtenden Lehrer, der sich auf 20 bis 30 Wochenstunden vorzubereiten hat, auch viel zu umständlich. Wenn die Schüler als Hausaufgabe eine Europaskizze fertigen sollen, dann wird der Lehrer wohl kaum formulieren: Die Schüler sollen ohne fremde Hilfe innerhalb von ca. 90 Minuten mit Atlas, Zeichenblock, Zirkel und Lineal, mit Blei- und Farbstiften, aber ohne Pauspapier eine Europaskizze fertigen, die Fläche des Zeichenblocks nutzen, auf den notwendigen Grad der Exaktheit achten, die Skizze farbig anlegen, dabei die Symbolkraft der Farben nutzen, die Länder, Städte, Gebirge und Gewässer sorgfältig beschriften und die Skizze mit einer Überschrift, dem Namen des Zeichners und dem

Datum des Tages versehen, an dem sie gefertigt wurde. – Dabei fehlen noch weitere exakte Angaben, was eingezeichnet werden soll; doch das Beispiel zeigt den unverhältnismäßig hohen Operationalisierungsaufwand und die Trivialität vieler Angaben.

Ein Lehrer wäre völlig überfordert, wollte er den Versuch machen, alle erdenklichen Lernziele zu operationalisieren; auch würde er bald merken, wie lächerlich einige dieser Versuche ausfallen müssen. Allerdings hat der Versuch einer exakten Beschreibung der Lernziele dann einen Sinn, wenn es um bestimmte Fertigkeiten oder Techniken geht, die in einer genau vorgeschriebenen Form beherrscht werden müssen, wenn Testaufgaben zu formulieren sind und der Zeitaufwand für die Testdurchführung abgeschätzt werden muß oder wenn es im Unterricht selbst zu Lernschwierigkeiten kommt, deren Ursache auch dem Lehrer noch nicht deutlich sind. Es gibt auf jeder Schulstufe, in jeder Schulart und in jedem Fach Techniken, bei deren Ausführung es auf Exaktheit ankommt. Das gilt für den Erwerb der Kulturtechniken, für das Schreiben und Rechnen in der Grundschule ebenso wie für bestimmte Techniken im Bereich der beruflichen Erwachsenenbildung. Die berufsbildenden Schulen müssen dabei mehr Wert auf die Funktionsfähigkeit und -tüchtigkeit ihrer Schüler legen. In Kenntnis des Berufsfeldes lassen sich auch die Lernziele exakter fassen als dies an allgemeinbildenden Schulen möglich ist.

Bei der Formulierung von Testaufgaben empfiehlt es sich, in jedem Fall darüber nachzudenken, welche Lernleistungen unter welchen Bedingungen in welcher Qualität von den Schülern erwartet und ob sie in der dafür vorgesehenen Zeit auch erbracht werden können. Und die Reflexion über die Frage-, Problem- oder Aufgabenstellung, die implizierten möglichen Zielsetzungen und über die Bedingungen, unter denen diese Ziele angesteuert werden sollten, ist unerläßlich, wenn es im Unterricht zu Lernschwierigkeiten kommt. In solchen Lehr-Lern-Situationen kann das Operationalisierungskonzept erste Anhaltspunkte für eine Lehr-Lern-Diagnose bieten.

Wenig sinnvoll sind Operationalisierungsbemühungen überall dort, wo es um divergierendes Denken geht, um die Produktion von Einfällen, um die Förderung der Originalität, um die Ansprache von Gefühlsqualitäten, um Erlebnisse, Meinungen, Einstellungen, Normen und Werthaltungen, weil sich die qualitativen Komponenten des Handelns nur unzureichend beschreiben lassen.

Die Formulierung von Lernzielen im Rahmen der Unterrichtsplanung ist stark umstritten. Einige Pädagogen plädieren für eine möglichst genaue Zielangabe dessen, was im Unterricht gelehrt und gelernt werden soll, andere lehnen solche Bemühungen entschieden ab. Verfechter eines lernzielorientierten Unterrichts gehen davon aus, daß es sinnvoll sei, im Verlauf der Planung Lernziele zu definieren, um dann die Schüler im Lehr-Lern-Prozeß von Feinziel zu Feinziel, von Funktionsziel zu Funktionsziel, von Teilziel zu Teilziel bis hin zur Zielerreichung zu führen und einen Lernzieltest zu entwickeln (Wendeler 1981), mit dessen Hilfe das abgeprüft wird, was die Schüler gelernt haben sollten. Die hier vertretene Auffassung wird heute oft als technologisch, lehrerzentriert, produktorientiert oder rückständig konservativ apostrophiert. Curriculare Entwicklungen müssen in einem überwiegend geschlossenen Produkt münden.

Die entgegengesetzte Position wird von Vertretern eines offenen Unterrichts, eines schülerzentrierten Unterrichts oder des projektorientierten Unterrichts eingenommen. Vertreter dieser Ansätze möchten gerne, daß sich die Schüler ihre Lernziele selber suchen, abstecken und setzen und der Lehrer ihnen dabei hilft. Eine solche Auffassung wird als humanistisch, schülerzentriert, prozeßorientiert oder fortschrittlich progressiv umschrieben, und curriculare Entwicklungen – sofern es sie gibt oder überhaupt geben kann – müssen notwendig offen sein und Schülern wie Lehrern Freiräume zur Unterrichtsgestaltung bieten.

Praktikanten und Referendare sehen sich nun diesen beiden Positionen gegenüber. So verlangt Mentor A einen Unterrichtsentwurf, in dem möglichst viele Lernziele operationalisiert sind, und er vergibt Pluspunkte, wenn diese Lernziele auch sukzessiv angesteuert werden. Mentor B vertritt eine gegenteilige Meinung, indem er sich kaum um die Lernziele im Entwurf kümmert, sondern den Lehrer dahingehend beobachtet, ob er den Schülern zuhören, deren Beiträge aufgreifen und weiterführen kann. Für ihn ist weniger entscheidend, ob zuvor definierte Ziele angestrebt werden, sondern ob es gelingt, sich auf die Schüler einzustellen und mit ihnen zusammen die für sie wichtigen Ziele anzusteuern.

Aus dieser offensichtlichen Diskrepanz resultiert häufig eine Verunsicherung, die unreflektierte Übernahme der einen oder anderen Position oder eine Theoriefeindlichkeit. Je nach Schulstufe, Schulart, Schulfach, Lerngebiet und Lerninhalt können die Formulierung von Lernzielen und die Operationalisierung sinnvoll bzw. sinnlos sein.

Schüler streben im Unterricht oft ganz andere Ziele an, die keineswegs mit den Lernzielen kongruent sind. So überlegen sie sich z.B., wie sie vom Nachbarn unbemerkt abschreiben, während des Unterrichts die Hausaufgaben fertigen oder für eine anstehende Klassenarbeit lernen können. Sie entwickeln eine Meisterschaft im Erfinden von Ausreden, sie stiften Unruhe, damit wieder einige Minuten des Unterrichts folgenlos verstreichen, oder denken darüber nach, wie sie den Lehrer von der eigenen Person oder vom Thema ablenken können, wenn sie wieder einmal nichts gelernt haben. Auf diese Weise kommt es zu einem „heimlichen Lehrplan" (Jackson 1966), der sicher ganz interessant ist, in der pädagogischen Diskussion der letzten Jahre jedoch eine Überbewertung erfahren hat. Wir begnügen uns deshalb mit der Feststellung, daß ein Lehrer niemals sicher sein kann, was für Lernziele seine Schüler ansteuern und ob die Lehrziele auch zu Lernzielen werden.

Wie eingangs schon erwähnt, werden Lern- und Erziehungsziele mit hohem Abstraktionsgrad im politischen Raum formuliert und den Erziehern und Lehrern empfohlen oder vorgegeben. In diesem Zusammenhang darf nicht verkannt werden, daß jeder Staat die Möglichkeit hat, mit Hilfe seines Machtmonopols den Erlassen und Verordnungen Nachdruck zu verleihen und die Lehrer zur Übernahme von Lern- und Erziehungszielen zu nötigen oder zu zwingen. So wird in totalitären Staaten die Kontrolle der Lehrer durch politische Beamte oder Kommissare sichergestellt. Lehrer haben Rechenschaft abzulegen, ob sie die vom Staat und von der herrschenden politischen Partei gesetzten Ziele angestrebt haben, und Schüler werden einer diesbezüglichen Lernerfolgskontrolle unterworfen.

Auf Einflußnahmen dieser Art verzichtet keine Regierung, keine politische Partei und kein Bildungspolitiker. Auch versuchen Kirchen, Gewerkschaften und Verbände ihre Zielvorstellungen zur Geltung zu bringen. Die Art der politischen Einflußnahme soll an wenigen Beispielen verdeutlicht werden:

– Einprägsame Forderungen und Formeln der nationalsozialistischen Propaganda – ,,Du bist nichts, Dein Volk ist alles" – ,,Gemeinnutz geht vor Eigennutz" – ,,Wo gehobelt wird, da fallen Späne" – oder Wünsche des Diktators, der seine ,,deutsche Jugend flink wie die Windhunde, zäh wie Leder und hart wie Kruppstahl" haben wollte, eine Jugend, die ,,das Schwache weghämmern" sollte, fanden in den Erziehungsprogrammen der nationalsozialistischen Erziehungsanstalten, der Ordensburgen, der Jugendorganisationen und Kampfverbände ihren Niederschlag. Erzieher, Lehrer, Vertreter der Schulbehörden, Jugendführer und Propagandaleiter arbeiteten mit Erfolg an der Umsetzung dieser Vorgaben in ganz konkrete Handlungsziele, ohne sich dabei auf übergeordnete Werte – auf Menschenwürde und Menschenrechte – zu besinnen.
– Politiker in der Deutschen Demokratischen Republik wiederholen immer wieder – fast schon stereotyp und formelhaft – ihre Erziehungs- und Bildungsanliegen, nennen die Ziele, welche die sozialistische Einheitspartei Deutschlands ihren Erziehern und Lehrern setzt:

,,Hohes fachliches Wissen und Können, tiefe Überzeugung von der Wahrheit der marxistisch-leninistischen Weltanschauung, Verhaltensweisen, die von der kommunistischen Moral geprägt sind, und schöpferische Eigenschaften bilden als Einheit das Kernstück unseres Erziehungszieles" (Weck 1982, 34).

– In der Bundesrepublik Deutschland tragen Regierungen und Politiker aller Parteien Forderungen an Lehrer und Erzieher heran. Je nach politischem Standort sprechen sie von Erziehung zum ,,Gehorsam", zum ,,Dienen", von ,,Pflichterfüllung", ,,Friedenssicherung" und ,,Solidargemeinschaft", die anderen von ,,Autonomie" und ,,Emanzipation", von ,,Erziehung zum Frieden" und zur ,,Konfliktfähigkeit", ohne dabei zu berücksichtigen, daß es sich hier um zwei Seiten einer Medaille handelt, die beide unbedingt gebraucht werden (vgl. v. Hentig 1981). Grundgesetz und Länderverfassungen bieten meist die Gewähr dafür, daß Politiker keine willkürlichen Ansprüche und Forderungen stellen können, die mit den Grundsätzen eines freiheitlich demokratischen Rechtsstaates unvereinbar sind.

Leider läßt sich die Problematik nicht in der Weise lösen, daß sich Lehrer nur um ihre Schüler kümmern, von den Lernvoraussetzungen, Bedürfnissen und Interessen der jeweiligen Lerngruppe ausgehen und Ziele verfolgen, die diesen Schülern gemäß sind. Diese apolitische Einstellung, die eine Art Ausweichstrategie darstellen kann, zeugt von einem geringen politischen Verantwortungsbewußtsein und läßt sich auch gar nicht durchhalten, weil alle Lehrer, Eltern und Schüler im Zeitalter der Telekratie ständig politisch beeinflußt werden. Begriffe und Konzepte, die im außerschulischen Bereich geprägt werden, wirken schließlich doch bewußtseinsverändernd, prägen Meinungen, Einstellungen und Haltungen und werden so indirekt handlungsrelevant. Das gilt auch für zentrale Begriffe und Konzepte aus dem pädagogischen und bildungspolitischen Bereich wie „Bildungsnotstand", „Emanzipation", „antiautoritäre Erziehung" und „Mut zur Erziehung".

Lehrer werden im Verlauf einer langjährigen Berufsausübung unterschiedlichen ideologischen Forderungen und Einflüssen ausgesetzt. So durchlebte die ältere Lehrergeneration vier politische Epochen – das Kaiserreich, die Weimarer Republik, die Zeit der nationalsozialistischen Gewaltherrschaft und die Epoche Adenauer. Gemäß der jeweils vorherrschenden Ideologie und den unterschiedlichen Machtansprüchen wurden die Lern- und Erziehungsziele ausgewechselt. In allen Epochen ließen sich viele Lehrer zu Werkzeugen der Politiker machen und waren bereit, allgemeine bildungspolitische Forderungen aufzugreifen und in Handlungsziele umzusetzen. Diese historischen Erfahrungen sollten dazu führen, staatlicher Einflußnahme auf das Bildungswesen erst einmal zu mißtrauen, nicht jeder „Trendwende" zu folgen, die Art der Herrschaftsausübung zu hinterfragen und die Forderungen dahingehend zu überprüfen, ob sie verfassungskonform und altersgemäß sind.

5 Die Rahmenbedingungen berücksichtigen

Wenn die Rede von „Rahmenbedingungen" ist, dann sind jene personalen, temporalen und lokalen Faktoren gemeint, die die Planung und Durchführung von Unterricht maßgeblich beeinflussen können. Günstige Rahmenbedingungen sind die Voraussetzungen für einen qualifizierten Unterricht, und schon bei einem ungünstigen Faktor ist Lehren und Lernen kaum oder gar nicht mehr möglich. So trivial diese Einsicht auch sein mag, so findet sie in der Schulpraxis häufig noch zu wenig Beachtung. Ein einfaches Beispiel soll dies deutlich machen:

Lehrer A ist Fachlehrer an einer Mammutschule. Er erteilt fast nur Einzelstunden in 11 verschiedenen Klassen. Die 6. Stunde am Freitag in der 8 b bereitet ihm besondere Schwierigkeiten. In dieser Klasse sind 36 Schüler, das Klassenzimmer ist für diese Gruppe zu klein. Im Sommer wird der Unterricht für Lehrer und Schüler zur Qual. Werden die Fenster geöffnet, dann dringt starker Verkehrslärm ins Klassenzimmer, werden sie geschlossen, dann leiden alle unter Schwüle und Sauerstoffmangel. Unter solchen Bedingungen ist Lehren und Lernen kaum noch möglich.

Lehrer B ist Klassenlehrer an einer Landschule. In seiner Klasse gibt er 12 Wochenstunden, also 2 bis 3 Stunden täglich. Die Lerngruppe besteht aus 23 Schülern. Das große, helle Klassenzimmer bietet Raum für verschiedene Lehr-Lern-Aktivitäten. Der Blick aus den Fenstern fällt auf Wiesen, Felder und den sich anschließenden Gemeindewald. Die Umweltbelastungen sind gering, Lärmbelästigung gibt es praktisch nicht; die Fenster können bei Bedarf geöffnet werden. Bei gutem Wetter findet der Unterricht auch mal im Freien statt.

An diesem Beispiel, das sich bewußt der Schwarzweißmalerei bedient, lassen sich die personalen, temporalen und lokalen Faktoren erläutern. Es wird im Verlauf dieser Ausführungen immer wieder zu fragen sein, wie sich ungünstige Faktoren verändern lassen und wie sie bei der Planung berücksichtigt werden können.

Lehrer A unterrichtet an einer Mammutschule, 83 Kollegen, über 2000 Schüler. Die Lehrer treffen sich in den Pausen in verschiedenen Lehrerzimmern; sie kennen einander kaum. Besonders zu Beginn eines jeden Schuljahres bedarf es einer Neuorientierung. Junge Kollegen werden vorgestellt, man grüßt sich, vergißt die Namen, erinnert sich wieder. Das Kollegium zerfällt in viele kleine Grüppchen, in jüngere und ältere Kollegen, in Sprachlehrer, Mathematiker und Naturwissenschaftler, Künstler und Sportler. Sie alle versuchen, gegenüber der Schulleitung ihre Interessen wahrzunehmen. Zwischen 84 Personen ist ein Gedankenaustausch praktisch nicht möglich, und so beschränkt sich der Schulleiter auf Bekanntgaben, das Vorlesen von Erlassen, Verfügungen, auf organisatorische Maßnahmen. Konferenzen sind durch Einweg-Kommunikation gekennzeichnet – der Schulleiter spricht, die Lehrer hören zu. Die Lehrer gewinnen den Eindruck, daß es ihm in erster Linie um die Absicherung der eigenen Position innerhalb des klassisch-hierarchischen Bürokratiemodells geht (Fürstenau 1969). Lehrer A langweilt sich deshalb in den Konferenzen maßlos. Es geht ihm wie den 36 Schülern der 8 b am Freitag in der 6. Stunde. Er fühlt sich dieser Schule und ihrem Leiter nicht unbedingt verpflichtet und macht Dienst nach Vorschrift, ist bestrebt, außergewöhnlichen Belastungen, z.B. Vertretungsstunden, möglichst aus dem Wege zu gehen. Zu seinem Schulleiter hat er ein förmliches Verhältnis, Gespräche sind nur nach vorheriger Anmeldung möglich. Er fühlt sich kontrolliert, manchmal reglementiert und mit wirklichen Problemen – bei Auseinandersetzungen, Belastungen und Schwierigkeiten – alleingelassen.

Lehrer B unterrichtet an einer Landschule mit 12 Kollegen 288 Schüler. In jeder großen Pause treffen die Kollegen im Lehrerzimmer zusammen, der Hausmeister hat den Kaffee schon gekocht, jeder kennt jeden, manchmal schon ein bißchen zu gut. Wenn ein junger Kollege hinzukommt oder ein verdienter pensioniert wird, ist das immer ein Grund zum Feiern. Ohnehin gewinnt man den Eindruck, daß dieses Kollegium keine Gelegenheit zum Feiern ausläßt. Der Schulleiter steht den Lehrern als Gesprächspartner bei der Bewältigung sozialer Konflikte zur Verfügung. Aber da vor allem jene Kollegen, die schon mehrere Jahre an der Schule tätig sind, fast alle Schüler kennen, kommt es selten zu Auseinandersetzungen, Belastungen und Schwierigkeiten. Die Schüler fühlen sich den Lehrern gegenüber verantwortlich, und umgekehrt fühlt sich auch jeder Lehrer für den Lernfortschritt der Schüler in die Pflicht genommen. – Der Informationsfluß an dieser kleinen Schule ist optimal, wichtige Nachrichten werden im Lehrerzimmer oder für die Schüler am Schwarzen Brett in der Eingangshalle ausgehängt; und diese Informationen werden auch meist zur Kenntnis genommen. Die Kontrolle durch den Schulleiter kann sich auf indirekte Hinweise und Vorschläge beschränken, die auch befolgt werden. Lehrer B fühlt sich an seiner Schule wohl und arbeitet gern mit den Kollegen zusammen. Das Arbeitsklima ist durch eine vertrauensvolle Kooperation gekennzeichnet, jeder steht für den anderen ein, übernimmt gerne mal eine Vertretungsstunde, hilft bei Erkrankungen aus, ohne daß der Schulleiter die Übernahme dienstlich veranlassen müßte.

Während Lehrer A die Kollegen, die mit ihm in den einzelnen Klassen unterrichten, selbst kaum kennt, weiß Lehrer B natürlich, wer in seiner Klasse unterrichtet. Fast alle Absprachen, die seine Lerngruppe betreffen, können informell erfolgen. Die unmittelbar betroffenen Lehrer setzen sich zusammen, treffen entsprechende Vereinbarungen, informieren den Schulleiter, der in der Regel seine Zustimmung gibt.

Lehrer A hat also innerhalb seiner Institution mit zahlreichen Schwierigkeiten zu kämpfen, die sich für Lehrer B gar nicht erst stellen. Nun läßt sich die Größe einer Institution nicht ohne weiteres verändern, und so betrachtet muß sich Lehrer A mit diesen ungünstigen institutionellen Bedingungen abfinden oder die Schule wechseln. Schulleiter und Kollegium haben lediglich die Möglichkeit, kleinere überschaubare Subsysteme zu schaffen, in denen sich Lehrer und Schüler besser zurechtfinden und sich etwas wohler fühlen. Sie können auf diese Weise humanere Kommunikations- und Kooperationsformen schaffen. Doch bestimmte Planungsüberlegungen bleiben für Lehrer A erschwert. Es ist ihm z.B. kaum zuzumuten, die Stundenpläne von 11 verschiedenen Klassen zu überschauen.

Lehrer A ist Fachlehrer, Spezialist, was die Lerninhalte betrifft, qualifiziert und professionalisiert. Auf fast jede Schülerfrage weiß er eine fachkompetente Antwort, und einige Schüler wissen seine Sachautorität zu schätzen; doch diese ist von vielen Schülern gar nicht besonders gefragt. Lehrer A kennt seine 308 Schüler kaum, die er wöchentlich zu betreuen hat. Sie sind für ihn in erster Linie Objekte seiner Instruktionsbemühungen, müssen es leider sein. Zu Beginn eines jeden Schuljahres dauert es ziemlich lange, bis er in den neuen Klassen Fuß gefaßt und die Schüler kennengelernt hat. Konfliktträchtige Ereignisse treten verhältnismäßig häufig auf, einzelne Schüler provozieren sie sogar, um so auf sich aufmerksam zu machen. – Das methodische Handlungsspektrum ist für Lehrer A stark eingeengt. Sein Fach eignet sich weniger zum Epochenunterricht, Projekte sind in den zwei Wochenstunden, die er in einer Klasse erteilt, auch nicht möglich. Selbst Kleingruppenarbeit läßt sich nur eingeschränkt durchführen. Sie bleibt auf knappe und direkte Anweisungen für die Kleingruppen beschränkt; würde nämlich ein anspruchsvollerer und umfassenderer Arbeitsauftrag gestellt, dann müßten die Schüler ihn sichten, Rückfragen stellen, das Vorgehen diskutieren, Aufgaben verteilen und – die 45 Minuten wären um. Außerdem hat Lehrer A mit Kleingruppenarbeit viele schlechte Erfahrungen gesammelt. Innerhalb der Kleingruppen kam es häufig zu sozialen Konflikten, und für die Bewältigung der Auseinandersetzungen wäre eine gründliche Kenntnis der sozialen und gruppalen Voraussetzungen erforderlich gewesen – und über diese Kenntnisse verfügte Lehrer A nicht. Deshalb arbeitet er fast immer mit der ganzen Gruppe, so wie er es aus seiner eigenen Schulzeit kennt, und plant hin und wieder Phasen der Einzel- oder Partnerarbeit ein.

Lehrer B ist Klassenlehrer, d.h. er erteilt wöchentlich 12 Stunden in einer Lerngruppe, die nur aus 23 Schülern besteht. Neben den beiden Fächern, die er studiert hat, gibt er zwei weitere Fächer fachfremd. Besonders in diesen Fächern kommt es manchmal zu Schwierigkeiten, weil er sich leicht überfordert fühlt. In solchen Fällen erklärt er den Schülern, daß er selbst noch einmal nachschlagen muß, oder Lehrer und Schüler orientieren sich gemeinsam, und die Schüler lernen dabei, wie man lernt. Doch dieser Nachteil wird durch einen anderen Vorteil wettgemacht. Lehrer B kennt die 23 Schüler seiner Klasse verhältnismäßig gut, kennt deren Eltern, den sozialen Hintergrund. Er vermag die Lernvoraussetzungen der Gruppe recht gut einzuschätzen, kennt aber auch das Lernvermögen einzelner Schüler. So ist es ihm viel eher möglich, den Schwierigkeitsgrad der Aufgaben- und Fragestellungen auf die Lernvoraussetzungen seiner Schüler abzustimmen, er kann ihnen Lernhilfen geben, ohne dabei die Lernchancen zu gefährden.

Schwierigkeiten einzelner Schüler, die familial oder entwicklungsbedingt sind, vermag Lehrer B eher zu erkennen und aufzufangen. Vor allem aber kann er seinen Schülern eher zuhören, auf Beiträge eingehen, diese aufgreifen und im Unterricht verwenden. Da die Gruppe überschaubar ist, besteht auch die Möglichkeit, Interessen einzelner Schüler weitgehend zu berücksichtigen. Das methodische Handlungsspektrum ist für ihn breit, es gibt kaum Beschränkungen. Die beiden Nebenfächer werden in Epochen unterrichtet, Projekte lassen sich jederzeit durchführen, wenn sie sich anbieten. Möglichkeiten der Binnendifferenzierung können ausgeschöpft werden. Die Schüler arbeiten häufig in Kleingruppen zusammen, vergessen manchmal das Klingelzeichen, arbeiten in den Pausen weiter, und niemand stört sich daran.

Die für das Lehren und Lernen erforderliche soziale Ordnung wird selten gestört. Oft genügt ein Blick oder eine kleine Ermahnung, und der betreffende Schüler schränkt seine Bedürfnisse vorübergehend ein, weil er sich dem Lehrer und dem gemeinsamen Unterricht verantwortlich fühlt. Die Schüler gehen fast alle gerne zur Schule, das Lern- und Gruppenklima ist gut, die Lehrer-Schüler-Beziehung intensiv. Aufgrund der günstigen Rahmenbedingungen und der Lage der Schule findet der Unterricht im Sommer häufig draußen statt und wird durch mehrere Lerngänge aufgelokkert. – Lehrer B kann zahlreiche Planungsüberlegungen anstellen, die dem Lehrer A verschlossen bleiben (vgl. Krüger 1981).

Die Möglichkeiten äußerer Differenzierung (Kern-Kurs-System) sind in der kleinen Schule relativ begrenzt; doch finden die Schüler in den heterogenen Gruppen ein besseres Lernklima vor, und die Lehrer sind eher in der Lage, auf die einzelnen Gruppen und Schüler einzugehen, entsprechende

Frage- und Problemstellungen einzubringen und den Schülern beim Lernen zu helfen.

Ein Vergleich der institutionellen Rahmenbedingungen zeigt, daß Lehrer A an seiner Schule bei der großen Zahl der Lerngruppen und Schüler kaum in der Lage ist, diese individuell zu betreuen. Der Aufbau einer Lehrer-Schüler-Beziehung, die eine gegenseitige Verantwortung mit sich bringt, ist an dieser Schule kaum möglich. Lehrer B hingegen hat es in der kleinen Schule nur mit wenigen Gruppen und Schülern zu tun, er kann sich besonders in der eigenen Lerngruppe, in der er die Funktion des Klassenlehrers wahrnimmt, um jeden einzelnen Schüler kümmern, kann ihnen zu verstehen geben, daß er ganz persönlich an ihrem Lernfortschritt interessiert ist. Und aus dieser personalen Begegnung entsteht eine gemeinsame Verantwortung für den Lehr-Lern-Prozeß.

Wenden wir uns nun dem Faktor Zeit zu, der in die Planungsüberlegungen einzubeziehen ist. Dabei soll es um eine Betrachtung von Einzel-, Block- und Randstunden gehen, der Tageszeit, der physiologischen Leistungskurve, des Nachmittagsunterrichts und der Hausaufgabenproblematik.

Unterricht findet meist im 45-Minuten-Takt statt, nach jeder Kurzstunde eine Kurzpause, ein Lehrerwechsel, ein neuer Lerninhalt. Durch diese starr vorgegebene Zeiteinheit ergeben sich mehrere Nachteile:

– Einmal wird durch sie die Kontinuität geistigen Arbeitens zerstört, denn während sich sonst eine Person so lange einem Gegenstand zuwendet, wie dieser ihr Interesse findet, um dann zu einer anderen Aktivität überzugehen, verlangen wir von den Schülern, daß sie sich zu einem ganz bestimmten Zeitpunkt 45 Minuten lang mit einem vorgegebenen Lerninhalt befassen sollen.
– In dem Augenblick, wo der Unterricht Lehrern und Schülern ausnahmsweise mal Spaß macht, wo sie gerne weiterdenken und -arbeiten wollen, ertönt der Gong. Der Prozeß muß nun plötzlich abgebrochen werden; nach einer kurzen Pause kommt ein neuer Lehrer, ein anderes Fach steht auf dem Plan, ein neuer Inhalt wird geboten.
– Durch diesen 45-Minuten-Rhythmus können Schüler mit 6 verschiedenen Fächern am Vormittag „beglückt" wer-

den, was vor allem leistungsschwächere Schüler überfordert. Spätestens nach der 4. Stunde treten sie aus dem Feld, schalten ab, träumen vor sich hin oder werden aggressiv.
- Wie schon erwähnt, schränken Einzelstunden das methodische Handlungsspektrum des Lehrers erheblich ein. Viele Unterrichtskonzeptionen lassen sich in Einzelstunden kaum oder gar nicht verwirklichen, und selbst Kleingruppenarbeit ist nur eingeschränkt möglich.
- Wenn Fächer nur ein- oder zweimal pro Woche in Kurzstunden unterrichtet werden, bedarf es für Lehrer und Schüler immer wieder besonderer Anstrengungen, die vor mehreren Tagen erworbenen Kenntnisse zu aktualisieren.

An dieser Stelle wird deutlich, wie Planungsentscheidungen direkt vom Faktor Zeit abhängig sind. Es erscheint auf jeden Fall sinnvoller, von Einzelstunden ab- und zu größeren Zeiteinheiten überzugehen, die eine vertiefte Betrachtung der Lerninhalte und die Verwirklichung bestimmter Unterrichtskonzeptionen zulassen. Die Anzahl der Fächer wird auf diese Weise beschränkt, Lerninhalte können nach 24 Stunden wieder aufgegriffen werden, was unter gedächtnispsychologischem Aspekt vorteilhaft ist. Der Übergang von einem reinen Fachlehrersystem mit Fachunterricht, wo die Einzelstunden unverbunden nebeneinander stehen, zu einem Klassenlehrer-System, in dem überwiegend in Blöcken und Epochen unterrichtet wird, ist auch in größeren Institutionen jederzeit möglich. Bei einem entsprechenden Bewußtseins- und Ausbildungsstand der Lehrer geht es dann nur noch um die Lösung stundenplantechnischer Probleme.
Der Faktor Zeit ist in Verbindung mit der physiologischen Leistungskurve zu sehen, die zwar individuellen Schwankungen unterliegt, deren Verlauf sich jedoch generalisieren läßt. Schüler und Lehrer haben am Vormittag zwischen 9 und 10 Uhr ein Leistungshoch und ein zweites am Nachmittag gegen 16.30 Uhr. Um die Mittagszeit setzt ein Leistungstief ein, das gegen 14 Uhr seinen Tiefpunkt erreicht. Die Mehrzahl der Schüler ist in der 2. und 3. Stunde besonders aufnahmefähig, lernbereit und leistungsfähig, während das Leistungsvermögen am Ende des Vormittags stark abnimmt. Diese Einsicht sollte Konsequenzen für die Stundenplange-

staltung, die letzte Unterrichtsstunde, für die Erledigung der Hausaufgaben und für den Nachmittagsunterricht haben.

Der Lerngewinn, der in der letzten Stunde zwischen 12.15 und 13 Uhr erzielt wird, steht in keinem Verhältnis zu den Lehr-Lern-Bemühungen, zu der Schulunlust und Schulmüdigkeit, die bei Lehrern und Schülern erzeugt werden. Ein regulärer Unterricht, der auf die Vermittlung neuer Einsichten und Kenntnisse ausgerichtet ist, läßt sich nach fünf vorangegangenen Stunden nicht mehr durchführen. Diese Zeit kann zum Nacharbeiten, zur individuellen Beratung, für Fachkonferenzen und pädagogische Gespräche, für Korrekturen u.a.m. genutzt werden. Als eine Konsequenz für die Planungsüberlegungen ergibt sich nur die Frage, wie sich die erschöpften Schüler in dieser letzten Stunde sinnvoll beschäftigen lassen.

Der Faktor Zeit spielt auch im Hinblick auf die Hausaufgaben eine große Rolle. Wenn an einer weiterführenden Schule in einer Klasse fünf engagierte Lehrer nacheinander unterrichten, die alle vom Wert ihres Faches überzeugt sind und Hausaufgaben geben, dann lassen sich Überforderungen der Schüler gar nicht vermeiden. Eintragungen in Klassenbücher helfen hier nicht weiter, denn sie geben keine Auskunft über den Schwierigkeitsgrad der Aufgabenstellungen. Und wenn Lehrer prozeßorientiert unterrichten, lassen sich die Aufgaben ohnehin nicht genau nach Art, Umfang und Schwierigkeitsgrad einschätzen. Die fünf Fachlehrer können sich keinen Überblick hinsichtlich der Gesamtbelastung verschaffen, welcher die Schüler ausgesetzt sind. So betrachtet, gibt es nur eine zentrale Planungsüberlegung: Sind die in Aussicht genommenen Hausaufgaben unverzichtbar, ist es wirklich gerechtfertigt, die Freizeit der Schüler zu beschneiden oder zu zerstören? (vgl. Derschau 1979, Eigler/Krumm 1972, Geißler/Schneider 1982, Geißler/Plock 1981). Schüler beginnen nämlich ihre Hausaufgaben meist im physiologischen Leistungstief, immer nach dem Motto – erst die Arbeit, dann das Vergnügen, erst die Hausaufgaben, dann der Spielplatz. – Doch aufgrund des stark reduzierten Leistungsvermögens im Leistungstief scheitert die Mehrzahl der Schüler schon bei Frage- und Problemstellungen, die einen mittleren Schwierigkeitsgrad aufweisen. Und so läßt sich erklären, daß leistungsschwache Schüler für ihre Hausaufgaben sechsmal so viel Zeit benötigen wie ihre leistungsstarken

Mitschüler (Eigler/Krumm 1972, 48). Als Konsequenz für die Unterrichtsplanung ergeben sich mehrere Möglichkeiten: Der Verzicht auf Hausaufgaben, eine Senkung des Schwierigkeitsgrades der Hausaufgaben – indem nur solche Aufgaben erteilt werden, die den Schülern mehrheitlich Spaß machen und die sie mühelos bewältigen können –, eine differenzierte Aufgabenstellung nach leistungsstarken und leistungsschwachen Schülern und schließlich die Aufforderung, mit den Hausaufgaben erst gegen 15.30 Uhr zu beginnen.

Grundschul- und Klassenlehrer sind auch hier wieder in einer weitaus günstigeren Lage, weil sie die schulischen und außerschulischen Lernzeiten ihrer Schüler besser einschätzen und die sich ergebende Gesamtbelastung schon bei der Planung berücksichtigen können. – Aufgrund arbeitswissenschaftlicher Erkenntnisse sollte ein Nachmittagsunterricht – Sport-, Spiel- und Werkstunden ausgenommen – nicht vor 15 Uhr beginnen. – Der Autor mußte ab 14 Uhr Mathematik lehren, weil dies im Plan so vorgesehen war, und er erinnert sich nur ungern an dieses Schuljahr; denn auch bei vorhandener Anstrengungsbereitschaft fehlte den Schülern das Lernvermögen, und ausgeklügelte motivationale Maßnahmen blieben fast immer wirkungslos. Durch Lehr-Lern-Bemühungen ohne Lehr-Lern-Erfolge wurden alle Beteiligten frustriert.

Zu erwähnen bleiben Ausnahmezeiten, die besondere Planungsüberlegungen erfordern, die Zeiten am Anfang und Ende einer Schulwoche, vor und nach den Ferien, Zeiten, die mit besonderen schulischen oder außerschulischen Ereignissen in Beziehung stehen und der Gestaltung des Schullebens dienen (vgl. Keck/Sandfuchs 1979).

Viele Planungsüberlegungen, die den Faktor Zeit betreffen, sind durch den Stundenplan festgeschrieben. Leider werden Stundenpläne nicht nur lerngruppenbezogen erstellt, sondern die Planer verfolgen auch egoistische Interessen der Lehrer, so z.B. möglichst wenig Hohlstunden im eigenen Plan zu haben. – Der Klassenlehrer ist für einen lerngruppenbezogenen Plan verantwortlich, der in erster Linie die Interessen der Schüler berücksichtigt, für einen Plan, nach dem er täglich in der eigenen Klasse unterrichtet, die Anhäufung von Einzelstunden – 6 verschiedene Fächer und Lehrer am Vormittag – vermieden wird, Randstunden zwischen 12.15 und 13.00 Uhr möglichst entfallen, nach Sportstunden auf Unterricht in den Hauptfächern verzichtet wird, Blockstunden für Erfolgskontrollen und Leistungsmessungen zur Verfügung stehen, die in die Zeit der größten Leistungsfähigkeit fallen u.a.m.

Krüger (1981) unterbreitet eine Reihe von Vorschlägen, wie sich nachteilige Fachlehrer-Modelle an weiterführenden Schulen in gemäßigte Klassenlehrer-Modelle umwandeln lassen und welche stundenplantechnischen Aspekte zu berücksichtigen sind. Was für bestimmte Unterrichtszeiten geplant und den Schülern zugemutet werden kann, steht in direktem Zusammenhang zum Zeitplan einer Klasse – und dieser gilt für ein ganzes Jahr.

Nachstehend wird versucht, die lokalen Faktoren in ihrem Einfluß auf Planungsentscheidungen zu betrachten, das Einzugsgebiet und den Schulweg, die Lage der Schule und das Schulgelände, das Schulgebäude und den Schulhof, das Raumprogramm und die Klassenzimmer mit den akustischen, klimatischen und optischen Verhältnissen sowie die Raumausstattung, die bestimmte unterrichtliche Aktivitäten möglich oder unmöglich machen. Dabei ist eine Beschränkung auf wenige bedeutsam erscheinende Aspekte notwendig, die unmittelbar für Planungsentscheidungen relevant sind.

Seit auch in der Bundesrepublik Deutschland Schüler des ersten Schuljahres lange Wege, Fahr- und Wartezeiten in Kauf zu nehmen haben, weil sie an einen zentralen Ort transportiert werden, sind die beiden Größen Einzugsgebiet und Schulweg heftig umstritten. Eine generelle Entscheidung zugunsten der einen oder anderen Größe wird sich niemals treffen lassen; denn ist das Wohngebiet der Schüler lebensfeindlich, wie dies in Industrie- und Verkehrszentren, in Innenstädten und Ballungsgebieten der Fall ist, dann erscheint auch der Transport von Grundschülern in eine umweltfreundliche Schule gerechtfertigt. Ist hingegen der Lebensraum intakt, dann gehört zumindest eine Grundschule in das betreffende Wohngebiet, damit die Schüler möglichst kurze Wege eigenständig zurücklegen können. Der heutige Schulalltag spielt sich durchweg im und mit dem Verkehr ab. Dies bedeutet, daß schon Kinder im ersten Jahr der Grundschule der Hektik des morgendlichen Berufsverkehrs mit allen Ängsten und Nöten ausgesetzt sind. Auch da, wo den Kindern der Schulweg mit Bussen abgenommen wird, handelt es sich nur um ein Transportieren, bei dem nicht jedes Kind einen eigenen Sitzplatz hat, was dann schon eine physische Anstrengung mit sich bringt. Jüngere oder schwächere Kinder sind in diesem Abschnitt ihrer „Arbeitszeit" aggressiven älteren Schülern ausgeliefert (vgl. Rutenfranz 1977, 26–28). Von der Art des Schulweges und des Schülertransportes sind Planungsentscheidungen für die erste Unterrichtsstunde abhängig. Wenn damit gerechnet werden kann, daß die Schüler ausgeruht, ausgeglichen und pünktlich zur Schule kommen, dann stellt sich die Situation ganz anders dar, als wenn mit Verspätungen, Aggressionen, motorischer Unruhe oder Hektik gerechnet werden muß.

Die Lage der Schule mit den vorhandenen bzw. nicht vorhandenen Umweltbelastungen spielt in viele Planungsentscheidungen hinein. Die Unterschiede treten besonders kraß in den Vereinigten Staaten hervor, sie lassen sich aber auch in der Bundesrepublik an Beispielen belegen. Eine Stadtrandschule oder Schule im ländlichen Raum, ohne nennenswerte Umweltbelastungen, fernab vom Verkehrs- und Industrielärm, die über ein großzügiges Schulgelände mit Pausenhöfen und Spielplätzen verfügt, bietet ihren Schülern weitaus günstigere Rahmenbedingungen als eine Schule in der Innenstadt, wo alle diese Vorzüge fehlen. In den Vereinigten Staaten wählen wohlhabende Eltern ihren Wohnsitz häufig nach der Lage der Schule, d.h. sie ziehen mit ihren Kindern an den Stadtrand, wo es für sie eine Schule in guter Lage, mit großzügigen Einrichtungen, hervorragender Ausstattung und qualifizierten, hochbezahlten Lehrern gibt, eine Schule, die von den Eltern mitgetragen und mitfinanziert wird. – Die Schulen in den Innenstädten, die sog. Inner City Schools, haben alle diese Vorzüge nicht, werden als problematisch angesehen und häufig mit Slum-Schulen gleichgesetzt.

Wenn sich in den Vereinigten Staaten auch viele Erziehungswissenschaftler mit Fragen der Bildungsplanung und Bildungsfinanzierung befassen und argumentieren, daß sich mit ausreichenden finanziellen Mitteln auch hervorragende Schulen schaffen lassen würden, dann ist dem einerseits zuzustimmen, andererseits wird gerade durch die Rutter-Studie (1980) belegt, wie bedeutsam die Einstellung der Lehrer zu ihrem Beruf und zu den Schülern ist, wie Fragen des Berufsethos mit über die Qualität einer Schule entscheiden. Die Möglichkeiten der Unterrichtsplanung sind bei optimalen Rahmenbedingungen vielfältiger und günstiger. So lassen sich Lerngänge, Spiele, sportliche Aktivitäten oder der Unterricht im Freien nur in Schulen durchführen, die entsprechende Voraussetzungen bieten.

In diesem Zusammenhang müssen auch die Pausen mit den sehr unterschiedlichen Pausenregelungen erwähnt werden. Kommen wir auf unser Eingangsbeispiel zurück und ordnen wir den beiden Lehrern entsprechende Schüler zu, dann zeichnet sich folgendes Bild ab: Schüler A sieht sich in der großen Pause auf einem viel zu kleinen Schulhof mehr als 2000 Schülern gegenüber, die durcheinanderschreien, weil sie sich verständlich machen wollen, die sich anrempeln, schlagen, boxen, drangsalieren. Dieser Schüler hat Angst vor der Pause, ist froh, wenn sie vorbei und er wieder im Klassenzimmer ist.

Schüler B findet in seiner großen Pause ein Schulgelände vor, das sich in mehrere Zonen gliedert, in einen Abenteuerspielplatz für die jüngsten Schüler, der ihnen auch vorbehalten bleibt, in Spielzonen für jüngere und ältere Schüler und in Ruhezonen, wo Schüler sich ungestört unterhalten oder ihr Frühstück verzehren können. Die knapp 300 Schüler verlaufen sich in dem Gelände, sie freuen sich, wenn sie jemanden zum Spielen finden, sie können sich frei bewegen und behindern sich kaum. Eine Pausen- und Hofaufsicht durch Lehrer ist an dieser kleinen Schule überflüssig, und wenn es wirklich einmal ernsthafte Auseinandersetzungen oder Schwierigkeiten gibt, kommen die Schüler zu ihrem Klassenlehrer, der sich im Lehrerzimmer aufhält. An der Mammutschule ist die Pausen- und Hofaufsicht unerläßlich, weil Verletzungen an der Tagesordnung sind.

Die Frage, wie die Schüler nach der großen Pause in die Klassenzimmer zurückkehren, ob sie voraussichtlich ausgeruht und erholt oder abgehetzt und aggressiv sein werden, ist von Schule zu Schule anders zu beantworten; doch von der Art der Antworten sind viele Planungsüberlegungen für die sich anschließende Stunde mitentscheidend.

Schulen sollten ja mit ihrem jeweiligen Raumprogramm schülerfreundlich und funktionstüchtig sein; doch daß sie es nicht immer sind, beweisen die Versuche der Kunsterzieher und Schüler, öde Betonflächen farbig anzulegen. Viele Maßnahmen der inneren und äußeren Differenzierung lassen sich nur dann einplanen und durchführen, wenn ein geeignetes Raumprogramm zur Verfügung steht, das in geeigneter Zahl Neben- und Fachräume bietet.

An den erwähnten, großzügig ausgestatteten Ganztagsschulen in den Vereinigten Staaten ist z.B. die Bibliothek stets Mittelpunkt einer Schule. Sie wird von pädagogisch qualifizierten Fachkräften geleitet und ist räumlich in mehrere Zonen für die verschiedenen Altersgruppen unterteilt. Die Schüler finden in diesen Zonen, die meist durch Stell- oder Glaswände voneinander abgeschirmt sind, nicht nur Bücher, sondern auch altersgerechte Lernspiele vor, denen sie sich zuwenden können. Pädagogische Fachkräfte beraten und betreuen nun jene Schüler, die in der Bibliothek vorbeikommen, sprechen mit ihnen über bestimmte Lektüren oder spielen auch mal mit, wenn es sich gerade ergibt. Eine solche Bibliothek ist Ausweichraum und Zufluchtsort zugleich, ein ruhender Pol im Getriebe des Schulalltags, wo sich auch immer ein Ansprechpartner findet, und Lehrer und Schüler sind stolz auf ihre Bibliothek.

Erziehungsschwierige Schüler, die vorübergehend nicht in der Lage sind, dem Unterricht zu folgen, werden manchmal von ihren Lehrern gebeten, die Bibliothek aufzusuchen, wo sie eine pädagogische Betreuung finden. Und diese Schüler empfinden eine solche Aufforderung keineswegs als Strafe, sondern als eine Möglichkeit des Weiterlernens unter ganz anderen Lernbedingungen. Und was geschieht mit einem Schüler, der an einer traditionellen Schule den Unterricht stört? Die Antwort mag sich der Leser, der die Schulverhältnisse in der Bundesrepublik kennt, selbst geben.

Für viele Planungsentscheidungen sind auch die Anzahl und Größe der Klassenzimmer maßgebend. Jede Lerngruppe benötigt in einer Schule ihr eigenes Klassenzimmer, jeder Schüler seinen Platz, einen Anlaufpunkt, einen Ort, der ihm das Gefühl vermittelt, behaust oder beheimatet zu sein. Schüler aus sog. Wanderklassen fühlen sich nun einmal heimatlos, hin und her geschoben, nicht gewollt. Diese Überlegungen haben nichts mit einer verträumten Wohnstubenatmosphäre (Pestalozzi) zu tun, wie sie aus Zwergschulen bekannt ist. Hier geht es um ein sehr nüchternes, aber berechtigtes Anliegen, um den Versuch, den Schülern eine Atmosphäre zu bieten, die sie emotional stabilisiert. Und gerade weil ihnen diese Atmosphäre im außerschulischen

Bereich häufig fehlt, sollten alle erdenklichen Bemühungen unternommen werden, dieses Anliegen zu stützen.

Optimale Klassenzimmer sind ausreichend groß und erlauben die Herstellung verschiedener Sitzordnungen – hufeisenförmige Anordnung, kreisförmige Anordnung der Stühle, Anordnung von Tischen für die Kleingruppenarbeit. – Ein Zimmer, das einer bestimmten Lerngruppe gehört, sollte über zahlreiche Tafelflächen und über eine große Kork- oder Pinnwand verfügen, die mit besonders gelungenen Zeichnungen, mit Skizzen oder Bildern vom letzten Ausflug geschmückt werden kann. Räume nehmen Menschen an, und Menschen nehmen Räume in Besitz; hier besteht eine Wechselwirkung, und wenn Schüler in ihr Klassenzimmer kommen, in dem Bilder hängen, die sie selbst ausgewählt haben, in dem sich ihre Skizze, ihr Foto, die gemeinsame Collage befindet, hat dies nicht nur positive Rückwirkungen auf das Lern- und Gruppenklima, sondern auch auf ihre Einstellung gegenüber der Schule. – Geeignete Klassenzimmer sind eine Voraussetzung für viele Planungsentscheidungen, für die Entscheidung für eine bestimmte Sozialform, für den Medieneinsatz, die Art der Erfolgskontrolle u.a.m.

Neben der Größe und der Raumausstattung sind die akustischen, optischen und klimatischen Verhältnisse im Raum bedeutsam, denn sie entscheiden mit über das Befinden der Schüler und Lehrer. Wenn nur einer dieser Faktoren ausfällt, kommt es zu erheblichen Belastungen und Schwierigkeiten. Betrachten wir z.B. das Ausmaß der Lärmbelästigung: Lehren und Lernen kann als überwiegend geistige Tätigkeit bezeichnet werden. Der Grenzwert für die Ausübung einer solchen Tätigkeit liegt bei 55 dB; wird dieser Wert überschritten, was an Schulen, die an Hauptverkehrsstraßen liegen, häufig der Fall ist, dann werden die Lehr-Lern-Bemühungen erheblich beeinträchtigt. Und dort, wo Mittel der Lärmdämmung eingesetzt und ein Lärmschutz geboten werden kann, lassen sich negative Auswirkungen auf die Zimmertemperatur und die Belüftung nicht ausschließen. Beim heutigen Stand der Technik können zwar alle Räume voll klimatisiert werden, doch die Nachteile sind aus der Industrie hinreichend bekannt. Durch trockene Luft und Zugluft verursachte Krankheiten nehmen zu. Besonders jene Lehrer, die von ihrem Fach her einen hohen Sprechanteil übernehmen müssen, fallen oft durch HNO-Krankheiten

Bedingungsspektrum

Lernort:
Art des Gebäudes, Raum-
programm, Größe des Raumes,
Raumausstattung, Sitzordnung,
akustische, klimatische
und optische Verhältnisse

Schulart:
allgemeine Zielsetzungen
und inhaltliche Vorgaben

Größe der Institution:
Anzahl der Schüler,
Anzahl der Kollegen

Einfluß
auf
Unterrichts-
konzeption
und
Lehr-Lern-
Folge

Lage der Schule:
Einzugsgebiet und Schulwege,
Schulgelände und Schulhof,
Spiel- und Sportplätze

Lernzeit:
im Leistungsoptimum oder
im Leistungstiefpunkt,
Stundenplan und Fächerfolge

Lerngruppe:
Größe und Zusammensetzung,
Art und Dauer der Sozial-
beziehungen, Fach- oder
Klassenlehrer-System

aus. In den seltensten Fällen lassen sich Klimaanlagen auf die Bedürfnisse der einzelnen Lerngruppen in den Klassen- zimmern einstellen.

Die bekannte Forderung nach dem von links einfallenden Tageslicht darf etwas abgeschwächt werden, wenn überhaupt Tageslicht einfällt und wenn sich die künstlichen Lichtquel- len abgestuft oder stufenlos regeln lassen. Für alle Schüler, die in Kleingruppen zusammenarbeiten, kann nicht das Tageslicht von links einfallen. Für den Einsatz visueller Medien ist eine Abdunkelung des Raumes notwendig, auch sollten entsprechende Vorrichtungen den Raum vor zu starker Sonnen- und Wärmeeinstrahlung schützen.

Aus vorstehenden Überlegungen lassen sich folgende Einsichten gewinnen:

– Einige Faktoren, welche die Rahmenbedingungen ungünstig beeinflussen, lassen sich nicht verändern, so z.B. die Lage der Schule. Ist sie ungünstig, dann müssen sich Lehrer und Schüler mit der Lage abfinden, die Schule wechseln, oder die Schule muß geschlossen werden – in den meisten Fällen eine Utopie.
– Einige Faktoren sind nur langfristig veränderbar, weil sie von bildungs- und schulpolitischen Entscheidungen abhängig sind. Hinter diesen Entscheidungen stehen wiederum finanzpolitische Probleme, die durch die jeweilige wirtschaftliche Lage und durch die gesamtgesellschaftliche und politische Situation beeinflußt werden. Die Frage, was mit dem ökonomischen Surplus geschieht, wieviel Geld für den Bereich Schule und Unterricht ausgegeben werden kann, ist eine hochpolitische. Im Grunde genommen handelt es sich hier um Verteilungskämpfe im parlamentarischen Raum und in den Ministerien, die nur indirekt durch das Wählervotum beeinflußt werden können. Eine direkte Einflußnahme einzelner Lehrer auf diese Entscheidungen ist praktisch nicht gegeben; doch hängen von ihnen die Anzahl der Planstellen und damit auch die Größen der Lerngruppen ab.
– Mittelfristig lassen sich allerdings innerhalb einer Schule zahlreiche Veränderungen treffen, so die Untergliederung großer Institutionen in überschaubare Einheiten, die Einführung eines gemäßigten Klassenlehrer-Systems, die Zuordnung einzelner Räume zu den einzelnen Lerngruppen, eine schülerzentrierte Stundenplangestaltung, die Block-, Epochen- und Projektunterricht ermöglicht. Bei solchen mittelfristigen Veränderungen sind vor allem die Schulleitung und die Lehrer in ihrer methodisch-didaktischen Kreativität gefordert. Sie lassen sich ohne weiteres realisieren, wenn der pädagogische Auftrag der Schule in vollem Umfang mitgesehen und berücksichtigt wird. Veränderungen dieser Art sind häufig auch an das Organisationstalent einzelner Personen geknüpft.
– Schließlich gibt es Faktoren, die sich sofort durch Lehrer, Schüler und Eltern kurzfristig beeinflussen oder verändern lassen. Es handelt sich allerdings nur um jene Maßnah-

men, die sich auf die Klasse selbst beziehen, auf die Sitzordnung, die Gestaltung des Klassenzimmers, auf klasseninterne Veranstaltungen.

Rahmenbedingungen sind schließlich durch Menschen geschaffen worden, sie lassen sich auch von Menschen verändern. Und hier ist jeder einzelne Lehrer gefordert, an der positiven Veränderung der Schulwirklichkeit mitzuarbeiten. Im Interesse der zu unterrichtenden Schüler bedarf es des Engagements auf mehreren Ebenen, auf der Ebene des Kollegiums, der Schulpflegschaft, im kommunal-, berufs- und bildungspolitischen Bereich.

6 Die Schüler an der Planung beteiligen

Wenn Lehrer und Schüler den Unterricht gemeinsam planen, dann entspricht dies demokratischen Grundsätzen, Vorstellungen und Einsichten, und die Vorteile gemeinsamer Planung liegen auf der Hand:

- Der Unterricht ist nicht mehr nur eine Veranstaltung des Lehrers, sondern er wird zu einem gemeinsamen Anliegen des Lehrers und der Schüler (Boettcher et al. 1976).
- Die Schüler fühlen sich für den gemeinsam geplanten Unterricht mitverantwortlich, sie organisieren und denken eher mit.
- Der Lehrer wird auf diese Weise entlastet, indem er weniger anzuordnen und zu befehlen braucht. Statt dessen kann er anregen, vorschlagen, sich mehr indirekt verhalten (Flanders 1970, Tausch/Tausch 1979).
- Die Schüler lernen schließlich bei einer gemeinsamen Planung, wie man lernt (Schraeder-Naef 1978), und es ist zu hoffen, daß sie zunehmend in die Lage versetzt werden, eigene Lernvorhaben selbst zu planen und durchzuführen.
- So betrachtet, verfolgt das Anliegen der Partizipation auch das der Emanzipation, der Befreiung von der Abhängigkeit und der Bevormundung des Lehrers.

Die Forderung nach gemeinsamer Planung wird sicher allgemein anerkannt, doch läßt sie sich nicht immer ohne weiteres realisieren. Selbst wenn wir eine demokratische Grundhaltung voraussetzen und der Lehrer von der Notwendigkeit gemeinsamer Planung überzeugt ist, werden sich ihm zahlreiche Hindernisse und Schwierigkeiten in den Weg stellen. Im folgenden wird deshalb versucht, die sich abzeichnenden Handlungsspielräume für eine gemeinsame Planung aufzuzeigen, damit Lehrer vermehrt in die Lage versetzt werden, diese auszuschöpfen. – Nehmen wir verschiedene Schularten und Schulstufen in den Blick, dann läßt sich die Feststellung treffen, daß es hier recht unterschiedliche Beteiligungsmöglichkeiten gibt.

Bei günstigen Rahmenbedingungen ist der Beteiligungsspielraum für Grundschüler verhältnismäßig groß. In kleinen Klassen können Unterrichtskonzeptionen zum Tragen kommen, die auf dem Erfahrungs- und Erlebnishorizont der Schüler aufbauen. In einen „offenen Unterricht" oder „Gesamtunterricht" können sich die Schüler mit ihren Fragen, Anliegen und Vorstellungen einbringen und sich so auch im Unterricht weitgehend verwirklichen. Grenzen für die Beteiligung an der Unterrichtsplanung zeichnen sich in der Praxis dort ab, wo es um den Erwerb notwendiger Kulturtechniken geht. Viele Grundschullehrer fühlen sich besonders im 4. Schuljahr verpflichtet, die Schüler optimal auf den Besuch weiterführender Schulen vorzubereiten, um so den Erwartungen der Eltern gerecht zu werden. Dieses Bemühen führt dann fast immer zu einer starken Einschränkung der Interessen und Beteiligungsspielräume.

An weiterführenden Schulen ist die Beteiligung der Schüler an der Unterrichtsplanung von den einzelnen Fächern, deren Inhalten, aber auch von den Rahmenbedingungen abhängig. In den fremdsprachlichen Fächern oder im Fach Mathematik sind die Planungsfreiräume durch vorbestimmte Lerninhalte stark eingeschränkt. Die Inhalte sind zumeist sachlogisch aufeinander bezogen. So können z.B. die Schüler im Fach Englisch schwerlich darüber befinden, ob sie sich nun mit der Umschreibung mit "to do" befassen oder fünf Lektionen im Lehrbuch überspringen wollen.

In anderen Fächern besteht manchmal ein inhaltlicher Planungsspielraum, den der Lehrer ausschöpfen kann. Er gibt den Schülern ein Fundamentum vor – Inhalte, die seiner Meinung nach unbedingt berücksichtigt werden müssen oder die im Lehrplan verbindlich vorgeschrieben sind –, unterbreitet dann den Schülern ein Zusatzangebot, das die Basis für weitere gemeinsame Planungsüberlegungen bildet. Bei diesen Überlegungen können auch besondere Interessen der Schüler berücksichtigt werden. Generell zeichnet sich auch an weiterführenden Schulen die Einengung des Planungsspielraumes ab, wenn Abschlußprüfungen bevorstehen, die von den Schülern abrufbare Kenntnisse verlangen.

An den berufsbildenden Schulen, die zumeist lernziel-orientiert arbeiten müssen, ergeben sich für Lehrer und Schüler oft nur geringe Möglichkeiten, Lerninhalte auszu-wählen und die inhaltliche Planung zu beeinflussen. Viele Lernziele werden operational definiert, weil es hier in erster Linie darauf ankommt, den Schüler im Hinblick auf die Ausübung einer beruflichen Tätigkeit zu qualifizieren. Wenn z.B. im kaufmännischen Bereich ein Buchhaltungskurs durchlaufen wird, die Buchungen mit Hilfe der elektroni-schen Datenverarbeitung vorgenommen werden, dann sind die einzelnen Unterrichtsstunden und -einheiten weitgehend vorgezeichnet, und eine gemeinsame Planung entfällt.

Die Möglichkeiten der Partizipation variieren also von Schulart zu Schulart, von Fach zu Fach, und sie sind von den jeweiligen Zielen abhängig, die innerhalb des Unter-richts angestrebt werden. Die Möglichkeiten gemeinsamer Planung richten sich auch nach den Rahmenbedingungen und nach der Unterrichtskonzeption, wobei ungünstige Rah-menbedingungen diese Möglichkeiten stark einschränken, bestimmte Unterrichtskonzeptionen wie der Projektunter-richt auf einer Beteiligung aufbauen. – Wer als Fachlehrer an einer weiterführenden Schule in mehreren Klassen nur ein oder zwei Wochenstunden erteilt, der wird meist auf eine Beteiligung der Schüler an der Planung verzichten. Ein solcher Lehrer überlegt sich im Rahmen der eigenen Unter-richtsvorbereitung, wie er ohne großen Zeitverlust die Schü-ler erneut für den Lerninhalt motivieren oder die erforderli-chen Vorkenntnisse aktualisieren kann. – Ein Klassenlehrer, der in seiner Klasse acht oder mehr Wochenstunden erteilt, ist in einer weitaus besseren Position, allein deshalb, weil sich in der eigenen Klasse Epochenunterricht, fächerübergreifen-der Unterricht oder Projektunterricht realisieren läßt. So bedingt z.B. die Konzeption des Projektunterrichts die ge-meinsame Planung des Projekts durch Lehrer und Schüler. Die Planungsphase wird manchmal mehrere Stunden in Anspruch nehmen, und das Anliegen der Partizipation kann hier voll zur Geltung kommen.

Sind die Beteiligungsspielräume durch festgelegte Lernin-halte und -ziele, ungünstige Rahmenbedingungen oder not-wendig werdenden Fachunterricht häufig stark einge-schränkt, so zeichnen sich im methodischen Bereich bessere Möglichkeiten der Partizipation ab. Schüler lernen vom ersten Schuljahr an verschiedene Methoden kennen, vermutlich sinnvolle und weniger sinnvolle, effektive und ineffektive, abwechslungsreiche und langweilige, Methoden, die ihnen Spaß machen oder die sie fürchterlich finden. Schüler lernen auch zahlreiche Medien kennen, und sie müssen verschiedene Formen der Leistungsmessung über sich ergehen lassen. Deshalb sind Schüler durchaus in der Lage, Methoden zu diskutieren und mit dem Lehrer ein mögliches Vorgehen zu planen. Grenzen der Partizipation ergeben sich dort, wo eine neue Methode eingeführt werden soll, über welche die Schüler noch nicht mitentscheiden können.

Fachlehrer an weiterführenden Schulen werden die Methodendiskussion oft abkürzen müssen, indem sie den Schülern ihre Vorschläge unterbreiten, diese diskutieren und über sie entscheiden lassen. Einzelstunden fordern häufig den Verzicht auf eine gemeinsame Planung, was vor allem für den Bereich der beruflichen Bildung gilt. Bei festliegenden Lerninhalten und Methoden kann ein Fachlehrer den Schülern lediglich das beabsichtigte Vorgehen transparent machen, den Schülern erklären, was er in dieser Stunde mit ihnen für sie vorhat.

Methodendiskussion und gemeinsame Planung entfallen, wenn die Methode selbst zum Lerninhalt wird, wenn also die Schüler nach einem Vorgehen suchen und dieses erproben sollen. Sofern z.B. eine entdeckenlassende Lehr-Lern-Strategie verfolgt wird (Klewitz/Mitzkat 1977; Eigler et al. 1975), begnügen sich Lehrer und Schüler erst einmal mit der Herausarbeitung der Problemstellung und verzichten auf gemeinsame weiterführende Planungsüberlegungen.

Um Ängste abzubauen und Erfolgserlebnisse zu vermitteln, erscheint die gemeinsame Planung der Leistungsmessung angebracht. Wenn Lehrer und Schüler in einem Planungsgespräch das Lehr-Lern-Gebiet abgrenzen, Aufgabenformen abklären und über die Bedingungen diskutieren, unter denen die Leistungen erbracht werden sollen, dann wirkt sich eine solche Partizipation in mehreren Bereichen förderlich aus. Der Lehrer dokumentiert sein Interesse am Lernerfolg der Schüler, er macht deutlich, daß er keine ungerechtfertigten Leistungsansprüche stellen und die Schüler nicht unter Druck setzen will, und trägt so zu einer Verbesserung der Lehrer-Schüler-Beziehungen bei.

Unter einer anderen Zielsetzung steht die gemeinsame Planung des Unterrichts mit einem oder mehreren Problemschülern. Darunter sind Schüler zu verstehen, die häufiger als ihre Mitschüler die für das Lehren und Lernen erforderliche soziale Ordnung stören. Dieses Einbinden schwieriger Schüler in einen gemeinsamen Planungsprozeß erscheint nur unter bestimmten Voraussetzungen sinnvoll. So müssen die Planungsaktivitäten einen ausreichenden Aufgabenanreiz bieten, die gemeinsame Planung sollte weder als Strafe noch als Belohnung betrachtet und andere Aktivitäten, wie z.B. Hausaufgaben, sollten nicht vernachlässigt werden. Die gemeinsamen Planungsaktivitäten intensivieren vermutlich die Lehrer-Schüler-Beziehung, der Schüler fühlt sich dem Lehrer eher verantwortlich und macht das unterrichtliche Anliegen zu seinem eigenen. Doch wenn in einer Lerngruppe zahlreiche Problemschüler den Unterricht stören, dann findet die hier angesprochene Möglichkeit bald ihre Grenzen.

Unter einem anderen Gesichtspunkt kann sich die gemeinsame Planung des Unterrichts mit Schülern vollziehen, die sich auf einem bestimmten Gebiet als besonders kompetent erweisen. Wenn sich z.B. ein Schüler intensiv für die Fernsehtechnik interessiert, Fernsehapparate auseinander- und erfolgreich wieder zusammenbaut, die Fernseher der Nachbarn repariert u.a.m., er den Umgang mit Fernsehgeräten zu seinem Hobby gemacht hat, dann besteht die Möglichkeit, das besondere Interesse und die Fähigkeiten des Schülers zu nutzen, um mit ihm eine Unterrichtseinheit zum Thema ,,Fernsehen und Fernsehtechnik'' zu planen und zu realisieren.

Schüler jeder Altersstufe sind fast immer überfordert, wenn sie Unterricht ohne Hilfe des Lehrers planen und durchführen sollen. Schließlich kann von ihnen nicht erwartet werden, daß sie in einem größeren Umfang eigenständig und kompetent Aufgaben des Lehrers wahrnehmen – Arbeitsaufträge formulieren, Lernhilfen geben, auf Beiträge der Mitschüler eingehen, auf die erforderliche Einhaltung der sozialen Ordnung achten u.a.m.

Die Beteiligung der Eltern an der Unterrichtsplanung, so wie sie z.B. Schulz (1980b) fordert, ist sicher zu begrüßen; doch bleibt eine solche Beteiligung wohl meist auf bestimmte Elterngruppen oder Unterrichtsvorhaben beschränkt. Eltern, die voll im Berufsleben stehen, haben wenig Zeit und Kraft, sich an schulischen Planungsaktivitäten zu beteiligen. Für sie werden schon Hausaufgaben ihrer Kinder zur Qual. Auch ist diesen Eltern eine gemeinsame Unterrichtsplanung am Feierabend, am Wochenende oder im Urlaub wohl nicht zuzumuten. Die Einbeziehung berufstätiger Eltern in den Planungsprozeß stellt eine Überforderung dar. Wenn berufstätige Eltern bei der Bewältigung erzieherischer Probleme mit dem Lehrer kooperieren, ist schon viel gewonnen (vgl. Mann 1979), und die Eltern haben das ihnen Mögliche getan.

Die Partizipation der Eltern am Planungsprozeß wird sich meist auf die nicht berufstätigen Eltern beschränken, die Zeit und Kraft investieren können und ein großes Interesse am schulischen Fortkommen ihrer Kinder haben. Erfahrungsgemäß sind dies Eltern, deren Kinder noch die Grundschule besuchen und die oft in besonderer Weise für pädagogische Aufgaben qualifiziert sind. Sie können sich an der Planung beteiligen, Hausaufgaben betreuen, einzelne Schüler oder Schülergruppen fördern. Allerdings wäre in diesem Zusammenhang darauf zu achten, daß die Partizipation nicht nur dem eigenen Kind zugute kommt, sondern im Sinne einer „emanzipierenden Mitbestimmung" (Giesecke 1977) gerade auch jenen Schülern, die förderungsbedürftig sind.

Eine Beteiligung der Eltern an der Unterrichtsplanung in Form von Absprachen wird notwendig, wenn diese über besondere Kenntnisse verfügen und bereit sind, sie an die Schüler weiterzugeben, sich also als Experten zur Verfügung stellen. Diese Form der Partizipation wird wohl auf wenige Unterrichtsvorhaben beschränkt bleiben. Gemeinsame Planung mit Schülern und Eltern ist bei der Gestaltung des Schullebens (Keck/Sandfuchs 1979) uneingeschränkt möglich und wünschenswert. So können Lehrer, Schüler und Eltern Lerngänge, Ausflüge, Betriebsbesichtigungen, den Landschulheimaufenthalt, Klassen- und Schulfeiern planen und durchführen. Die Eltern beraten, finanzieren, helfen, fungieren als Begleitpersonen oder werden als Gäste geladen. Die gemeinsame Planung des Schullebens kann positive Rückwirkungen auf das Lern- und Klassenklima haben und das Verhältnis zwischen Schule und Elternhaus verbessern.

Nachdem die Beteiligungsspielräume in verschiedenen Bereichen betrachtet worden sind, geht es nun im Anschluß an Boettcher et al. (1976) um die Diskussion einiger Vorbehalte:

Da wäre zuerst einmal der Einwand zu prüfen, das derzeitige Schulsystem lasse eine Planung des Unterrichts durch Lehrer und Schüler nicht zu. Dieser Einwand ist nur zum Teil gerechtfertigt. Zwar schränken Schulart und Fach, Rahmenbedingungen und Unterrichtskonzeption die Beteiligungsspielräume stark ein, doch muß es wohl darum gehen, die bestehenden Möglichkeiten der Partizipation zu nutzen.

Ein zweiter Einwand bezieht sich auf die Behauptung, Schüler könnten gar nicht mitplanen, weil ihnen der notwendige Überblick und somit die Voraussetzungen für qualifizierte Planungsentscheidungen fehlen. – Wem die erforderlichen Voraussetzungen fehlen, der kann in der Tat nicht mitsprechen; doch können in vielen Fällen den Schülern jene Informationen geliefert werden, die sie zur Teilnahme an gemeinsamen Planungsprozessen befähigen.

Der Einwand – Schüler wollten gar nicht mitplanen, sondern lieber gesagt bekommen, was zu tun sei – ist sicher im Hinblick auf wenige antriebsschwache Schüler zutreffend. Wenn aber die Mehrzahl der Schüler eine derartige Einstellung und Haltung zeigt, dann trifft den Lehrer und/oder die Institution Schule fast immer eine Mitschuld, indem z.B. versäumt wurde, die Schüler immer wieder in Planungsüberlegungen einzubeziehen. Oder die Schüler machten die negative Erfahrung, daß gemeinsame Planungsüberlegungen in einem Spiel ohne Folgen mündeten, bei dem der Lehrer schließlich doch wichtige Entscheidungen alleine traf.

Das Argument – Schüler mißbrauchten gemeinsame Planungsphasen, um den Unterricht zu verzögern – kann nicht ganz entkräftet werden; doch wird dies vor allem dann zutreffen, wenn die Planungsinhalte einen geringen Entscheidungsanreiz bieten. Bei vorhandenem Anreiz wird sich der Planungsprozeß zügig entwickeln und auf die zutreffenden Entscheidungen hinsteuern.

Der Einwand – gemeinsame Planung koste zu viel Zeit – trifft wohl kaum zu; denn die Zeit, die zu Beginn des Unterrichts in die Planung investiert wird, wird im weiteren Verlauf des Lehr-Lern-Prozesses fast immer wieder herausgeholt, weil die Schüler Sinn, Zweck und Ziel des Unterrichts besser erkennen und gemeinsam gesetzte Ziele bewußter anstreben können.

Das Argument – die gemeinsame Planung von Unterricht verunsichere die Schüler, wenn einige Lehrer in dieser Weise verfahren, andere hingegen auf gemeinsame Planung verzichten – muß entschieden zurückgewiesen werden; denn schließlich kann es nicht darum gehen, eine als negativ erkannte Praxis weiterzuführen. Die Schüler lernen demokratische und autokratische Verhaltensweisen der Lehrer kennen, lernen zu unterscheiden, und diese Verunsicherung muß im Interesse der Schüler in Kauf genommen werden.

Der Einwand – die Beteiligung der Schüler an der Unterrichtsplanung komme einer Manipulation gleich, um die Schüler zu disziplinieren und sie zu noch höheren Lernleistungen anzustacheln – greift entschieden zu kurz. Eine Manipulation ist dadurch gekennzeichnet, daß der Lehrer die Schüler zu einem bestimmten Punkt führen möchte, um dann aus ihrem Verhalten einen persönlichen Nutzen ziehen zu können. Wenn Schüler aber aufgrund gemeinsamer Planung stärker motiviert und aktiviert werden, sie effektiver lernen, dann liegt dies vor allem in ihrem eigenen Interesse, und es handelt sich nicht um ein manipulatives, sondern um ein geschicktes methodisches Verhalten.

Was geschieht aber, wenn Schüler im Rahmen gemeinsamer Unterrichtsplanung Wünsche äußern, die auch dem Lehrer gerechtfertigt erscheinen, die er aber aufgrund ungünstiger Bedingungen nicht erfüllen kann? – Dann besteht tatsächlich die Gefahr, daß Schüler eine gemeinsame Planung als pseudodemokratischen Trick empfinden, es sei denn, der Lehrer kann stichhaltig begründen, warum der von den Schülern geäußerte Wunsch in dieser Form nicht berücksichtigt werden kann.

Schließlich gilt es den Einwand zu durchdenken – die Unterrichtsplanung sei in erster Linie Sache des Lehrers, denn dieser habe ein fachbezogenes und erziehungswissenschaftliches Studium absolviert, ein Referendariat durchlaufen, um so die erforderlichen Planungskompetenzen zu erwerben. Das trifft auch zu, und ein Lehrer sollte im Vergleich zum Nicht-Lehrer besser in der Lage sein, Inhalte auszuwählen, Ziele zu formulieren, Medien auszuwählen u.a.m.; doch es geht hier um die Ausschöpfung der Beteiligungsspielräume bei der Planung auf der Basis professionalisierter Planungskompetenz.

Beteiligungsspektrum

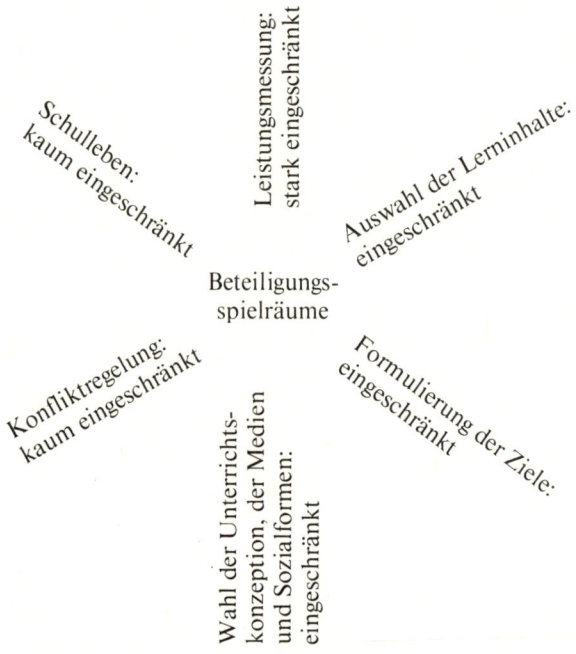

Die Frage nach der politischen Relevanz vorstehender Ausführungen soll abschließend noch einmal aufgegriffen und herausgestellt werden. Eine demokratische und pluralistische Gesellschaft ist auf die Beteiligung ihrer Mitglieder und auf die Vielfalt der Meinungen angewiesen. Ohne eine Beteiligung der Bürger an der Planung, Durchführung und Auswertung gesellschaftlicher Initiativen und Prozesse ist ein solches System nicht denkbar. Und deshalb sollten Schüler vom ersten Schuljahr an lernen, daß man sich an der Planung des Unterrichts beteiligen kann. Positive Erfahrungen, die hier gewonnen werden, indem der Lehrer die Beteiligungsspielräume nutzt, haben vermutlich auch positive Rückwirkungen auf außerschulische und nachschulische Bereiche. Schülern sind die Möglichkeiten der Beteiligung immer wieder aufzuzeigen, sie sind zu aktiver Teilnahme zu ermutigen, wobei sich Art und Umfang der Beteiligung nach dem jeweiligen Entwicklungsstand und dem Beteiligungsspielraum richten werden.

7 Einen Wechsel der Sozialformen anstreben

Es gibt viele gute Gründe, die für einen Wechsel der Sozialformen (Einzel-, Partner-, Kleingruppen-, Gruppenarbeit) sprechen:

- Einmal wird der Unterricht abwechslungsreicher, die Schüler werden aktiviert und motiviert, erhalten mehr Gelegenheit zum Sprechen, können sich einbringen, auseinandersetzen und lernen, miteinander umzugehen. Viele soziale Lernziele lassen sich nur in Partner- oder Kleingruppenarbeit anstreben.
- Zum anderen finden die Schüler außerhalb des Unterrichts in derzeitigen oder künftigen Lebenssituationen die verschiedensten Sozialformen vor. Bestimmte Tätigkeiten müssen in Einzelarbeit ausgeführt werden; eine Partnerschaft ist auf Kooperation angewiesen, und am Arbeitsplatz hat oft ein Team zusammenzuarbeiten. So betrachtet bereitet ein Unterricht, der immer nur in Gruppen stattfindet, unzureichend auf das Leben vor.
- Bestimmte Lernaufgaben erfordern spezifische Sozialformen, und es gibt Lernaufgaben, für die sich die eine oder andere Sozialform besonders gut eignet. Schüler müssen Kulturtechniken überwiegend in Einzelarbeit erlernen, das Lesen- und Schreibenlernen kann ihnen niemand abnehmen. Wenn an einer Berufsfachschule im medizinisch-therapeutischen Bereich der Umgang mit dem Patienten geübt und Behandlungstechniken erworben werden sollen, dann bietet sich die Partnerarbeit an. Sofern es um die Produktion möglichst vieler Einfälle geht, eignet sich die Kleingruppe für ein Brainstorming besonders gut. Und wenn zentrale Sachverhalte erklärt, demonstriert oder durch ein technisches Medium präsentiert werden sollen, erfolgt dies am besten vor der ganzen Lerngruppe.

Trotz dieser stichhaltigen Gründe und der zahlreichen Publikationen (z.B. Meyer 1981), die für einen Wechsel der Sozialformen sprechen, dominiert immer noch der Gruppenunterricht oft als ausschließliche Sozialform, ist Partnerarbeit selten und Kleingruppenarbeit äußerst rar. Dafür gibt es ein breites Ursachenspektrum: So haben Lehrer in ihrer eigenen Schul- und Hochschulzeit selten eine andere Sozialform kennengelernt, sie sind methodisch unsicher, scheuen mögliche soziale Konflikte, den oft größeren Arbeitsaufwand, unvermutet auftretende Fragen, haben Angst vor nicht kontrollierbaren Prozessen und vor dem Risiko, am Ende der Stunde kein Lernergebnis vorweisen zu können. Einige Lehrer sind auch Sklaven ihrer Lehrpläne und schätzen den Stellenwert sozialen Lernens zu gering ein.

Unter „Sozialform" wird die Art und Weise verstanden, in der der Lehrer die Schüler zum Lernen organisiert oder die Schüler sich selbst organisieren. Deshalb kann auch von „Organisationsformen" gesprochen werden, die durch bestimmte interaktionale Konstellationen gekennzeichnet sind. Es lassen sich Einzel-, Partner- und Kleingruppenarbeit, die Arbeit im Kreis, in der Lerngruppe und Großgruppe unterscheiden. Daneben gibt es selbstgewählte Formen der Lernorganisation und Kooperation. In Verbindung mit der Einzelarbeit stellt sich die Frage, ob auch sie als Sozialform bezeichnet werden kann, obgleich sie nicht auf soziale Interaktion ausgerichtet ist. Da die Schüler zusammen mit ihren Mitschülern im selben Klassenzimmer arbeiten und der Lehrer zeitweise als Interaktionspartner zur Verfügung steht, läßt sich auch die Einzelarbeit als eine mögliche Sozialform sehen.

Einzelarbeit kann ganz unterschiedlich verlaufen. Wenn z.B. jeder Schüler im Rahmen einer Leistungsüberprüfung Testaufgaben löst, dann versucht der Lehrer, jede Interaktion zwischen den Schülern zu unterbinden. Bearbeitet hingegen jeder Schüler ein Werkstück, dann wird er seine Einzelarbeit auch mal unterbrechen, im Werkraum herumgehen, seinen Mitschülern Hinweise geben oder sich selbst ein paar Anregungen holen. Informelle Gesprächskontakte sind möglich und aus der Sicht des Lehrers erwünscht. In den meisten Fällen, in denen der Lehrer die Schüler auffordert, alleine zu arbeiten, findet in Wirklichkeit Partnerarbeit statt; die Schüler flüstern miteinander, holen Informationen ein, inspizieren Zwischenergebnisse u.a.m. – Einzelarbeit dient der eigenständigen Auseinandersetzung mit einem Lerninhalt, dem Versuch, bestimmte Lernaufgaben alleine erfolgreich zu bewältigen. Einzelarbeit kommt vor allem in jenen Lehr-Lern-Situationen zum Tragen, in denen etwas geübt, übertragen oder angewendet werden soll. Durch sie lassen sich Konzentrationsfähigkeit und Anstrengungsbereitschaft fördern, die Fähigkeit, so lange eine Aufgabe zu bearbeiten, bis sich schließlich ein Ergebnis und ein Lernerfolg abzeichnen. Gelungene Einzelarbeit kann das Selbstwertgefühl fördern und ein Gefühl der Autonomie vermitteln.

Die Sozialform der Einzelarbeit ist in ihrer Durchführung recht einfach – Arbeitsauftrag stellen, die Schüler während der Einzelarbeit betreuen, Ergebnisse sichten. Soziale Konflikte treten kaum auf; all jene Auseinandersetzungen, Belastungen und Schwierigkeiten, die sich sonst aus dem Umgang miteinander ergeben, entfallen, weil Interaktionen praktisch nicht vorgesehen sind.

Wenn der Lehrer einen Arbeitsauftrag formuliert und die Schüler bittet, diesen mit dem Nachbarn oder Partner zu erfüllen, findet *Partnerarbeit* statt. Dabei können Art und Umfang des Arbeitsauftrages stark variieren. Im Verlauf der Partnerarbeit kooperieren also die Schüler mit ihren Mitschülern, und es besteht die Notwendigkeit zur Kooperation. Vertragen sich zwei Schüler nicht, besteht die Möglichkeit zum Partnerwechsel oder zur Einzelarbeit; auch können sich mehrere Schüler zu einer Kleingruppe zusammenfinden. Insgesamt betrachtet ist diese Sozialform konfliktarm, und sie eignet sich deshalb als Vorübung zur Kleingruppenarbeit. Die interaktionale Konstellation ist dyadisch (Brophy/Good 1976) oder dialogisch. Die Sprechzeiten sind optimal verteilt, und da die Partnerarbeit an keine besonderen Rahmenbedingungen gebunden ist, läßt sie sich jederzeit in den Unterricht einbringen, sofern sich die Lernaufgabe für diese Sozialform eignet.

Die Zielsetzungen der *Kleingruppenarbeit* sind vielfältiger, Kleingruppenprozesse sind komplexer, sie erfordern besondere Voraussetzungen und Rahmenbedingungen, und bei der Betreuung wird der Lehrer stärker gefordert. – Häufig fehlen den Schülern grundlegende kommunikative Kompetenzen, wie zuhören, den anderen ausreden lassen, Beiträge aufgreifen und weiterführen, auf Meldungen achten, aufpassen, daß jeder zu Wort kommt und sich einbringen kann, beim Thema bleiben, Meinungen anderer Schüler akzeptieren und tolerieren etc. Die Verteilung der Sprechzeiten ist je nach Gruppengröße (3–6) unterschiedlich, ungünstiger als bei Partnerarbeit, günstiger als bei Gruppenarbeit.

Die nachstehende Übersicht, einen möglichen Prozeßablauf betreffend, soll der Orientierung dienen und dazu anregen, über die prozeßbegleitenden Handlungen des Lehrers nachzudenken:

1 Metaunterricht,
2 Kleingruppenbildung,
3 Informelle Kontaktaufnahme,
4 Arbeitsauftrag stellen,
5 Arbeitsauftrag sichten,
6 Rückfragen stellen und beantworten,
7 Über ein mögliches Vorgehen beraten,
8 Aufgaben verteilen,
9 Aufgaben nachgehen,
10 Teilergebnisse festhalten,
11 Kleingruppenergebnisse formulieren,
12 Kleingruppenergebnisse in die Gruppe einbringen.

Wie unschwer zu erkennen ist, gibt es keine Phasengesetzlichkeit. Sind die Schüler an die Sozialform der Kleingruppenarbeit gewöhnt, entfällt die erste Phase. Sitzen die Schüler ohnehin schon an Gruppentischen, erübrigen sich die Phasen 1 bis 3. Soll arbeitsteilig verfahren werden, indem sich die Schüler ihren Interessenschwerpunkten entsprechend verschiedenen Aufträgen zuwenden, wird eine Umstellung erforderlich – zuerst 4, dann 2 und 3; auch kann der Arbeitsauftrag so eindeutig sein, daß 5 bis 8 überflüssig werden. – Eine weniger differenzierte Betrachtung möglicher Prozeßabläufe kann Lehranfängern eine erste Orientierung bieten: 1 Auftrag stellen, 2 Lernaufgabe bearbeiten, 3 Ergebnisse sichten.

Soziale Konflikte (Becker 1983, 61 ff.) sind bei Kleingruppenarbeit etwas Selbstverständliches. So kann die Sozialform auf Ablehnung stoßen, weil die Schüler bei einem anderen Lehrer früher einmal negative Erfahrungen gesammelt haben oder weil ihnen Gruppenunterricht bequemer erscheint. Die Gruppenbildung ist fast immer konfliktträchtig, gilt es doch hier, Außenseiter zu integrieren. So wird es häufig Schüler geben, die mit der Art der Gruppenbildung vorübergehend nicht einverstanden sind. Die Situation der informellen Kontaktaufnahme kann für den Lehrer zum Problem werden, wenn die Schüler nicht ans Arbeiten denken, sondern sich über die Aussichten der Nationalmannschaft unterhalten. Zu Schwierigkeiten kommt es, wenn Arbeitsaufträge nicht richtig aufgefaßt werden, sich die Kleingruppe nicht auf ein Vorgehen einigen kann, es reizvolle und weniger reizvolle Aufgaben zu übernehmen gilt, Ergebnisse auf Ablehnung stoßen, alle oder keine Schüler vortragen wollen. – Und neben den vielen intragruppalen Konflikten kommt es noch zu intergruppalen Auseinandersetzungen mit anderen Kleingruppen, die die Arbeit stören oder das eigene Ergebnis anzweifeln.

Lehrer benötigen im Hinblick auf die Betreuung der Kleingruppenprozesse einen Überblick hinsichtlich möglicher Prozeßabläufe und spezifischer Auseinandersetzungen, Belastungen und Schwierigkeiten, um angemessen intervenieren zu können. Doch kommt es nicht darauf an, den angesprochenen Konflikten aus dem Weg zu gehen. Schüler können im Verlauf der Kleingruppenarbeit bedeutsame Lernerfahrungen im kooperativ-kommunikativen Lernbereich sammeln. Und deshalb stellt sich die Aufgabe einer Erziehung zur Konfliktbeilegungsfähigkeit (Brezinka 1979), zur Fähigkeit, Konflikte in angemessener Form auszutragen.

Gruppenunterricht findet statt, wenn der Lehrer mit allen Schülern einer Lerngruppe interagiert. Diese interaktionale Konstellation ist in der Tat höchst fragwürdig. Borg et al. (1970) verweisen auf eine Zweidrittel-Regel, die einen hohen empirischen Bewährungsgrad haben soll. In 2/3 der Unterrichtszeit interagieren Lehrer mit allen Schülern, doch der Lehrer nimmt 2/3 dieser Zeit für sich in Anspruch. Übertragen wir diese Größen auf eine Unterrichtsstunde von 45 Minuten und auf eine Lerngruppe mit 30 Schülern, ergibt sich rein rechnerisch folgendes Verhältnis: 30 Minuten interagieren Lehrer und Schüler, 20 Minuten nimmt der Lehrer für sich in Anspruch, verbleiben also für 30 Schüler 10 Minuten, für den einzelnen Schüler nur 20 Sekunden.

Die Sprechzeiten sind also im Gruppenunterricht extrem ungünstig verteilt. Wenige leistungsstarke und eloquente Schüler ziehen noch die Sprechanteile leistungsschwacher und gehemmter Schüler an sich, und so kommt es, daß wenige Schüler sich im Gruppenunterricht äußern können, die Mehrzahl der Schüler sich nicht äußern kann, weil einfach die Zeit dazu fehlt. Diese ungünstige Konstellation zwingt die Schüler, nach einem Ausweg zu suchen. Da ihre Kommunikationsbedürfnisse in keiner Weise befriedigt werden können, flüstern sie mit den Nachbarn, werden unruhig, unterhalten sich schließlich, gleichgültig, ob es dem Lehrer gefällt oder nicht. Wird über mehrere Stunden hinweg Gruppenunterricht durchgeführt – wie dies im Fachunterricht an weiterführenden Schulen meist üblich ist –, lassen sich Störungen der sozialen Ordnung gar nicht vermeiden. Was Lehrer als „allgemeine Disziplinlosigkeit" (Becker 1983, 108 ff.) bezeichnen, wird so oft durch Lehrer verursacht.

Viele übergeordnete Lehr- und Erziehungsziele – Erziehung zur Mündigkeit, zur Kritikfähigkeit – sowie der Erwerb kooperativ-kommunikativer Kompetenzen lassen sich im Gruppenunterricht nicht verwirklichen. Wie soll ein Schüler mündig werden, wenn er im Unterricht kaum den Mund aufmachen darf; wie soll er lernen, seinen Standpunkt zu vertreten, wenn er keine Gelegenheit dazu erhält?

Die Nachteile des Gruppenunterrichts sind hinreichend bekannt, doch ein völliger Verzicht auf diese Sozialform ist weder möglich noch wünschenswert. Viele Informationen werden am besten der ganzen Gruppe übermittelt, zentrale Sachverhalte allen Schülern erklärt, veranschaulicht oder demonstriert, Arbeitsaufträge allen Schülern gestellt, und eine lebendige Diskussion fordert auch das Anregungspotential der ganzen Lerngruppe.

Im Verlauf der Gruppenarbeit lernen Schüler sich einzuordnen, sich anzupassen, ihre Meinung so lange zurückzustellen, bis sie Gelegenheit erhalten, sie zu äußern. Auch das sind schließlich soziale Lernziele, die es anzustreben gilt.

Gruppenarbeit erfordert keine besonderen Lernvoraussetzungen und Rahmenbedingungen. Allerdings ist darauf zu achten, daß sich die Schüler in Gesprächs- und Diskussionssituationen wenigstens ansehen können. Unterrichtsräume mit fest eingebautem Gestühl eignen sich nur für Lehr-Lern-

Situationen, in denen ein Sachverhalt präsentiert oder demonstriert wird. Für kooperative und kommunikative Anliegen sind sie denkbar ungeeignet.

Eine Sonderform der Gruppenarbeit stellt die *Arbeit im Kreis* dar, die für bestimmte Lehr-Lern-Vorhaben vorteilhaft ist, so z.B., wenn etwas gespielt, erzählt, vorgelesen, besprochen oder diskutiert werden soll. Voraussetzung für diese Sozialform ist eine Gruppengröße, die 25 Schüler nicht überschreiten sollte, und ein Raum, der ausreichend Platz für die Bildung des Kreises bietet. In einem Kreis können sich Schüler und Lehrer gut aufeinander konzentrieren, können Blickkontakt aufnehmen, einander zuhören, sich gegenseitig auffordern und aufeinander eingehen.

Großgruppenarbeit ist nur selten anzutreffen, so z.B. bei Schulfeiern, Sportfesten, gemeinsamen Film-, Theater- oder Konzertbesuchen oder bei Vorträgen, die vor mehreren Lerngruppen gehalten werden. In einer Großgruppe, die aus vielen Lerngruppen besteht, ist der einzelne Schüler auf sich gestellt, es sei denn, er wahrt den Kontakt zu den Mitschülern seiner Gruppe. Der Lehrer kann auf einzelne Schüler nicht mehr eingehen, und es besteht die Gefahr, daß sich einzelne Schüler in der Großgruppe wie auf einem Pausenhof „verlieren".

Eine von den Schülern selbstgewählte Sozialform ist ebenfalls selten. In Verbindung mit bestimmten Unterrichtskonzeptionen, wie dem offenen Unterricht oder dem projektorientierten Unterricht, können sich Schüler manchmal frei entscheiden, ob sie alleine, mit einem Partner oder in einer Kleingruppe arbeiten wollen. Überschaubare Lerngruppen und optimale Rahmenbedingungen sind allerdings die Voraussetzungen für eine freie Wahl der Sozialform durch die Schüler.

Für Lehrer, die einen Wechsel der Sozialform anstreben, empfehlen sich u.a. folgende Planungsüberlegungen:

– Welche Lernaufgaben bieten sich für die einzelnen Sozialformen an?
– Steht ausreichend Zeit zur Verfügung – möglichst eine Doppelstunde –, um Kleingruppenarbeit einplanen zu können?
– Wie lassen sich Phasen der Einzel-, Partner- oder Kleingruppenarbeit in den Lehr-Lern-Prozeß integrieren, und

Spektrum möglicher Sozialformen

Einzelarbeit

Selbstgewählte Sozialform

Partnerarbeit

Mischformen

Die Entscheidung
für eine bestimmte
Sozialform ist
primär abhängig von
– den sozialen und
  gruppalen Lernvor-
  aussetzungen,
– der Lehrer-Schüler-
  Beziehung,
– der Art der Lern-
  aufgaben,
– den Lernzielen und
– den Rahmenbedingungen

Kleingruppen-
arbeit

Arbeit im Kreis

Gruppenarbeit

Großgruppen-
arbeit

kommt es zu dem erstrebenswerten Wechsel der Sozialformen?
– Über welche kooperativ-kommunikativen Fähigkeiten
  verfügen die Schüler vermutlich, sind sie an Kleingruppenarbeit gewöhnt oder muß mit Anfangsschwierigkeiten
  gerechnet werden?
– Gibt es in der Lerngruppe mehrere Problemschüler, die
  wahrscheinlich die Kleingruppenarbeit empfindlich stören
  werden?
– Sind die erforderlichen Rahmenbedingungen vorhanden
  oder können sie kurzfristig, z.B. durch Raumwechsel,
  geschaffen werden?
– Lassen sich zentrale Arbeitsaufträge vorformulieren? (Vgl.
  Kap. 12).

An dieser Stelle zeigt sich einmal mehr die Überlegenheit eines Klassenlehrersystems gegenüber einem reinen Fachlehrersystem. Nur ein Lehrer, der eine Lerngruppe über mehrere Stunden hinweg betreut, hat einen Überblick, welche Sozialformen im Verlauf eines Schulvormittags zum Einsatz kamen und noch eingesetzt werden sollten. Fachlehrer, die in wechselnden Lerngruppen jeweils 45 Minuten unterrichten, verfügen über keinerlei Informationen hinsichtlich der realisierten Sozialformen. Sie können nur vermuten, daß überwiegend mit allen Schülern der Lerngruppe gearbeitet worden ist, und deshalb werden die Schüler meist für kurze Phasen der Einzel- oder Partnerarbeit dankbar sein. Da die Lehrer-Schüler-Beziehung im Fachlehrersystem selten intensiviert werden kann, bedeutet Kleingruppenarbeit fast immer ein Risiko.

Die politischen Implikationen dieser Planungskomponente lassen sich mit wenigen Sätzen umschreiben. Unsere Parteiendemokratie beruht auf Gruppenbildung (GG, Art. 21), auf dem freiwilligen Zusammenschluß von Bürgern, die bereit sind, an der politischen Willensbildung mitzuwirken.

Vereine, Gesellschaften, Verbände (GG, Art. 9), Kirchen und Gewerkschaften vertreten die Anliegen einzelner Mitglieder und sind auf deren Mitarbeit angewiesen. Voraussetzung für die Gründung solcher Gruppen und für eine produktive Arbeit in ihnen ist die Gruppenfähigkeit. Wer gruppenfähig ist, übernimmt Arbeiten für die anderen Mitglieder (manchmal in Einzelarbeit), arbeitet mit anderen zusammen (in Partner- oder Kleingruppenarbeit) und verhält sich gegenüber jenen Gruppen, die ein ähnliches Anliegen verfolgen, solidarisch.

Überblicken wir die verschiedenen politischen Gruppierungen – um nur einige in alphabetischer Reihenfolge zu nennen – amnesty international, die Baader-Meinhof-Gruppe, die Gewerkschaft Solidarität, die Friedensbewegung, die Irisch republikanische Armee, den Kreisauer Kreis, die Rote Armee-Fraktion, SS-Einsatzgruppen oder die Weiße Rose –, dann wird sofort deutlich, daß gruppale Fähigkeiten ganz unterschiedlichen Zielen dienen können, z.B. der Erhaltung des Friedens oder dem Völkermord. Der Zusammenschluß von Gruppen und eine Arbeit in Kleingruppen ist nicht per se zu befürworten. Entscheidend sind die übergeordneten

Normen und Zielvorstellungen, durch die sich die Arbeit einer Gruppe erst legitimiert.

Das gilt uneingeschränkt auch für die Gruppen- und Kleingruppenarbeit in den Schulen. Kleingruppenarbeit kann für den einzelnen Schüler die Einschränkung persönlicher Bedürfnisse – auch der Lernbedürfnisse – und individueller Freiheit bis hin zu Gruppenstreß und Gruppenzwang bedeuten. Die oft zu verzeichnende „Gruppeneuphorie" sog. „Gruppenpädagogen" ist deshalb unangebracht. – Wenn sich einige Schüler aus einem 8. Schuljahr zusammenschließen, um auf dem Schulhof jüngere Schüler zu quälen, ist das auch eine Form der Kleingruppenarbeit, zu der sich die Schüler sogar noch freiwillig zusammengefunden haben. –

Kommunikative und kooperative Fähigkeiten werden in einem lebenslangen Lernprozeß erworben, der nie als abgeschlossen betrachtet werden kann. Gruppenfähig werden Schüler nicht in wenigen Tagen oder Wochen, sondern hier handelt es sich um einen mühsamen Lernprozeß. Will die Schule ihrem demokratischen Auftrag gerecht werden, hat sie den Schülern vom ersten Schultag an ein Lernfeld zur Ausbildung der Gruppenfähigkeit zu bieten. Es bleibt zu hoffen, daß verantwortungsbewußte und gruppenfähige Staatsbürger gemeinsam für gerechtfertigt erscheinende Belange des Staates eintreten und sich gemeinsam vor ungerechtfertigt erscheinenden Übergriffen schützen werden. Nur so läßt sich auf Dauer ein freiheitlich demokratisches Gesellschaftssystem erhalten.

8 Medien wählen und den Medieneinsatz planen

Ein Unterricht, der sich ausschließlich auf die Sprache stützt und in dem keine Medien eingesetzt werden, spricht die Sinneskanäle der Schüler einseitig an und überfordert sie. Ein solcher Unterricht bietet den Schülern zu wenig Abwechslung, stellt hohe Anforderungen an ihre Konzentrationsfähigkeit und fordert die Schüler nicht umfassend. Sie werden aggressiv oder arbeiten nicht mehr mit; die Lernerfolge sind dementsprechend gering.

Auf diesen Punkt hat schon Comenius (1592–1670) aufmerksam gemacht, als er seinen ,,Orbis sensualium pictus" schuf, seine Welt in Bildern, ein Lehrbuch, dessen Texte durch Bilder veranschaulicht werden. Comenius forderte die Abkehr von der mittelalterlichen Lernschule mit ihrem ,,Verbalismus" und die Hinwendung zu einem ,,Sensualismus", zu einem Unterricht, der nicht nur symbolische, sondern vor allem auch ikonische Erfahrungen ermöglicht. Seit Comenius ist das Prinzip der Anschauung in der Didaktik anerkannt, und dieses Anliegen wurde nach ihm immer wieder von anderen Pädagogen, z.B. Pestalozzi, aufgegriffen. Nur darf nicht verkannt werden, daß sich zahlreiche Inhalte nicht oder nur mit Mühe veranschaulichen lassen und daß in einigen Fächern und Lernbereichen gerade die Abstraktionsfähigkeit, die Ablösung von der konkreten Anschauung und der Umgang mit abstrakten Zeichen geübt werden soll. Dennoch bleibt im Rahmen der Unterrichtsvorbereitung und -planung immer wieder die Frage zu beantworten, welche Möglichkeiten der Veranschaulichung es im Hinblick auf bestimmte Lerninhalte gibt.

Eine andere Begründung für den Einsatz von Unterrichtsmedien liefern die sog. *Behaltwerte*, die Auskunft darüber geben sollen, in welchem Umfang Lerninhalte bei Einsatz verschiedener Medien durch die Schüler aufgenommen und gespeichert werden (vgl. Hermes 1980, 190).

Schüler behalten von dem, was sie
lesen,	etwa	10 %,
hören,	etwa	20 %,
sehen,	etwa	30 %,
sehen und hören,	etwa	50 %,
selbst vortragen,	etwa	70 %,
selbst ausführen,	etwa	90 %.

Diese Werte stellen den etwas fragwürdigen Versuch einer Generalisierung dar, und aus ihnen darf keinesfalls die naive Forderung abgeleitet werden, man möge die Schüler möglichst alles selbst vortragen und ausführen lassen. Viele Lerninhalte entziehen sich dem direkten Umgang und der konkreten Erfahrung, einige lassen sich nur veranschaulichen, bei anderen ist nicht einmal dies möglich. – Andererseits gibt es Inhalte, die sich erst über Medien – so z. B. über Vergrößerungen, Zeitlupenaufnahmen, audiovisuelle Dokumente – veranschaulichen oder aktualisieren lassen. –
Auch müssen altersspezifische und interindividuelle Unterschiede berücksichtigt werden. Jüngere Schüler sind bei bestimmten Frage- oder Problemstellungen noch an die konkrete Anschauung gebunden, während ältere die implizierten Abstraktionsleistungen mühelos erbringen können. Einige Schüler nehmen besser visuell wahr als andere; auf jeden Fall schwankt die individuelle Aufnahmekapazität erheblich, wobei Übung, kognitiver Stil und meßbare Intelligenz in den entsprechenden Dimensionen sicher mit eine Rolle spielen.
Und doch lassen sich aus diesen Behaltwerten einige Leitlinien für die Medienwahl und den Medieneinsatz ableiten:

– Unterricht, der sich allein auf verbale Informationsvermittlung stützt, ist zumindest fragwürdig. Das gilt für alle Altersstufen, auch für den Unterricht im Bereich der Erwachsenenbildung.
– Lehrer müssen deshalb stets nach Möglichkeiten der Veranschaulichung suchen und von diesen Gebrauch machen.

– Konkrete Erfahrungen sowie die Einbeziehung aller Sinneskanäle sind dort einzuplanen, wo es unter den Gesichtspunkten der Lehr-Lern-Ökonomie und der Medienökonomie gerechtfertigt erscheint.

Wer in der Literatur nach einer stimmigen Einteilung oder Klassifizierung der Unterrichtsmedien sucht, sieht sich enttäuscht. Vor allem trägt der immer wieder abgedruckte „Erfahrungskegel" nach Dale (1954) nicht (vgl. u.a. Armbruster/Hertkorn 1978, 128; Dichanz/Mohrmann 1980, 104). Dale unternahm den Versuch einer Taxonomierung, indem er verschiedene Medien unterschiedlichen Erfahrungsbereichen – der symbolischen, ikonischen und direkten Erfahrung – zuordnete. Es läßt sich aber weder die Überlegenheit oder Höherwertigkeit bestimmter Erfahrungen nachweisen, noch erscheint es sinnvoll und zulässig, den Erfahrungsbereich auf diese Weise zu beschränken. Bei einer Arbeit an einem Text würden die Schüler nach Dale „symbolische Erfahrungen" sammeln; doch können ganz andere Erfahrungen im Mittelpunkt dieser Arbeit stehen, so z.B. Gefühls-, Sozial-, Ich- oder Wirerfahrungen (vgl. Schulz 1980b).

Die Übersicht über Unterrichtsmedien stellt den Versuch dar, die Unterrichtsmedien in sieben Bereiche zu gliedern; Überschneidungen lassen sich nicht ganz vermeiden (vgl. Steindorf 1981, 206/207).

Unterrichtsmedien

1 *Symbolische Dokumente*
   – Texte aller Art, Schul- und Sachbücher, Lexika, Ganzschriften, Zeitungen, Schülerzeitungen, Buchprogramme etc.,
   – Zahlen und sonstige Symbole;
   – durch Lehrer und/oder Schüler selbstverfaßte Texte, wie z.B. Arbeitsaufträge des Lehrers

   . . .

2 *Bilddokumente*
   – Skizzen und Zeichnungen, Arbeitstransparente,
   – Schaubilder, Schautafeln, Graphiken,
   – Landkarten, Umrißstempel,
   – Abbildungen, Fotografien,
   – Gemälde,

- Dia-Reihen,
- Stummfilme;
- durch Lehrer und/oder Schüler selbsterstellte Bilddokumente, wie z.b. Arbeitsblätter
...

3 *Tondokumente*
- Hörfunksendungen,
- Schulfunksendungen,
- Tonbandaufzeichnungen,
- Schallplattenaufnahmen;
- durch Lehrer und/oder Schüler selbsterstellte Tondokumente, wie Hörspiele, Musikaufnahmen etc.,
...

4 *Ton-Bild-Dokumente*
- Ton-Bild-Reihen,
- Tonfilme,
- Fernsehfilme,
- Sendungen des Schulfernsehens;
- durch Lehrer und/oder Schüler selbsterstellte Ton-Bild-Dokumente,
...

5 *Objekte* zur Veranschaulichung und Erklärung von Sachverhalten, Vorgängen und Abläufen
- Gesteine,
- Pflanzen, präpariert, im Herbarium oder Schulgarten,
- Fische, präpariert oder im Aquarium,
- Tiere, präpariert oder im Terrarium,
- Skelett eines Menschen, Modell eines menschlichen Auges etc.,
- Sandkasten, zur Einführung ins Kartenverständnis oder um den Vorgang der Erosion zu erklären,
- Relief, um einen erdgeschichtlichen Vorgang zu erklären,
- Globus, um die Erdrotation zu erklären,
- optisches Gerät, um die Brechung des Lichtes darzustellen,
- Mikroskop u.a., um das Wachstum einer Bakterienkultur zeigen zu können,
- elektrisches Gerät, um den Stromkreis oder die Stromerzeugung demonstrieren zu können,
- Längsschnittmodell eines Viertakt-Otto-Motors, um dessen Arbeitsweise erklären zu können;
- von Lehrern und/oder Schülern gesammelte oder hergestellte Objekte,
...

116

6 *Arbeitsmittel* – unterliegen meist der Abnutzung –
 – Schreibgeräte aller Art,
 – Werkzeuge aller Art,
 – Mikroskope, Lupen, Experimentierkästen, Lernspiele, Wendekarten,
 – Musikinstrumente,
 – Sportgeräte,
 ...

7 *Arbeitsmaterialien* – unterliegen dem Verbrauch –
 – Papier aller Art, Hefte, Zeichenblöcke etc.,
 – Farben,
 – Ton, Gestein, Holz, Metall,
 – Obst, Eicheln, Bucheckern, Kastanien etc.,
 – Lebensmittel.
 ...

Die Übermittlung von Informationen durch Personen, wie sie sich in Gesprächen und Diskussionen ergeben, im Rollen- oder beim Theaterspiel, während eines Betriebspraktikums oder eines Landschulheimaufenthalts, wird in vorstehender Übersicht bewußt nicht berücksichtigt, weil es sich in diesen Fällen um einen Umgang mit Menschen, nicht aber um die Vermittlung von Informationen durch Medien handelt.

Diese Übersicht bedarf der fach- oder lernbereichsspezifischen Auslegung und Ergänzung. Eine stringente und vollständige Übersicht ist nicht möglich und ist deshalb auch nicht beabsichtigt. Mit Hilfe der Medien können mannigfaltige Erfahrungen gewonnen und ganz unterschiedliche Lernziele angesteuert werden. Der Medieneinsatz wird fast immer durch Hinweise oder Erklärungen des Lehrers begleitet, die nach Art und Umfang stark variieren.

Medien als Träger und Vermittler von Informationen ermöglichen also nicht nur symbolische (Sprache), ikonische (Bilder) und direkte Erfahrungen. Sie üben belehrende und informierende, verbindende und unterhaltende, emanzipatorische, aber auch manipulative, destruktive und beherrschende Funktionen aus. Unterrichtsmedien lassen sich auch nach anderen Gesichtspunkten einteilen, so z.B. in technische und nichttechnische Medien, in Lehrmittel (in der Hand des Lehrers) und Lernmittel (in der Hand des Schülers), in selbsterstellte (von Schülern und/oder Lehrern gefertigt) und fremderstellte Medien (von Medienproduzenten hergestellt), in „hardware" und „software" (Overheadprojektor und Arbeitstransparent, Filmapparat und Filmaufnahme, Videorecorder und Videoaufzeichnung, Plattenspieler und Schallplattenaufnahme ...). Weitere Unterscheidungen sind möglich, so in Medien der Selbstinformation, die also der persönlichen Bereicherung dienen und „ein Stück Unabhängigkeit vom Informationsvorsprung anderer, insbesondere des Lehrers", bieten und Medien der Kooperation, „der Ball, der die Menschen noch im Wettkampf verbindet, Orchesterinstrumente, die Kulisse für das Theaterstück, die von mehreren gebaut werden muß, das Textbuch für den Dialog" (Schulz 1980b, 127). – Unterrichtsmedien können Lerninhalt, Träger und Vermittler von Informationen sein, wenn z.B. Schüler den Umgang mit einem Mikroskop erlernen, mikroskopieren und Einsichten gewinnen.

Obgleich Medien für alle Lehr-Lern-Prozesse grundlegend sind, erscheint es nicht gerechtfertigt, von einer „Medienpädagogik" zu sprechen, welche die „Mediendidaktik" (Umgang mit Medien im Unterricht) und die „Medienerziehung" (Unterricht über Medien mit dem Ziel der kritischen Medienbenutzung) umfaßt, weil diese Bereiche doch nur nachgeordnete Fragestellungen einer handlungsorientierten Didaktik berühren. Gleiches gilt für die Unterscheidung zwischen personalen und apersonalen Medien, die den medialen Bereich über Gebühr betont und den personalen zurückdrängt. Diese Unterscheidung ist zwar logisch stimmig, aber nicht alles, was logisch ist, muß auch sinnvoll sein. Folgende Ausführungen mögen dies belegen:

Gehen wir von den bekannten Modellen direkter und indirekter Kommunikation aus, dann stehen sich (Kolb 1973, Armbruster/Hertkorn 1978) Lehrer und Schüler wechselseitig als Kommunikatoren und Rezipienten gegenüber, die sprechen und zuhören, Sprachinhalte verschlüsseln und entschlüsseln, verbale und nicht-verbale Zeichen senden und aufnehmen.

Entscheidend für die Informationsvermittlung ist nun der bei Lehrern und Schülern vorhandene gemeinsame Zeichenvorrat. Ist er hoch, dann ist auch die Chance einer verständlichen Informationsvermittlung groß, ist er hingegen gering, dann nimmt auch die Möglichkeit der Informationsvermittlung ab, und Lehrer und Schüler verstehen sich nicht mehr.

Diese Einsicht weist auf die Bedeutung der Sprache des Lehrers im Unterricht hin, auf die Notwendigkeit, die jeweilige Sprachebene der Schüler schon bei der Planung zu berücksichtigen und sich um Verständlichkeit – Einfachheit, Gliederung-Ordnung, Kürze-Prägnanz, zusätzliche Stimulanz (Langer/Schulz v. Thun/Tausch 1974) – zu bemühen.

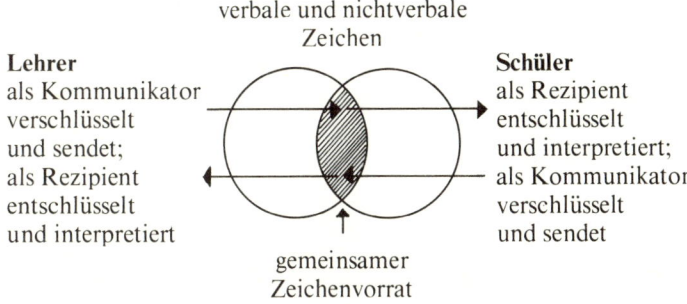

Abb. 1 a: Modell direkter Kommunikation
– wechselseitiges Feedback direkt möglich –

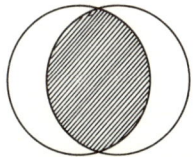

Lehrer und Schüler treffen sich im Gespräch –
eine Voraussetzung für einen qualifizierten
Lehr-Lern-Prozeß – sie sprechen einen
gemeinsamen Code

Abb. 1 b: Hoher gemeinsamer Zeichenvorrat

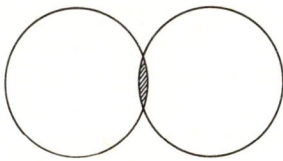

Lehrer und Schüler reden aneinander vorbei –
der Lehr-Lern-Prozeß kann nicht qualifiziert sein –
sie sprechen einen unterschiedlichen Code

Abb. 1 c: Geringer gemeinsamer Zeichenvorrat

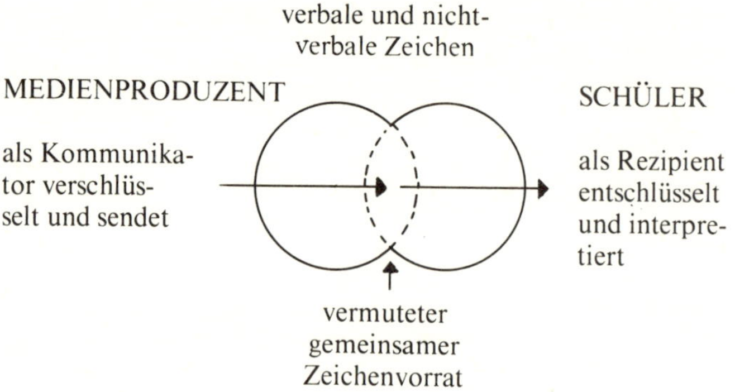

verbale und nicht-
verbale Zeichen

MEDIENPRODUZENT   SCHÜLER

als Kommunika-   als Rezipient
tor verschlüs-   entschlüsselt
selt und sendet   und interpre-
                                                   tiert

vermuteter
gemeinsamer
Zeichenvorrat

Abb. 2: Modell indirekter Kommunikation
– kein direktes Feedback möglich –

In Verbindung mit den Abbildungen 1b und 1c schließt
sich sofort die Frage nach einer möglichen Kongruenz der
Zeichenvorräte an. Eine solche ist sicher niemals möglich
und auch gar nicht wünschenswert. Die Frage nach dem
Umfang einer lernförderlichen Übereinstimmung muß wohl
für verschiedene Lernbereiche und Lernaufgaben immer
wieder neu gestellt werden. Da es der Lehrer im Unterricht
nur selten mit einem Schüler, meist jedoch mit zahlreichen
Schülern einer Lerngruppe zu tun hat, vereinfacht die Abb.
1a den wahren Sachverhalt erheblich. Das Modell gibt in
keiner Weise den Umstand wieder, daß jeder Schüler über
einen anderen Zeichenvorrat verfügt und der Lehrer vor der
Schwierigkeit steht, dieser Tatsache gerecht zu werden. Aus
dieser Überlegung läßt sich einmal mehr die Forderung nach
kleinen Lerngruppen ableiten, nach Maßnahmen der Differenzierung und Individualisierung. Aus ihr ergibt sich aber
auch die Notwendigkeit einer Aktualisierung der Vorkenntnisse, um auf einem gemeinsamen Zeichenvorrat aufbauen zu
können.
Würden wir nun die Unterscheidung zwischen personalen
und apersonalen Medien mitvollziehen, dann wären alle
Lehrer und Personen, die Lehrfunktionen wahrnehmen –
Eltern, Verkehrspolizisten, Bürgermeister, Feuerwehrleute,

Gemeinderäte, Jugendoffiziere und Wehrdienstverweigerer –
„personale Medien". Da aber der Unterricht auf Interaktion
beruht, auf einem Prozeß wechselseitiger Kommunikation,
in dem Schüler von Lehrern lernen und umgekehrt, müßten
wir folgerichtig auch jeden Schüler als „personales Medium"
bezeichnen. Dann aber sprechen nicht mehr Lehrer mit
ihren Schülern und Schüler mit ihren Lehrern, sondern es
kommunizieren „personale Medien", d.h. Lehrer und Schüler begegnen sich nur noch in ihren medialen Funktionen,
nicht mehr als Menschen und Personen. Um dies zu verhindern, wird vorgeschlagen, auf die skurrile Unterscheidung
zwischen personalen und apersonalen Medien ganz zu verzichten und wieder von Lehrern und Schülern einerseits und
Medien andererseits zu sprechen.

Der hier gemachte Vorschlag wird durch den Umstand
gestützt, daß sich die direkte Kommunikation von der
indirekten grundlegend unterscheidet. Bei direkter Kommunikation können Lehrer und Schüler miteinander fühlen und
reden, sich zuhören, aufeinander eingehen, sich austauschen.
Bei indirekter Kommunikation durch Medien werden Informationen einseitig geliefert, der Schüler kann sie aufnehmen,
doch das Medium gibt keine individuellen Lernhilfen. Ein
individuelles Feedback bezüglich der Lernbemühungen und
des Lernerfolges ist auch bei Buch- oder Computerprogram-
men – selbst wenn sie verzweigt sind – nicht möglich.

Die als Kommunikatoren wirkenden Medienproduzenten
– Lehrmittelfabrikanten, Schulbuchautoren u.a. – erstellen
ein Unterrichtsmedium unter einer besonderen didaktischen
Fragestellung mit der Zielsetzung, das Produkt später kom-
merziell auszuwerten. Die Lernvoraussetzungen jener Schülergruppen, für welche die Unterrichtsmedien gedacht sind,
können nur vermutet und nur teilweise berücksichtigt werden.
Die vom Lehrer für seine Schüler selbsterstellten Unterrichtsmedien hingegen fügen sich meist nahtlos in den Lehr-Lern-
Prozeß ein, weil sie sich an den Lernvoraussetzungen und am
Prozeß orientieren können.

Ein Vergleich beider Modelle macht deutlich, daß der
übertriebene und extensive Einsatz von Medien den Unterricht entpersönlichen kann. Ausgeklügelte Medienkombina-
tionen oder Medienverbundsysteme (Köhler 1983) unterliegen einer solchen Gefahr, wobei die Kommunikatoren diese
negativen Auswirkungen sicher nicht angestrebt haben. In

einem von Medien dominierten Unterricht wird der Beziehungsaspekt zurückgedrängt, und so wird verständlich, daß Studenten in einer Lehrveranstaltung weniger Medien und eine stärkere Personalisierung des Unterrichts forderten (Sommersemester 1983, Pädagogische Hochschule Heidelberg). –

Ein Vergleich der Modelle direkter und indirekter Kommunikation weist den Lehrer auf zahlreiche Aufgaben hin, die er gerade in Verbindung mit dem Medieneinsatz zu übernehmen hat. Einmal muß er zwischen dem Medium und den Schülern vermitteln, durch entsprechende Hinweise, Erklärungen oder Gespräche den Zeichenvorrat der Schüler so weit aufstocken, bis sie die zu übermittelnden Zeichen entschlüsseln und interpretieren können. Dann hat er während und nach dem Medieneinsatz für Schülerfragen zur Verfügung zu stehen, die der Medienproduzent als Kommunikator nicht vorhersehen und einkalkulieren konnte. Des weiteren benötigen die Schüler einen Ansprechpartner, damit freiwerdende Gefühle aufgefangen und abgeklärt werden können, die Schüler mit ihren Emotionen nicht allein gelassen werden. Und schließlich muß der Lehrer eine individuelle Feedback-Funktion wahrnehmen, einzelnen Schülern Auskünfte über ihren Lernfortschritt geben und Erfolgskontrollen durchführen, die von einem fremderstellten Medium nur sehr global wahrgenommen werden können.

Die nachstehenden Fragen beziehen sich unmittelbar auf die Planung des Unterrichts, auf die Medienwahl und die Vorbereitung des Medieneinsatzes. Angehende Lehrer sollten diese Fragen einmal gründlich durchdenken, um später während der Berufsausübung über einen angemessenen Reflexionshintergrund zu verfügen.

1 *Was für Medien gibt es* für das betreffende Fach, das Lerngebiet, die Unterrichtseinheit oder Unterrichtsstunde?

Zur Beantwortung dieser Frage kommt es darauf an, sich bei Landes-, Kreis- oder Stadtbildstellen, in Info- oder Mediotheken, bei Lehrmittelverlagen und in Medienkatalogen gründlich zu informieren. Nur wer die vorhandenen Medien kennt und das eigene Informationspotential immer wieder aufstockt, kann schließlich eine optimale und begründete Auswahl treffen. Sofern sich der Unterricht in bestimmten Fächern überwiegend auf ein Schulbuch stützt, empfiehlt sich die Anschaffung verschiedener Lehrbuchwerke, um je nach Bedarf besonders gelungene Abbildungen, Darstellungen oder Texte entnehmen zu können.

2 Welche Möglichkeiten der *Schülerbeteiligung* gibt es bei der Medienwahl und der Planung des Medieneinsatzes?

Sofern ein Lehrer ein bestimmtes Lerngebiet mehrmals unterrichtet hat, kennt er Medien, die sich für bestimmte Unterrichtseinheiten besonders gut eignen, und er wird die Wahl aufgrund eigener Kompetenz treffen. Entscheidungen über die Medienwahl in der Lerngruppe erfordern sehr viel Zeit, weil schließlich die Schüler zuerst über die zur Wahl anstehenden Medien informiert werden müssen, bevor sie mitentscheiden können. Findet ein echtes Diskriminationslernen statt (Gagné 1969), dann erscheint die Verlagerung der Entscheidung in die Gruppe gerechtfertigt, bleibt die Auswahl jedoch unbegründet auf der Ebene einer unechten Bewertung (Claus 1969) stehen, indem die Schüler lediglich zustimmen oder ablehnen, dann sollte die Lernzeit sinnvoller genutzt werden. – Die Planung des Medieneinsatzes mit den Schülern entspricht einem Metaunterricht, einem Unterricht über Unterricht, bei dem die Schüler lernen können, wie man lernt. Überlegungen werden sich vor allem auf die Situationsfolge – auf die Vorbereitung, Durchführung und Auswertung des Medieneinsatzes – beziehen, die durch das Medium bestimmt wird, und darauf, wie diese in die Lehr-Lern-Folge zu integrieren ist. Die Situationsfolge wird den Schülern transparenter, und sie fühlen sich für den Lehr-Lern-Prozeß eher mitverantwortlich.

3 *Wie stellt das betreffende Medium den Lerninhalt dar?*

Medien bieten nur Ausschnitte der Inhaltsstruktur, einige Elemente treten hervor, werden betont, andere treten zurück, wurden vom Produzenten bewußt oder unbewußt vernachlässigt. Lerninhalte können durch Medien umfassend und differenziert oder selektiv und undifferenziert dargestellt werden. Der Medienproduzent verfolgte bestimmte Intentionen, und der Lehrer kann, muß aber nicht, mit diesen übereinstimmen. Wenn nun ein Medium den Lerninhalt aus der Sicht des verantwortlichen Lehrers falsch, verzerrt, unkritisch, unvollständig oder allzu differenziert wiedergibt, kann er entweder auf den Einsatz verzichten, einen Teileinsatz erwägen, das Medium abändern, korrigieren oder entsprechende Hinweise, Erklärungen, Aussprachen oder Diskussionen einplanen.

4 Welche *Lernziele* lassen sich vermutlich durch den Einsatz des Mediums anstreben?

Der Lehrer kann zwar in Verbindung mit der Medienwahl Lehrziele formulieren, doch die Schüler werden beim Medieneinsatz nicht nur diese, sondern auch andere Ziele ansteuern, die der Lehrer gar nicht im Blick hatte. So betrachtet erübrigt sich eigentlich die Unterscheidung zwischen mono- und polyvalenten Medien, weil sich über den Lehr-Lern-Prozeß stets eine Polyvalenz nachweisen läßt.

5 Lohnt es sich, ein entsprechendes *Medium selbst zu erstellen?*

Hertkorn (1978) hat Gesichtspunkte zum Vergleich von selbst- und fremderstellten Medien entwickelt und diesen Vergleich an visuellen (Arbeitstransparente – Dias), akustischen (Tonband – Schallplatte) und audiovisuellen Medien (Film – Videokassette) vorgenommen. Die allgemeinen Überlegungen werden hier wiedergegeben (vgl. S. 125):

6 Welche Medien lassen sich *gemeinsam mit den Schülern erstellen?*

Hier gibt es eine ganze Reihe von Möglichkeiten, die Schüler zu motivieren und zu aktivieren, so z.B. das gemeinsam geschriebene Rollenspiel oder Theaterstück, das zur Aufführung gelangt, die Klassenzeitung, die an die Eltern und Verwandten verkauft wird, ein Fotobericht, der illustriert und im Klassenzimmer aufgehängt wird, ein gemeinsam verfaßtes Hörspiel, eine Videoaufzeichnung oder einen Film als Produkt gemeinsamer Erlebnisse und Bemühungen.

7 Über welche *Lernvoraussetzungen* verfügen vermutlich die Schüler im Hinblick auf den geplanten Medieneinsatz?

Dabei gilt es abzuschätzen, ob sie die involvierten Wahrnehmungsleistungen und die zumeist implizierten kognitiven Leistungen in vollem Umfang oder doch teilweise erbringen

Vergleich von selbst- und fremderstellten Medien

Gesichtspunkt zum Vergleich von SELBST- und FREMD-ERSTELLTEN MEDIEN		
	Unterrichts-VORBEREITUNG	
relativ groß	Zeitaufwand	realtiv gering (nur für Auswahl, Bestellung, Abstimmung)
meist nicht perfekt	Gestaltung (grafisch/technisch)	meist perfekt
	Unterrichts-DURCHFÜHRUNG	
frei (nur durch Medienspezifität begrenzt)	Themenwahl	abhängig (vom Fremd-Angebot)
eigene realisierbar (in den Grenzen der Medien)	Intention (didakt. Absicht)	fremde ist zu übernehmen (kann mit eigener übereinstimmen, leichter bei stummen Medien)
präzise möglich (bei Erst-erstellung genau für eine Klasse)	Schülerorientierung	meist nur ungefähre Abstimmung auf Vorkenntnisse der Klasse
von Anfang an günstiger (da eigene Planung und Erstellung)	Schülerzuwendung und Arbeit im Medienverbund	erst bei Wiederholung günstiger (zunächst noch Kennenlernen des Mediums)
	INNOVATION	
stärker inhalts-orientiert (eher in der Planungsphase)	Zusammenarbeit (Vorbereitungsphase)	stärker organisations-orientiert (Auswahl, Bestellung)
psychische Hemmung größer, organi-satorische gleich	Weitergabe, Austausch	keine psychische Hemmung, allenfalls organisatorische

Armbruster/Hertkorn 1978, S. 198

können, ob die Schüler über ein geschultes Auge, ein geschultes Gehör, über die erforderlichen feinmotorischen Fähigkeiten etc. verfügen. Die Unterscheidung zwischen einem Ersteinsatz und einem wiederholten Einsatz ist hier wichtig, auch spielt das Alter der Schüler eine große Rolle. – Eine Bildergeschichte bereitet den Schülern im ersten Schuljahr noch große Schwierigkeiten, nicht aber Schülern im vierten Schuljahr. Die Interpretation einer Häufigkeitsverteilung in Form eines Histogramms ist Schülern im 7. Schuljahr nur mit Mühe, Schülern im 10. Schuljahr ohne weiteres möglich. Die Handhabung von Scheren und Messern kann in der Grundschule in einer lebhaften Klasse noch gefährlich sein, der Einsatz dieser Werkzeuge ist bei Schülern weiterführender Schulen unbedenklich.

8 Wie hoch ist der *motivationale Stellenwert* des betreffenden Mediums einzuschätzen?

Heute gibt es eine Vielzahl konkurrierender Medien, mit denen die Schüler außerhalb des Unterrichts in Berührung kommen, und in Teilbereichen mag sogar die Gefahr einer Reizüberflutung bestehen. Das vorrangige Konkurrenzangebot besitzt zweifellos das Fernsehen. Ein Videodokument kann deshalb einen geringen, eine selbstproduzierte Aufzeichnung einen hohen motivationalen Stellenwert haben.

9 Besteht die Gefahr der *Medienmonotonie?*

Es soll Lehrer geben, die wöchentlich in der Bildstelle anrücken, ihr Auto mit Filmen bestücken und mit diesen die Schüler „beglücken", täglich aufs neue. – Und es soll Lerngruppen an Übungsschulen geben, die aufschreien, wenn sie das Wort „Arbeitsblatt" hören, weil Praktikanten und Referendare regelmäßig solche Blätter – in unterschiedlicher Qualität – produzieren und einbringen.

10 Welche *Sinneskanäle* werden über das betreffende Medium angesprochen?

Erfahrungen sind über sinnliche Wahrnehmungen zu gewinnen, im auditiven, visuellen, haptischen, gustatorischen und olfaktorischen Bereich. Daneben gibt es jenen affektiven Bereich, der mit „Gefühlserfahrung" (Schulz 1980b) umschrieben werden kann. Zumeist sind mehrere Wahrnehmungsbereiche beteiligt, so z.B. beim Einsatz audio-visueller Medien. Es hat den Anschein, als würden letztere die anderen Erfahrungsbereiche verdrängen, was eigentlich sehr schade ist. Selten werden alle Sinne gleichzeitig angesprochen, so z.B. wenn Schüler im Fach Hauswirtschaft die selbst zubereitete Mahlzeit verspeisen und sich dabei über den Nährwert unterhalten: Sofern das Essen appetitlich angerichtet ist, essen sie auch „mit den Augen" (visuell), die Mahlzeit wird von Gesprächen und Eßgeräuschen (auditiv) begleitet, der Duft des Essens steigt in die Nasen (olfaktorisch), die Geschmacksnerven werden angeregt (gustatorisch), für die Zunge gibt es einiges zu ertasten (haptisch), und alle Schüler sind schließlich satt und zufrieden (Gefühlserfahrung). Die Beantwortung dieser Frage ist im Hinblick auf die nachfolgende bedeutsam.

11 Lassen sich durch den Einsatz von Medien *verschiedene Sinneskanäle* aktivieren?

Diese Frage wurde schon unter Punkt 9 berührt. Die Schüler erleben einen Unterricht als langweilig, wenn immer nur dieselben Sinneskanäle angesprochen und gefordert werden, und sie sind dankbar, wenn die Kanäle wechseln, wenn es also was zum Hören, Betrachten, Befühlen, Hantieren, Probieren, zum Fühlen, Riechen oder Schmecken gibt (vgl. Allen/Ryan 1972, S. 33, Stimulusvariation).

12 Besteht die Gefahr, daß der *Lehr-Lern-Prozeß durch den Einsatz verschiedener Medien gestört* wird?

Der Medieneinsatz in der Lehr-Lern-Situation A kann den in der Situation B beeinträchtigen, stören oder zunichte machen. Dazu ein Beispiel: Ein Lehrer möchte im 2. Schuljahr eine Bildergeschichte erzählen lassen. Er überlegt sich, wie er die Stunde einleiten soll, und kommt auf die Idee, drei Steiff-Tiere mitzubringen – Bär, Elefant und Maus –, sie nacheinander zu präsentieren und über diese drei Tiere eine Geschichte erzählen zu lassen. Anschließend will er die Bilder einbringen und die Schüler zu einer Übertragungsleistung anregen. Doch nachdem in der Lehr-Lern-Situation A die Tiere präsentiert worden sind, findet in der Lehr-Lern-Situation B das Blatt mit den Bildern kein Interesse mehr.

Von den drei Steiff-Tieren geht ein so hoher motivationaler Reiz aus, daß die ikonische Darstellung verblaßt.

13 In welcher Form können die Schüler durch das Medium *aktiviert* werden?

Um diese Frage positiv beantworten zu können, werden Lehrer nach Frage- und Problemstellungen suchen, die in eine aktiv-produktive Lernhaltung im Gegensatz zu einer passiv-rezeptiven hineinführen. Was nun im konkreten Fall unter aktiv-produktiv zu verstehen ist, läßt sich ansatzweise über die „Behaltwerte" oder über anspruchsvollere Ebenen verschiedener taxonomischer Ansätze (Bloom et al. 1972, Guilford 1964) bestimmen. Gefragt ist die aktive Anteilnahme möglichst aller Schüler am Lehr-Lern-Prozeß; nicht gefragt ist eine konsumptive Einstellung.

14 Welche Möglichkeiten der inneren *Differenzierung* bieten sich vom Medium her an?

Unterricht erscheint nur dann qualifiziert, wenn er sich in einem Wechsel der Sozialformen (Einzel-, Partner-, Kleingruppen-, Gruppenarbeit) abspielt. Es gibt Medien, die sich für bestimmte Sozialformen eignen bzw. nicht eignen. Für den Einsatz eines Films bietet sich z.B. die Gruppenarbeit an, Schülerexperimente lassen sich recht gut in Kleingruppen durchführen. Für Aufgabenblätter bietet sich die Einzel- oder Partnerarbeit an. In diesem Zusammenhang sollte auch die Frage einer Differenzierung des Schwierigkeitsgrades der Frage- oder Problemstellung bedacht werden. So besteht die Möglichkeit, in ein Arbeitsblatt Übungsaufgaben mit zunehmendem Schwierigkeitsgrad aufzunehmen, die dann, dem individuellen Lernvermögen entsprechend, gelöst werden können.

15 Welche *Lehrfunktionen* sollen ganz oder teilweise durch das Medium übernommen werden?

Die Übernahme der verschiedenen Lehrfunktionen durch Lehrer und Medium ist auf einem Kontinuum zu sehen, das sich zwischen den Polen Lehrer und Medium bewegt.

Lehrer übernimmt
alle Aufgaben

Lehrer und Medium
teilen sich in
die Aufgaben

Medium übernimmt
alle Aufgaben

Übernahme der Mittlerfunktionen durch den Lehrer und durch das Medium

Unterricht ist denkbar, indem der Lehrer sämtliche Lehraufgaben wahrnimmt. In diesem Fall steht er im Mittelpunkt, die kommunikativen Prozesse laufen ausschließlich über ihn. Verbale Vermittlung überwiegt, so z.B. in einem Gespräch, das der Lehrer mit der ganzen Lerngruppe führt.

Unterricht ist aber auch möglich, indem ein Medium die Lehraufgaben über ein Buch- oder Computer-Programm (Kaier 1977) wahrnimmt. Die Unterrichtswirklichkeit sieht jedoch fast immer so aus, daß sich Lehrer und Medien innerhalb der Lehr-Lern-Situationen die Aufgaben teilen, der Lehrer z.B. eine Erklärung abgibt und eine Graphik den zu erklärenden Sachverhalt veranschaulicht. Medien entlasten demnach den Lehrer, sie können Aufgaben übernehmen, die er nicht kann, z.B. Dinge vergrößern oder verkleinern, einen Handlungsablauf im Zeitlupen- oder Zeitraffertempo wiedergeben. Medien können Lernprozesse anregen, steuern, auf ein Ziel hinlenken, den Lehr-Lern-Erfolg kontrollieren u.a.m. Medien können fast alles – sie können jedoch keine personale Beziehung zu ihren Schülern aufbauen, sich für deren Lernfortschritt verantwortlich fühlen oder individuelle Lernhilfen geben. – Der Lehrer muß nun im Hinblick auf jede Lehr-Lern-Situation entscheiden, welchen Part das Medium übernehmen soll und welchen er selbst zu übernehmen hat.

16 An welcher *Stelle* soll das Medium im *Lehr-Lern-Prozeß* zum Einsatz kommen?

Da Medien nahezu alle Mittlerfunktionen übernehmen können, ist ihr Einsatz auch an jeder Stelle im Lehr-Lern-Prozeß möglich. Medien können Lernprozesse einleiten, Frage- und

Problemstellungen bewußt machen, Sachverhalte veranschaulichen, gewonnene Einsichten vertiefen, den Lernerfolg kontrollieren u.a.m. – Die Entscheidung über die Einfügung des Mediums in den Lehr-Lern-Prozeß ist von zahlreichen Variablen abhängig, so z.B. vom motivationalen Stellenwert, ob es sich um ein selbst- oder fremderstelltes Medium handelt oder ob dem Medieneinsatz einige andere Lehr-Lern-Situationen vorausgehen müssen, damit die Schüler die zu vermittelnden Inhalte aufnehmen und beabsichtigte Ziele ansteuern können. Ist der motivationale Stellenwert hoch und erscheint das Medium verständlich, d.h. spricht es für sich, kann eine Unterrichtsstunde oder -einheit ohne weitere Erklärungen durch ein Medium eingeleitet werden. Soll das Medium z.B. die Funktion einer Erfolgskontrolle wahrnehmen, sollte es sich am Lehr-Lern-Prozeß orientieren und durch den Lehrer selbst erstellt werden. In diesem Falle kann das Medium am Ende eines Lehr-Lern-Prozesses stehen. Bildet der Medieneinsatz den Mittelpunkt der Unterrichtsstunde, wie das z.B. häufig bei Demonstrationen in den naturwissenschaftlichen Fächern der Fall ist, können mehrere vorbereitende Lehr-Lern-Situationen erforderlich sein. – Eindeutige Aussagen über die Stelle des Medieneinsatzes im Lehr-Lern-Prozeß lassen sich nicht treffen. In jedem Einzelfall bedarf es besonderer Überlegungen und einer möglichst stichhaltigen Begründung. Dabei ist die jeweilige Situationsfolge – Medieneinsatz vorbereiten, durchführen, auswerten – mit den vorausgehenden und nachfolgenden Lehr-Lern-Situationen in den Blick zu nehmen.

17 Wie läßt sich die in den Blick zu nehmende *Situationsfolge optimieren?*

Ein Medieneinsatz zeichnet sich meist als Situationsfolge ab: den Einsatz vorbereiten, das Medium einsetzen, den Einsatz auswerten. Diese Sequenz bildet die Regel; Ausnahmen sind möglich, wenn die Vorbereitung oder Auswertung entfallen kann. Ein Film läßt sich auch ohne vorbereitende Ausführungen, Gespräche oder Hinweise, zeigen, und dieser Film kann auch für sich sprechen, so daß die Schüler betroffen sind und ohne Aussprache nach Hause gehen. Doch in der Regel sind diese drei Subsituationen zu beobachten: Der Filmeinsatz wird vorbereitet, der Film wird gezeigt, es findet eine Auswertung statt, oder der Lehrer gibt einige Hinweise zu einem Arbeitsblatt, er läßt es austeilen und bearbeiten, die Arbeitsergebnisse werden verglichen, oder er spricht mit den Schülern über einen Demonstrationsversuch und erteilt Beobachtungsaufträge, er demonstriert einen Sachverhalt und läßt sich dann die Beobachtungen mitteilen.

Die Frage nach der Optimierung der Situationsfolge hat zwei Aspekte, einmal einen inhaltlichen, zum anderen einen pragmatischen Aspekt. Inhaltlich stellt sich die Frage, welche Aufgaben das Medium und welche der Lehrer übernehmen kann bzw. übernehmen muß. Hier geht es um die notwendigen zusätzlichen Hinweise, Erklärungen und Gespräche, die auf den Einsatz abzustimmen sind. Pragmatisch sind alle äußeren Voraussetzungen in die Überlegungen einzubeziehen, die Sitzordnung der Schüler, die apparativen und räumlichen Voraussetzungen sowie die Handlungskompetenz des Lehrers, damit der Einsatz nicht an diesen banalen Dingen scheitert.

Innerhalb der Subsituationen zeichnen sich Handlungsstrukturen mit situationstypischen Elementen ab, die im Rahmen der Unterrichtsvorbereitung und -planung vorweggenommen werden können (vgl. Kap. 12).

18 Sind die *apparativen und räumlichen Voraussetzungen* für den Medieneinsatz gegeben?

Diese Frage stellt sich vor allem beim Einsatz technischer Medien (z.B. Plattenspieler, Rundfunk-, Tonbandgerät, Kassettenrecorder, Filmapparat, Videorecorder, Dia-, Overheadprojektor). Dabei ist die Verfügbarkeit und Funktionsfähigkeit der „hardware" abzuklären. Und in einem zweiten Schritt sind die räumlichen Voraussetzungen zu prüfen, die Möglichkeit, den Raum abzudunkeln, die Frage der Sitzordnung u.a.m. In diesem Zusammenhang werden häufig organisatorische Maßnahmen erforderlich, der Wechsel eines Klassenzimmers oder der Tausch einer Stunde, Maßnahmen, die Absprachen mit den Kollegen voraussetzen.

19 Verfügt der Lehrer über die für den Einsatz erforderliche *Handlungskompetenz?*

Besonders jungen Lehrerinnen wird zu Unrecht eine Medienphobie nachgesagt, eine Angst vor der Bedienung bestimmter technischer Medien. Dieses geschlechtsspezifische Vorurteil wird durch Kempowski (1979) noch verstärkt, indem er von Fräulein Peters, einer jungen Lehrerin, und Herrn Böckelmann, einem erfahrenen Lehrer, berichtet:

„Fräulein Peters ist eigentlich ziemlich nett. Sie sagt unserem Lehrer Bescheid, wenn er mal Kreidestaub an der Jacke hat.
    Einmal hatte Herr Böckelmann einen Lamettafaden im Haar, vom Adventskranz, das hat sie ihm auch gesagt. Dafür erklärt er ihr einmal pro Woche, wie der Bildwerfer funktioniert.
    'Ach, Herr Böckelmann', sagt sie, ,ich komm schon wieder nicht zurecht mit dem Ding' " Kempowski, a.a.O., S. 31).

Um solche Vorurteile abzubauen, sollten sich Lehranfänger so lange mit den technischen Medien auseinandersetzen, bis sie Handlungssicherheit erworben haben – die Reparatur übernimmt ohnehin ein Fachmann, die Kosten der Staat oder die Gemeinde –, wobei es natürlich nicht zu einer Verschwendung von Steuergeldern durch experimentierfreudige Lehrer kommen darf. – Da ein Hausmeister, eine Kollegin, ein Kollege, ein versierter Schüler oder eine Schülerin nicht immer zur Verfügung stehen, kann das Gelingen oder Mißlingen einer Unterrichtsstunde von der Fähigkeit des Lehrers zur Bedienung des technischen Mediums abhängig sein.

20 Ist das Medium *verfügbar?*
Diese Frage bezieht sich vor allem auf die „software", also auf Ton- und Videobänder, Schallplatten, Filme u.a.m. Es gibt in jeder Bildstelle gefragte und weniger gefragte Medien, heißbegehrte Filme, die immer ausgeliehen und deshalb kaum zu haben, und andere, die jederzeit verfügbar sind, weil sie niemand haben will. Gerade dies sollten Lehranfänger wissen und eine entsprechende Strategie entwickeln, um den Einsatz bedeutsamer Medien sicherzustellen. In den ersten Tagen des Schuljahres sind die für den Lernbereich und die nachgeordneten Unterrichtseinheiten in Frage kommenden Medien zu sichten und vorzubestellen – eine umfangreiche, aber lohnende Arbeit.

21 Wie läßt sich das Medium *zeit- und kostensparend* beschaffen?
Diese Frage zielt vor allem auf die Kooperations- und Koordinationsmöglichkeiten innerhalb eines Kollegiums.

Jede Schule kennt hier ihr eigenes Verfahren. Manchmal wird der Hausmeister eingesetzt oder ein Kollege, der in Nähe der Bildstelle wohnt. Sie fahren alle 14 Tage vorbei, geben Bestellungen ab und bringen die „software" mit. – Zumindest ist die informelle Bekanntgabe – „Ich fahre heute zur Bildstelle, wem kann ich etwas mitbringen?" – im Lehrerzimmer während der großen Pause angebracht.

22 Sind die *Kosten und der Aufwand* für die Beschaffung, Fertigung und für den Einsatz gerechtfertigt?

Hier wird die Frage der Medienökonomie angesprochen, d.h. es geht um das Verhältnis von Kosten und Aufwand zu dem zu vermutenden Lernerfolg. Ist sichergestellt, daß ein technisches Medium von mehreren Lehrern mehrmals im Jahr eingesetzt wird, dann lohnt sich eine Anschaffung. Können die Schüler zahlreiche Kenntnisse und Einsichten gewinnen und wird das betreffende Medium auch für zahlreiche Übungsphasen genutzt, so ist die Beschaffung oder Fertigung gerechtfertigt. Oder anders gesagt – der einmalige Einsatz zur Erreichung eines Zieles mit hohem Zeit- und Kostenaufwand läßt einen Medieneinsatz fragwürdig werden. –

Zu bedenken ist allerdings, daß meist eine Scheu vor dem Einsatz neuartiger Medien besteht. Wenn z.B. ein Video-Set nur von einem interessierten Lehrer intensiv genutzt wird, dann braucht das nicht an den mangelnden Einsatzmöglichkeiten der Video-Anlage zu liegen, sondern daran, daß viele Kollegen die Zeit und Mühe, die vor einem Einsatz investiert werden müssen, nicht aufbringen können oder wollen.

Wenn vor dem Einsatz eines Mediums im Rahmen der Unterrichtsplanung nicht alle diese Fragen beantwortet werden, so ist dennoch ein erfolgreicher Unterricht möglich. Ein Sportlehrer z.B., der in der letzten Stunde vor den Ferien dem Wunsch seiner Schüler nachkommt und diese Fußball spielen läßt, braucht nicht alle diese Fragen durchzugehen. Das „Medium der Kooperation" (Schulz 1980b, 127), der Ball, ist rund und hoffentlich aufgepumpt, das „Lehrmittel", die Schiedsrichterpfeife, tönt schrill, die „Lernmittel", die Sportschuhe, sind je nach Geldbeutel und Interessen der Schüler unterschiedlich. Und wenn dieser Sportlehrer auf Überlegungen zur Medienwahl und zum Medieneinsatz verzichtet und sich ganz auf die sozialen Konflikte, die Fouls, konzentriert, kann dies alles nur von Vorteil sein.

Die Frage nach der Produktion, der Auswahl und dem Einsatz von Medien im Unterricht hat in den letzten Jahrzehnten an Bedeutung gewonnen. Dafür gibt es verschiedene Gründe, von denen einige angesprochen werden sollen:

- In Zeiten des Lehrermangels erhofften sich Bildungspolitiker und Erziehungswissenschaftler in einem größeren Umfang die Übernahme von Lehrfunktionen durch Unterrichtsmedien, die Entlastung der Haushalte und die Einsparung von Lehrern. Der Unterricht ohne Lehrer wurde für alle Altersstufen, Schularten und Fächer diskutiert oder erprobt, ein Unterricht, der für wenige Lernbereiche in programmierter Instruktion und in Computer-Programmen mündete (Kaier 1977), der Medienverbundsysteme und Fernstudienlehrgänge, vor allem in den Bereich der Erwachsenenbildung, einführte.
- In der Lehrerbildung dominierte die sog. lerntheoretische Didaktik mit dem Berliner Modell (Heimann/Otto/Schulz 1972). Im Rahmen dieses Planungsansatzes wurde der Medienauswahl ein eigenes Entscheidungsfeld eingeräumt, das gleichberechtigt neben der Frage nach den Zielen, Inhalten und Methoden stand. Und so sehr der Medienaspekt vor dieser Zeit vielleicht vernachlässigt worden war, so sehr wurde er nun von einigen ,,Medienpädagogen'' oder Vertretern der ,,Mediendidaktik'' überbewertet.
- Medienproduzenten und -verlage sahen neue, nicht genutzte Absatzchancen auf sich zukommen, witterten ein sicheres Geschäft mit den Kommunen und staatlichen Institutionen. So träumten vor allem die Hersteller technischer Medien von neuen Absatzmärkten, von der Ausstattung eines jeden Klassenzimmers mit Computern und Video-Anlagen.
- Politiker aller Parteien erkannten die große Rolle der Massenmedien – Presse, Funk und Fernsehen – für die Stabilisierung oder Veränderung der gesellschaftlichen Macht- und Herrschaftsverhältnisse, und sie versuchten und versuchen, über Massen- und Unterrichtsmedien die Schüler und künftigen Wähler zu erreichen und in ihrem Sinn ideologisch zu beeinflussen. Die Teilkontrolle der im

Unterricht einzusetzenden Medien, wie die Genehmigungspflicht der Schulbücher, stellt eine wirksame Möglichkeit der politischen Einflußnahme dar und schränkt die Wahlmöglichkeiten der Lehrer ein.

Die Medieneuphorie der letzten Jahre ist verflogen, die Zeit des Lehrermangels ist einer Zeit der Lehrerarbeitslosigkeit gewichen. Möglichkeiten und Grenzen selbsttragender Lehr-Lern-Systeme werden heute realistischer gesehen. Die Schüler und die Lehrer-Schüler-Beziehung stehen wieder mehr im Vordergrund pädagogischer Überlegungen. Das gilt vor allem für den Umgang mit jüngeren Schülern, bei denen der persönliche Kontakt, das Eingehen auf deren individuelle Voraussetzungen und Lernschwierigkeiten besonders wichtig erscheint. Das gilt aber auch für den Umgang mit leistungsschwachen Schülern, die durch den Lehrer individuell betreut und gefördert werden müssen, für Schüler aus sozial schwachem Milieu, die ein Mehr an Zuwendung benötigen.

Prozeßorientierte Unterrichtskonzeptionen, offene Curricula und Formen des offenen Unterrichts finden wieder mehr Interesse, während der Einsatz von Buch- und Computer-Programmen weitgehend auf Bereiche beschränkt bleibt, in denen produktorientiert gelehrt und gelernt werden muß und auf den Lehrer als Bezugsperson weitgehend verzichtet werden kann – auf die Bereiche der beruflichen Bildung und der Erwachsenenbildung.

Die starke Betonung des Medienaspekts im „Quadrivium" des Berliner Modells – Intention, Thematik, Methodik, Medienwahl – ist heute umstrittener denn je. Der Lehrer und die Lehrerpersönlichkeit, seine Verantwortung für die ihm anvertrauten Schüler, die Lehrer-Schüler-Beziehung und das erzieherische Bemühen erscheinen wichtiger als die Medienwahl. Fragen der Medienwahl und des -einsatzes haben keinen marginalen, aber doch einen nachgeordneten Stellenwert gemessen an Überlegungen, die das Lehrer-Schüler-Verhältnis betreffen.

Die Erwartungen der Medienproduzenten erfüllten sich ebenfalls nicht ganz. Die Einsatzmöglichkeiten technischer Medien wurden im Hinblick auf bestimmte Schulstufen, Schularten und Fächer überschätzt. Die katastrophale Lage vieler öffentlicher Haushalte verhinderte und verhindert das erwartete große Geschäft mit den Unterrichtsmedien. Staatliche Einrichtungen und Kommunen fragen zu Recht kritisch nach dem Verhältnis zwischen den Beschaffungskosten und dem Lehr-Lern-Gewinn.

Geblieben ist das starke Interesse der Politiker, Kirchen, Gewerkschaften und Verbände, Schüler und Lehrer über die Massen- und Unterrichtsmedien zu beeinflussen. Die Schulbücher stehen dabei im Mittelpunkt des Interesses, sowohl der Ministerien als auch der Verlage. Über die Schulbücher, die der Genehmigungspflicht durch das jeweilige Unterrichts- oder Kultusministerium unterliegen, lassen sich ganze Schülergenerationen erreichen. Ist ein Schulbuch erst einmal genehmigt und in einer Schule eingeführt, werden immer gleich mehrere hundert Exemplare abgesetzt, weil für Schüler und Eltern dann ein Kaufzwang besteht – für die Verlage also ein lukratives Geschäft.

Schulbuchkommissionen arbeiten seit Jahren an dem Problem, wie die jüngste deutsche Vergangenheit in den Geschichts-, Sozialkunde- und Geographiebüchern dargestellt werden soll. Die unüberbrückbaren politischen Gegensätze zwischen den Gesellschaftssystemen kommen auch in den Schulbüchern zum Ausdruck, wenn es z.B. darum geht, die deutsche Teilung oder das Anliegen der deutschen Wiedervereinigung darzustellen oder Staatsgrenzen auszuweisen.

Als eine Art Dauerkonflikt ist das Ringen um die Ausgestaltung der Lesebücher zu betrachten. Die Auffassungen, zu welchem Zeitpunkt und in welchem Umfang gesellschaftskritische Texte an die Schüler herangetragen werden sollen, differieren dabei je nach parteipolitischer und weltanschaulicher Position. Deshalb kann dieser Konflikt um Böll, Brecht und Heine niemals gelöst, sondern immer nur vorläufig geregelt werden.

Auch in den naturwissenschaftlichen Fächern gewinnen Medienwahl und Medieneinsatz an politischer Brisanz. In einer Zeit, in der viele Tier- und Pflanzenarten aussterben oder vom Aussterben bedroht sind, der Wald zunehmend den Emissionsschäden erliegt, Luft und Gewässer derart belastet sind, daß auch der Mensch um ein lebenswertes Überleben (Henderson/Lanier 1973) fürchten muß, läßt sich ein apolitischer Unterricht nicht mehr rechtfertigen. Ein Biologielehrer, der Medien zur Entwicklung des Maikäfers oder über einen Greifvogel einsetzt und nicht die umweltpolitischen Probleme aufzeigt und diskutieren läßt, verfehlt seinen Lehrauftrag. Solche Themen dürfen nicht ausgeklammert werden, wir dürfen den Schülern keine heile Welt vorgaukeln, wenn es sie nicht mehr gibt und wenn alle Kräfte der jungen Generation benötigt werden, um diese Probleme erfolgreich zu bewältigen. Eine ähnliche Verantwortung übernehmen Lehrer, die das Fach Physik erteilen. Technische Erfindungen und Errungenschaften, die für die Herstellung von Massenvernichtungswaffen genutzt werden und die Menschheit bedrohen, lassen sich nicht apolitisch erklären und darstellen, sondern hier ist immer wieder nach dem verantwortlichen Umgang mit naturwissenschaftlichen Erkenntnissen zu fragen.

Was die politische Dimension des Planungsaspektes betrifft, so wurde schon betont, daß Medien auch manipulative und destruktive Funktionen erfüllen können. In der heutigen Zeit regieren alle Politiker ihre Völker über Massenmedien, über Presse, Funk und Fernsehen. Medienexperten, Pressesprecher oder Informationsminister entscheiden professionell, welche Informationen dem Volk geliefert bzw. nicht geliefert werden sollen. Dabei werden bewußt nur jene Informationen weitergegeben, die vermutlich staatstragend sind oder der Image-Pflege führender Politiker dienen. Außerdem spielt die Frage nach dem Multiplikationseffekt und der Art des Mediums eine Rolle.

Das deutsche Dilemma in der Zeit zwischen 1933 und 1945 wäre ohne den gezielten Medieneinsatz durch die Nationalsozialisten in dieser Weise nie möglich gewesen. So ließ Hitler über seinen Medienexperten, den Reichspropagandaminister Goebbels, das deutsche Volk in seinem Sinn manipulieren. Presse, Film und Funk standen ganz im Dienst der NSDAP, und es war das erklärte Ziel, möglichst jeden Volksgenossen über Staatsrundfunk und Volksempfänger zu erreichen. Systemstabilisierende Informationen wurden auf diese Weise verbreitet, andere dem Volk bewußt vorenthalten oder unterdrückt.

In Art. 5 des Grundgesetzes wird den Staatsbürgern der Bundesrepublik Deutschland die freie Meinungsäußerung garantiert, und weiter heißt es: ,,Die Pressefreiheit und die Freiheit der Berichterstattung durch Rundfunk und Film werden gewährleistet. Eine Zensur findet nicht statt". Auch werden immer wieder Versuche unternommen, Pressekonzentrationen zu verhindern und die Unabhängigkeit der Rundfunk- und Fernsehanstalten zu wahren – oder es kommt zu gegenteiligen Bemühungen. – Ein direkter Vergleich mit den Zuständen in der Zeit der nationalsozialistischen Gewaltherrschaft verbietet sich; doch ein Prinzip ist durchaus vergleichbar. Auch in demokratischen Gesellschaftssystemen versuchen die politischen Parteien und Regierungen über ihre Partei-, Regierungs- und Pressesprecher nur jene Informationen weiterzugeben, die ihnen dienlich sind, und andere zurückzuhalten. Und sie informieren mit Vorliebe über jene Medien, die den größten Multiplikationseffekt versprechen. Besonders deutlich wird dies vor Wahlen, wenn die politischen Parteien um Fernsehsekunden kämpfen.

Über Massenmedien lassen sich also staatserhaltende Ideologien verbreiten und unerwünschte Informationen akzentuieren oder zurückhalten. Durch Massenmedien kann ein ganzes Volk für Stunden gebunden werden, wenn z.B. der gesamte Verkehr erlahmt, weil eine Königin gekrönt oder die deutsche Mannschaft gerade Weltmeister wird. – Der unreflektierte Konsum läßt sich in seinen Auswirkungen noch nicht übersehen; doch drängt sich manchmal der Vergleich mit den Spielen im antiken Rom auf, deren Aufgabe es war, die Bürger des Staates zu gewinnen und zu unterhalten.

Für jene Lehrer, die Deutsch, Geschichte und Sozialkunde als Fach unterrichten und politisch verantwortungsbewußt handeln wollen, stellen sich bei der Medienwahl und bei aktuellen Informationen, die über die Massenmedien in den Unterricht hineinwirken, u.a. folgende Fragen:

- Welche Absichten verfolgt der Journalist, Moderator, Politiker?
- Welche normativen Setzungen, politischen Vorstellungen oder Ideologien liegen dem Medium zugrunde? (Vgl. Blankertz 1975)
- Welche Aspekte werden angesprochen, welche offensichtlich ausgeklammert?
- In welcher Absicht erfolgt vermutlich die Aussparung von Informationen?
- Wie lassen sich Informationsmonopole durchbrechen und manipulative Tendenzen aufzeigen?

- Werden von den Medienproduzenten ungerechtfertigte Profitinteressen wahrgenommen? (Vgl. Dohmen 1973, 10)
- Wird durch ein Medium die Würde des Menschen verletzt? (Vgl. Böll 1977)
- Wie läßt sich das Medium für eine aktive Auseinandersetzung im Unterricht nutzen, damit die Schüler möglichst immunisiert und zu einer kritischen Haltung geführt werden können?

Es mag pathetisch klingen, aber die Zukunft unserer parlamentarischen Demokratie wird mit davon abhängen, ob Lehrer und Schüler immer wieder bereit und in der Lage sind, solchen Fragen nachzugehen, Fälle einseitiger Information aufzuzeigen und Medienmißbrauch anzuprangern.

9 Konflikte analysieren und Maßnahmen überlegen

Unter einem „Konflikt" wird im Rahmen dieser handlungsorientierten Didaktik eine berufsfeldspezifische Auseinandersetzung, Belastung und/oder Schwierigkeit verstanden, die bei den beteiligten Personen eine emotionale Betroffenheit und Beeinträchtigung von unterschiedlicher Intensität hinterläßt. Wo Menschen zusammen leben, arbeiten oder lernen, lassen sich Konflikte nicht vermeiden. Insofern ist es illusorisch, wollte man davon ausgehen, daß ein konfliktfreies Unterrichten möglich sei. Im Gegenteil, das Berufsfeld des Lehrers erscheint in besonderer Weise konfliktträchtig (Becker 1985), und deshalb ist es die natürliche Aufgabe eines jeden Lehrers, seine Konflikttoleranz zu erhöhen, sich in der Analyse der Konflikte zu schulen und mit den Schülern nach Möglichkeiten der Konfliktbewältigung zu suchen.

Die traditionellen didaktischen Planungsmodelle vernachlässigen den hier angesprochenen Aspekt, obgleich es viele Lehrer gibt, denen es davor graut, bestimmte Klassenzimmer zu betreten, die Angst vor einzelnen Schülern oder Schülergruppen haben (vgl. Brück 1978, Weidenmann 1978). Es erscheint weder sinnvoll, die Existenz sozialer Konflikte im Unterricht herabzuspielen, noch erscheint es angebracht, die auftretenden Auseinandersetzungen, Belastungen und Schwierigkeiten überzubewerten. Mit einer realistischen Einschätzung der konfliktträchtigen Ereignisse ist allen Beteiligten am ehesten gedient.

Wenn ein Lehrer am Vormittag zahlreiche Konflikte durchlebt hat, bleibt bei ihm eine starke emotionale Betroffenheit zurück, die ihn davon abhält, sich voll auf die Vorbereitungs- und Planungsaufgaben zu konzentrieren. Planungsüberlegungen können sich nun nicht allein auf die Auswahl und Struktur der Lerninhalte, die Formulierung möglicher Lernziele etc. beziehen, sondern auch auf den Versuch, die durchlebten Konflikte zu analysieren und geeignet erscheinende Maßnahmen der Konfliktregelung in den Blick zu nehmen.

Während der Unterrichtsplanung steht der Lehrer nicht mehr unter Zeit- und Handlungsdruck. Er kann die Emotionen abklingen lassen, sich überlegen, was wirklich vorgefallen ist, den möglichen Ursachen nachgehen, sich in die Lage der Schüler versetzen u.a.m. Die retrospektive Bestandsaufnahme sollte jedoch stets in prospektive Überlegungen einmünden:

- Müssen die zurückliegenden konfliktträchtigen Ereignisse nochmals angesprochen werden?
- Welche Möglichkeiten bieten sich an, die Schüler einzubeziehen?
- Welche Möglichkeiten der Konfliktprophylaxe und der Intervention stehen zur Verfügung?

Das Planungsanliegen wird nun am Beispiel „allgemeiner Disziplinlosigkeit" konkretisiert. „Disziplin" ist jene soziale Ordnung innerhalb einer Lerngruppe, die für die Erfüllung einer Lehr-Lern-Aufgabe erforderlich ist. Diese Ordnung kann nie Selbstzweck sein, und sie variiert von Lehr-Lern-Situation zu Lehr-Lern-Situation. Wird z.B. eine Mathematikarbeit geschrieben, ist die Einhaltung einer strikten Ordnung erforderlich; wird hingegen im Fach Kunsterziehung in Kleingruppen gearbeitet, können sich die Schüler beraten, austauschen, auseinandersetzen. In einem Lehr-Lern-Prozeß ist es Aufgabe des Lehrers und der Schüler, darauf zu achten, daß die erforderliche soziale Ordnung gewahrt bleibt.

Wenden wir uns jetzt einem Fachlehrer zu, der in einem 7. Schuljahr 33 Schülern 4 Wochenstunden Englisch erteilt. Eine Stunde liegt sehr ungünstig, am Donnerstag zwischen 12.15 und 13.00 Uhr. Dieser Lehrer bereitet sich am Donnerstagnachmittag auf die nächste Englischstunde am Freitagmorgen vor und vergegenwärtigt sich die konfliktträchtigen Ereignisse:

„Das Thema hätte die Schüler eigentlich interessieren müssen, gut vorbereitet war ich auch, aber es kam alles ganz anders. Einige Schüler wippten mit den Stühlen, andere unterhielten sich, schauten zum Fenster hinaus, ein Stuhl fiel um, Gelächter. Ich ermahnte freundlich, doch mit geringem Erfolg. Jürgen kroch unter seinem Tisch herum, er suchte offensichtlich etwas. Ekkehard kramte in seiner Tasche. Monika lief zum Papierkorb und spitzte ihren Bleistift, obwohl es gar nichts zum Schreiben gab. Bettina lief aus dem Klassenzimmer, und dabei fiel die Tür recht laut ins Schloß. Ich ermahnte mit Nachdruck, versuchte, die unaufmerksamen Schüler verstärkt einzubeziehen. Für 5 Minuten war es fast ruhig, doch dann wurde der Lärmpegel wieder unerträglich, auch die motorische Unruhe nahm wieder zu. Ich versuchte, mir Gehör zu verschaffen, vergeblich. Meine Geduld war am Ende, ich ließ ein Donnerwetter los. Danach war es für wenige Minuten so ruhig, daß man sprechen und zuhören konnte. Dann aber redeten fast alle Schüler durcheinander, und die Geräuschkulisse ließ weitere Lernvorhaben scheitern. Meine Ermahnungen gingen im Lärm unter. Einige Schüler taten so, als würden sie mich nicht verstehen, andere freuten sich über den Lärm, freuten sich über die folgenlos verstreichenden Minuten. Wenige Schüler litten mit mir. Das Klingelzeichen! Die Schüler jubelten, packten eilig ihre Sachen und stürmten aus dem Klassenzimmer. Ich atmete erleichtert auf." (Vgl. Becker 1985, 109)

Für ein konfliktanalytisches Vorgehen bieten sich mehrere Ansätze an, so der von Keller/Neumann (1971), Pikas (1974), Gordon (1977), Biller (1979) oder Becker (1985). Wir folgen dem letztgenannten Ansatz und versuchen, den vorstehenden Fall mit Hilfe der Handlungsmatrix zu analysieren.

Handlungsmatrix zur Konfliktlösung

Handlungsmatrix mit Zwischenschritten

1. *Konflikt(beschreibung) auffassen*	x	x	x	x	x	x	x	x ←
2. *Betroffenheit einschätzen*	Schein-		Rand-		Zentral-		Extremk.	
	0	1	2	3	4	5	6	7
3. *Erstverhalten Handlungsaufschub?*	x	x	x	x	x	x	x	x

4. *Methode wählen*	A	B	C	D
– Sozialformen	Einzel-	Partner-	Gruppen-arbeit	G.-arbeit Experten
– Richtzeiten in Minuten	5 10	20 30	40 50	50/50
5. *Befragung durchführen*				x
6. *Nach den Ursachen fragen*		x	x	x
7. *Informationen beschaffen*				x
– Informationsquellen suchen				x
– Informationen einholen				x
– Informationen einbringen				x
8. *Perspektive wechseln*		x	x	x
– Perspektive direkt Betroffener		x	x	x
– Perspektive indirekt Betr.			x	x
9. *Zielsetzung(en) abklären*			x	x
– kurzfristige Zielsetzung(en)			x	x
– mittelfristige Zielsetzung.				x
– langfristige Zielsetzung(en)			x	x
10. *Handlungsmögl. suchen*	x	x	x	x
11. *Handlungsmögl. prüfen*	x	x	x	x
– eindeutig positiv	x	x	x	x
– eindeutig negativ	x	x	x	x
– weder positiv noch negativ			x	x
12. *Handlungsfolge konzipieren*	x	x	x	x
– wer handelt wann und wie?	x	x	x	x
– Handlungsplan erstellen				x

Becker 1985, S. 38

Bei dieser konfliktanalytischen Methode wird von zwei Überlegungen ausgegangen:

1. Es sollte möglich sein, die emotionale Betroffenheit der beteiligten Personen zu berücksichtigen und gleichzeitig ein systematisches Vorgehen zu sichern, das in der begrenzt zur Verfügung stehenden Zeit eine Handlungsorientierung bietet.
2. Es sollte die Relevanz-Mittel-Relation gewahrt werden, d. h. Randkonflikte sind in kurzer Zeit und mit geringem Analyseaufwand zu bearbeiten, Zentral- und Extremkonflikte erfordern mehr Zeit, einen größeren Aufwand, ein differenzierteres Vorgehen und eine besonders kompetente Analysegruppe.

1. Konflikt(beschreibung) auffassen

Der erste Schritt der Konfliktanalyse beinhaltet den Versuch, die Elemente der Konfliktstruktur so sorgfältig wie möglich aufzufassen. Dabei kommt es vor allem darauf an, zwischen Tatsachen und Vermutungen zu trennen. Ist die Konfliktauffassung verzerrt, sind alle nachfolgenden konfliktanalytischen Bemühungen in Frage gestellt.

Der betroffene Englischlehrer kann sich nun noch einmal die konfliktträchtigen Ereignisse vergegenwärtigen, den Handlungsablauf nachvollziehen, die ungünstigen Rahmenbedingungen in den Blick nehmen. Allerdings muß er davon ausgehen, daß er die Konfliktsituation niemals vollständig erfassen kann und stets eine Diskrepanz zwischen Selbst- und Fremdeinschätzung bestehen wird.

2. Emotionale Betroffenheit einschätzen

Zur Einschätzung der emotionalen Betroffenheit kann eine Konfliktskala (0–7) dienen, die von den Schein- über die Rand- und Zentral- zu den Extremkonflikten reicht.

144

- Scheinkonflikte (0) führen nur zu einer momentanen Betroffenheit und zu keiner Beeinträchtigung.
- Randkonflikte (1 bis 3) führen zu einer geringen Betroffenheit. Sie haben nur Kurzzeitwirkung, und der Grad der Beeinträchtigung ist gering.
- Zentralkonflikte (4 bis 6) führen zu einer starken Betroffenheit. Sie haben Langzeitwirkung, und der Grad der Beeinträchtigung ist hoch.
- Extremkonflikte (7) führen zu einer sehr starken Betroffenheit. Sie wirken dauerhaft, und der Grad der Beeinträchtigung ist sehr hoch.

Von dem Einschätzungsergebnis ist das weitere konfliktanalytische Vorgehen abhängig.

Der Englischlehrer entscheidet sich für einen Randkonflikt der Stufe 3. Er fühlt sich zwar betroffen und beeinträchtigt, weiß aber um das Problem der Randstunde, weil in den drei anderen Wochenstunden Lehren und Lernen durchaus möglich ist. Ein Zentralkonflikt würde vorliegen, wenn der Unterricht auch in den anderen Stunden häufig gestört werden würde, und ein Extremkonflikt, wenn Lehren und Lernen kaum noch oder gar nicht mehr möglich wäre.

3. Erstverhalten überlegen

Die Frage nach dem Erstverhalten ist deshalb so wichtig, weil unüberlegte Handlungen des Lehrers einen Konflikt verschärfen können. In diesem Zusammenhang spielt auch die Frage nach einem möglichen Handlungsaufschub eine Rolle, nach Techniken, die geeignet erscheinen, Lehrer vom Zeit- und Handlungsdruck zu befreien.

In unserem Fall ist dieser Analyseschritt nicht relevant. In der Retrospektive erscheinen die Lehrerreaktionen nicht besonders einfallsreich – freundliche Ermahnung; nachdrückliche Ermahnung; Versuch, sich Gehör zu verschaffen; „Donnerwetter"; erfolglose Ermahnungen; ein Aufatmen.

4. Methode wählen

Die Methode richtet sich nach der Konfliktrelevanz

Konfliktrelevanz	Metho-de	Kooperationsform	Richtzeit Minuten
Scheinkonflikte (0) Randkonflikte (1)	A	Einzelarbeit	5 10
Randkonflikte (2) (3)	B	Partnerarbeit Partnerarbeit	20 30
Zentralkonflikte (4) (5)	C	Kleingruppenarbeit Kleingruppenarbeit	40 50
Zentralkonflikte (6) Extremkonflikte (7)	D	Kleingruppenarbeit mit Experten	2 x 50 oder länger

Der Konfliktrelevanz entsprechend wählt der Englischlehrer die Methode B, ruft eine Kollegin an, vereinbart mit ihr für den Abend einen Termin, und die beiden entschließen sich zu folgenden Analyseschritten: nach den Ursachen fragen, Perspektive wechseln, Handlungsmöglichkeiten suchen, prüfen, Handlungsfolge konzipieren.

5. Befragung durchführen

Dieser Schritt entfällt, da er nur in Verbindung mit Methode D gerechtfertigt erscheint. Durch ihn würde der Konflikt eine Überbewertung erfahren.

6. Nach den Ursachen fragen

Bei diesem Analyseschritt geht es um die Bildung von Hypothesen zur Verursachung des Konflikts. Fast immer sind mehrere verursachende Faktoren beteiligt. Wer Hypothesen bildet, kann fast sicher sein, daß er einige Faktoren nicht erkennt. Dennoch hat die Suche nach den möglichen Konfliktursachen einen Sinn, weil in Unkenntnis möglicher Ursachen nur an Symptomen herumkuriert wird. Nach einer Auflistung der Hypothesen ist die Frage nach einem oder mehreren Verursachungsschwerpunkt(en) zu stellen.

Nach Auffassung der beiden Lehrer könnte es zu dem Konflikt gekommen sein, weil

- die Schüler in der 6. Stunde müde waren;
- der Stundenplan das Lernvermögen der Schüler nicht berücksichtigt;
- der Lehrer unangemessen reagierte;
- ein oder wenige Schüler die Lerngruppe durcheinanderbrachten;
- die Schüler aus Erfahrung wissen, daß sie in der 6. Stunde auch mal laut sein dürfen;
- die Schüler testen wollten, wie weit sie gehen dürfen.

Als Verursachungsschwerpunkt sehen sie die mangelnde Konzentrationsfähigkeit, den ungünstigen Stundenplan, unangemessene Lehrerreaktionen und mangelnde Beherrschung einzelner Schüler.

7. Informationen beschaffen

Dieser Schritt beinhaltet die Suche nach geeigneten Informationsquellen, das Einholen der Informationen sowie deren Auswertung für den Analyseprozeß.

Da die soziale Ordnung nur immer am Donnerstag in der letzten Stunde empfindlich gestört wird, gehen die beiden Lehrer davon aus, daß der Konflikt annähernd realistisch aufgefaßt worden ist und sich deshalb eine Korrektur der Selbstwahrnehmung durch Hospitationen vorerst erübrigt.

8. Perspektive wechseln

Unter einem Perspektivenwechsel ist der Versuch zu verstehen, sich in die direkt oder indirekt beteiligten Personen hineinzuversetzen, deren Motive, Gefühle und Handlungen nachzuempfinden, nachzuvollziehen oder zu prognostizieren.

Als direkt beteiligte Personen kommen der Lehrer und die Schüler in Betracht, als indirekt beteiligte die Kollegen, der Schulleiter, der Schulrat, die Eltern und Schüler anderer Klassen.

Der *Lehrer* empfindet eine gewisse Hilflosigkeit, wenn er an die zurückliegende Konfliktsituation denkt. Er hat die negative Erfahrung gemacht, daß Ermahnungen allein wenig wirksam sind. Auch ärgert er sich über das „Donnerwetter" und darüber, daß in dieser Stunde kaum ein Lehr-Lern-Erfolg zu erzielen war.

Der Situationsbeschreibung ist zu entnehmen, daß die *Schüler* die Situation sehr unterschiedlich sehen, einige freuen sich über den Lärm, über folgenlos verstreichende Minuten, andere leiden mit dem Lehrer. Sie alle sind müde, etwas abgespannt, nervös, können sich nicht mehr voll konzentrieren und fühlen sich mehrheitlich nicht für die Einhaltung der erforderlichen sozialen Ordnung verantwortlich.

Die *Kollegen*, sofern sie von diesen Schwierigkeiten hören, sind entweder ein bißchen schadenfroh – was mit dem Sympathiegefüge innerhalb des Kollegiums zusammenhängt –, oder sie haben volles Verständnis für den betroffenen Lehrer, bedauern ihn und assoziieren – 6. Stunde. Sie alle haben in Randstunden schon mal ähnliche Erfahrungen gemacht.

Für den *Schulleiter* stellt sich der Konflikt kaum als solcher dar. Auch für ihn ist es ganz normal, wenn es in der 6. Stunde in einer Klasse mal unruhig wird. Und da dieser Lehrer ja in den anderen Stunden und Lerngruppen durchaus in der Lage ist, die für das Lehren und Lernen erforderliche soziale Ordnung aufrechtzuerhalten, beschäftigt ihn die Angelegenheit kaum.

Der *Schulrat* sieht die Situation ganz ähnlich. Er weiß, daß nicht derjenige Lehrer besonders qualifiziert ist, dem es gelingt, die Schüler mit allen erdenklichen Disziplinierungstechniken ruhig zu halten, sondern jene, die den Schülern den größtmöglichen Freiraum wahren. Durch diese Einstellung unterscheidet er sich von vielen seiner Kollegen. Außerdem kennt er die Problematik von Randstunden.

Die *Eltern* der Schüler und die *Schüler in anderen Klassen* kümmern sich kaum um diesen Konflikt, den sie in ähnlicher Form selbst erlebten oder noch erleben. Sie werden erst dann aufmerksam, wenn es bei einem Lehrer ständig drunter und drüber geht. Dann kommen Anfragen der Eltern an den Klassenlehrer, und es wird auf dem Schulhof über diesen Lehrer getuschelt.

9. Zielsetzung(en) abklären

Es lassen sich kurz-, mittel- und langfristige Zielsetzungen unterscheiden. Da sich jedoch jeder Konflikt im Lehr-Lern-Prozeß ereignet und demnach einer Prozeßdynamik unterliegt, sind Zielsetzungen immer wieder neu der aktuellen Entwicklung anzupassen. Ein rigides Beharren auf einmal gesetzten Zielen kann der Konfliktbewältigung abträglich sein.

10. Handlungsmöglichkeiten suchen

Dieser Schritt folgt einem Brainstorming, d.h. jedes Mitglied der Analysegruppe nennt spontan jene Handlungsmöglichkeiten, die ihm einfallen. Auch unsinnige und lustige Einfälle sind gefragt. Der Prozeß ist nach Guilford (1964) durch Spontaneität, Flexibilität, Originalität, Flüssigkeit und Elaboration gekennzeichnet. Die spontan genannten Einfälle werden für alle sichtbar gesammelt, sie werden umgedreht, originelle Einfälle sind besonders gefragt, sie werden schnell hintereinander gebracht, Gruppenmitglieder greifen die Einfälle anderer auf und führen sie weiter. Um den Prozeß nicht zu stören, wird auf eine Wertung der Einfälle vorerst verzichtet.

Im Hinblick auf den zu bewältigenden Disziplinkonflikt werden folgende Einfälle genannt:

1. Die Störungen in dieser Stunde mit stoischem Gleichmut ertragen;
2. das Verhalten der Schüler ignorieren;
3. den Schülern schlagfertig und humorvoll begegnen;

4. sich inhaltlich und methodisch besonders gut vorbereiten;
5. nach Lernaufgaben mit hohem Aufgabenanreiz suchen;
6. die Anforderungen in dieser Stunde drastisch reduzieren;
7. die Schüler nie aus den Augen verlieren;
8. störende Schüler vor die Tür setzen;
9. mit störenden Schülern Einzelgespräche führen;
10. einzelne Schüler mit besonderen Aufgaben betrauen;
11. auf Schüler oder Schülergruppen zugehen;
12. „Ruhe bitte!" an die Tafel schreiben;
13. das Klassenzimmer verlassen;
14. den Rektor oder Klassenlehrer holen;
15. Übungsaufgaben verteilen;
16. Klassenbucheinträge vornehmen;
17. mit allen Schülern über die mißliche Situation sprechen;
18. den Konflikt mit den Schülern gemeinsam analysieren;
19. über die zurückliegenden Ereignissse nicht mehr reden, einfach möglichst qualifiziert weiterunterrichten;
20. auf einen flüssigen Unterrichtsverlauf achten;
21. eine Klassenarbeit schreiben lassen;
22. „Ich-Botschaften" senden;
23. bestimmte Schüler oder Schülergruppen für noch nicht gezeigtes Störverhalten loben;
24. die unkonzentrierten Schüler auf jene aufmerksam machen, die gut mitarbeiten;
25. Abmachungen treffen oder Verträge abschließen;
26. wenige bedeutsame Verhaltensregeln vereinbaren;
27. Schüler an der Unterrichtsplanung beteiligen;
28. die Beziehungen zu dieser problematischen Lerngruppe intensivieren;
29. auf einen Wechsel der Lehr-Lern-Situationen achten;
30. den Stundenplan ändern;
31. die Eltern informieren;
    ...

11. Handlungsmöglichkeiten prüfen

Jede einzelne Handlungsmöglichkeit wird nun genau in den Blick genommen, ob sie einen Beitrag zur Konfliktbewältigung leisten kann. Oft stellt sich erst bei näherer Betrachtung heraus, daß ein Einfall – vielleicht in modifizierter Form – sinnvoll ist. Die als eindeutig positiv erkannten Einfälle werden mit einem +, die eindeutig negativen mit einem – gekennzeichnet, jene Einfälle, bei denen Zweifel auftreten, mit einem +– . Das hat den Vorteil, daß sich die + und +–

Einfälle beim letzten Analyseschritt besser überschauen lassen.

Zu 1.   – denn der Lehrer fühlt sich emotional betroffen und beeinträchtigt; dieses Ertragen wäre unecht.

Zu 2.   +– leider ist auch das nicht möglich, denn die Störungen sind zu massiv. Bei geringfügigen Anlässen erscheint es sinnvoll, weiter zu unterrichten. Oft stellt sich die für das Lernen erforderliche Ordnung ohne direkte Intervention des Lehrers ein.

Zu 3.   +– das ist zwar wünschenswert, wird jedoch nicht immer möglich und erfolgreich sein. In der 6. Stunde ist auch der Lehrer oft schon unausgeglichen. Schlagfertigkeit und Humor – die vom Gedanken nicht unbeschwerte Heiterkeit – setzen jedoch Gelassenheit voraus.

Zu 4.   + das gilt für alle Stunden, doch hat ja die Situation gezeigt, daß es mit einer guten Vorbereitung allein nicht getan ist.

Zu 5.   +– dies ist eine der Kounin-Variablen (1976), um Disziplinkonflikten besser begegnen zu können; doch werden sich nicht immer solche Aufgaben finden lassen.

Zu 6.   +– reduzieren ja, drastisch nein; ein mittlerer Schwierigkeitsgrad muß gewahrt bleiben, weil sonst der Aufgabenanreiz aufgrund der Unterforderung zurückgeht.

Zu 7.   +– auch dies empfiehlt Kounin, und es ist sicher richtig, daß Schüler dann undiszipliniert werden, wenn sich der Lehrer längere Zeit nur einem Schüler oder einer kleinen Schülergruppe zuwendet. Andererseits widerspricht eine solche Kontrolle demokratischen Einsichten.

Zu 8.   +– das geht nun wirklich nicht. Kein Arbeitnehmer kann einen mißliebigen Kollegen einfach vor die Tür setzen. Etwas ganz anderes ist es, mit Schülern eine „Auszeit" zu vereinbaren – „Wenn Du Dich wieder konzentrieren kannst, kommst Du wieder, setzt Dich leise auf Deinen Platz und machst wieder mit".

Zu 9.   + das kann natürlich nicht schaden, doch stellen sich zwei Fragen: 1. Gibt es Schüler oder Schülergruppen, die im Vergleich zu anderen Schülern häufiger stören? Und 2. Wie sollen solche Gespräche verlaufen, wann und wo sollen sie stattfinden?

Zu 10. +− Dazu Kempowski (1979) in „Unser Herr Böckelmann": „Wir haben von Fräulein Peters einen frechen Jungen gekriegt, der heißt Manfred. Fräulein Peters hat ihn nicht regieren können. ,Du bist mein Sekretär', hat Herr Böckelmann zu ihm gesagt und hat einen Tisch an sein Pult herangeschoben und hat den frechen Jungen da dran gesetzt. ,Hier schreib mal die Liste ab'. Der freche Junge brauchte nicht zu rechnen und nicht zu lesen, der wurde immer mit was anderem beschäftigt. Er war sehr artig und folgsam . . ." Kempowski a.a.O., 79).
Das Problem wird darin bestehen, immer geeignete Sonderaufgaben zu finden, die von den Schülern akzeptiert werden können.

Zu 11. + auch hier stellt sich die Frage nach der Form der Ansprache. Auf jeden Fall sollte dies namentlich erfolgen. Anonyme Ansprachen – „He, Du da, im roten Pulli" – bleiben vor allem dann wirkungslos, wenn mehrere Schüler einen solchen anhaben.

Zu 12. + warum nicht; schriftliche Aufforderungen, aber auch Arbeitsaufträge, die angeschrieben werden, können die Aufmerksamkeit wieder auf den Lerninhalt lenken.

Zu 13. − das kommt einem Weglaufen gleich.

Zu 14. − ist ebenfalls nicht akzeptabel, denn wer nach „dem großen Bruder" ruft, gibt zu, daß er die Situation nicht meistern kann, und verliert an natürlicher Autorität. Wo kämen wir da hin, wenn bei jedem Randkonflikt Autoritätspersonen gerufen werden würden?

Zu 15. − dies ist eine Disziplinierungstechnik, die den Konflikt selbst nicht bewältigt.

Zu 16. − wie vor.

Zu 17. + erscheint der Konfliktrelevanz angemessen. Dabei sollen die Schüler ruhig erfahren, daß der Lehrer nochmals über die gestrige Situation nachgedacht hat, betroffen und beeinträchtigt war.

Zu 18. +− dazu erscheint der Konflikt noch nicht relevant genug. Wenn sich an der mißlichen Situation nichts ändert, es bei den Störungen am Donnerstag bleibt, kann diese Handlungsmöglichkeit in Erwägung gezogen werden.

Zu 19. +– qualifiziert unterrichten – ja, nicht darüber reden – nein.

Zu 20. + wenn es endlos dauert, bis ein Schüler drankommt, bis der Medieneinsatz erfolgt, Arbeitsmittel verteilt sind u.a.m., dann verursacht der Lehrer durch sein Verhalten Disziplinkonflikte (vgl. Kounin a.a.O.). Ein flüssiger Unterrichtsverlauf hat nichts mit dem „Durchziehen" einer Stunde um jeden Preis zu tun.

Zu 21. – eine gemeine Disziplinierungstechnik.

Zu 22. +– die von Gordon (1977) empfohlenen und oft gepriesenen „Ich-Botschaften" – „Wenn Ihr weiterhin so unruhig seid, dann kommen wir nicht voran, und ich fühle mich gestört." – haben nur dann eine Wirkung, wenn sich die Schüler dem Lehrer verantwortlich fühlen und wenn sie nicht zu oft eingesetzt werden.

Zu 23. +– diese Technik der Verhaltensmodifikation (Redlich/ Schley 1978) kann manchmal wirksam sein; doch die Frage, ob es sich hier um ein manipulatives oder um ein geschicktes pädagogisches Verhalten handelt, muß wohl offenbleiben.

Zu 24. +– wie vor.

Zu 25. +– wie vor.

Zu 26. +– es kann nichts schaden, wenn Lehrer und Schüler ihre Erwartungshaltungen offenlegen, der Lehrer gerechtfertigte Ansprüche stellt und auf die Einhaltung dieser Forderungen dringt; allerdings ist es auch 12-jährigen Schülern nicht immer möglich, sich regelgerecht zu verhalten. Und da die für das Lehren und Lernen erforderliche soziale Ordnung von Lehr-Lern-Situation zu Lehr-Lern-Situation variiert, müßten für unterschiedliche Situationen entsprechende Regelwerke erarbeitet werden, was ja wohl unmöglich ist.

Zu 27. +– im Unterricht ja, soweit dies möglich ist; außerhalb des Unterrichts stellen sich viele Fragen, die beantwortet werden müssen, so die nach dem Versicherungsschutz, nach den Hausaufgaben in anderen Fächern, nach einer Bevorzugung gerade der störenden Schüler u.a.m.

Zu 28. + um die Schüler besser kennenzulernen. Die Teilnahme an Veranstaltungen des Schullebens (Keck/Sandfuchs 1979) kann die Beziehungen intensivieren und die Verantwortlichkeit der Schüler gegenüber dem Lehrer und dem gemeinsamen Lehr-Lern-Prozeß erhöhen.

Zu 29. + ähnlich wie 4., 5., 6., 7. oder 20.

Zu 30. +− wird wohl kurzfristig nicht möglich sein; doch sollte auf alle Fälle ein Versuch unternommen werden, durch Planänderungen diese Randstunde zu beseitigen.

Zu 31. − hier handelt es sich um eine unangemessene Überreaktion, die von den Schülern als Verrat betrachtet werden kann und ähnlich zu bewerten ist wie die Handlungmöglichkeit 14.

Aufgrund der Überprüfung der Handlungsmöglichkeiten wird die Unterscheidung zwischen pädagogischen Maßnahmen und Disziplinierungstechniken deutlich (vgl. Becker/ Dietrich/Kaier 1982, 40 ff.). Pädagogische Maßnahmen stehen in unmittelbarer Beziehung zum Konflikt und intendieren eine Einstellungs- und Verhaltensänderung; Disziplinierungstechniken sind darauf ausgerichtet, ein Störverhalten zu eliminieren, ohne daß eine Beziehung zu den konfliktträchtigen Ereignissen besteht.

Die große Zahl der indifferenten Bewertungen deutet auf einen komplexen Konflikt hin, der multikausal bedingt ist. Viele der mit +− gekennzeichneten Handlungsmöglichkeiten können in der konkreten Situation durchaus hilfreich sein; doch lassen sich gerade für diese Konflikte keine Rezepte geben.

12. Handlungsfolge konzipieren

Nun wird das Ergebnis der konfliktanalytischen Bemühungen zusammengefaßt. Qualifizierte Handlungsfolgen zeigen meist einen gestuften Aufbau, indem zuerst versucht wird, mehr indirekt zu verfahren (Flanders 1970, Tausch/Tausch 1979), die pädagogischen Maßnahmen jedoch zunehmend direkter werden, wenn der Lehrer gerechtfertigte Forderungen stellen und durchsetzen muß.

Im Hinblick auf den zur Diskussion stehenden Konflikt zeichnen sich keine Einzelmaßnahmen ab, die logisch aufeinander zu beziehen wären, sondern die beiden Lehrer sehen mehrere Maßnahmenbündel und beschließen, die einzelnen Handlungsmöglichkeiten der jeweiligen Lehr-Lern-Situation oder Konfliktsituation entsprechend flexibel einzusetzen.

a) Maßnahmenbündel *vor Auftreten* von Disziplinkonflikten:
   - Den Unterricht qualifizieren: Schwierigkeitsgrad der Lernaufgaben sorgfältig einschätzen, Aufgabenanreize bieten, Medien bereitstellen, auf Flüssigkeit achten, Wechsel der Lehr-Lern-Situationen einplanen, allen Schülern zuwenden, Problemschüler durch besondere Aufgaben in den Lehr-Lern-Prozeß einbinden.
   - Geringfügigen Störungen angemessen begegnen: Überreaktionen vermeiden, erst mit dem Unterricht beginnen, wenn sich die Schüler konzentrieren können, abwarten, ignorieren, einfach weiterunterrichten, nichtverbal ermahnen, verbal ermahnen, schlagfertig und humorvoll reagieren.

b) Maßnahmenbündel *beim Auftreten* von Disziplinkonflikten:
   - Den Unterricht vorübergehend abbrechen, schweigen, warten, weiter unterrichten, wenn wieder Ruhe eingekehrt ist.
   - Eine Ermahnung, Bitte oder einen Arbeitsauftrag an die Tafel schreiben, von Gruppe zu Gruppe gehen und auf die Anschrift bzw. den Auftrag hinweisen.
   - Auf die nicht störenden Schüler aufmerksam machen, deren Recht auf Unterricht betonen.
   - Störende Schüler namentlich ansprechen und das gezeigte Störverhalten benennen, um sie in ein Gespräch zu verwickeln.
   - ,,Ich-Botschaften" senden, sofern eine Beziehung aufgebaut ist und eine Mitverantwortung vorausgesetzt werden kann.
   - Den Schülern sagen, daß man an ihrem Lernfortschritt persönlich interessiert sei und sich für diesen verantwortlich fühle.

- Im Ausnahmefall einzelnen Schülern eine „Auszeit" gewähren.
- Im Ausnahmefall die ganze Klasse nach Hause schikken, aber die Zeit nacharbeiten lassen – was zuvor diskutiert werden könnte –.

c) Maßnahmen *nach Auftreten* von Disziplinkonflikten:
- Den Schülern die eigene Betroffenheit mitteilen.
- Einzelne Schüler oder Schülergruppen auf die zurückliegenden Ereignisse ansprechen.
- Mit einzelnen Schülern oder Schülergruppen Unterricht planen.
- Mit der Lerngruppe eine Konfliktanalyse durchführen.
- Wenige bedeutsame Verhaltensregeln absprechen und auf einem „Verhaltensposter" festhalten.
- Abmachungen treffen, Verträge schließen (Clarizio 1979).

Neben den drei Maßnahmenbündeln werden die Möglichkeiten der Stundenplanänderung diskutiert sowie die Teilnahme an besonderen außerschulischen Aktivitäten dieser Klasse.

Die beiden Lehrer haben die Richtzeit bei weitem überschritten, glauben jedoch, den Konflikt sorgfältig analysiert zu haben. Der unmittelbar betroffene Lehrer fühlt sich durch die Diskussion mit der Kollegin bestätigt und abgesichert. Das breite Handlungsspektrum, das ihm zur Verfügung steht, überrascht ihn etwas. Dennoch ist er sich nicht sicher, ob es ihm gelingt, die in Aussicht genommenen Handlungen auch umzusetzen.

Die politischen Implikationen dieses Planungsaspektes liegen auf der Hand: Soziale Systeme – und das gilt für das Makrosystem der Bundesrepublik Deutschland genauso wie für das Mikrosystem einer Schulklasse – sind ohne Auseinandersetzungen, Belastungen und Schwierigkeiten nicht denkbar. Und zur Bewältigung dieser Konflikte bedarf es einmal der „Konfliktbeilegungsfähigkeit", zum anderen aber auch der „Konflikterzeugungsfähigkeit" (vgl. Brezinka 1979).

Was bedeutet das nun für das Lehren und Lernen in einer Schulklasse? – Erstens erscheint es unverantwortlich, den Schülern eine heile Welt vorgaukeln zu wollen, die es gar nicht geben kann. Eine „Miteinander-Füreinander-Ideologie", der Ruf nach einer „Versöhnungsgesellschaft" oder einer „Solidargemeinschaft" ist in einer Gesellschaft, die auch durch Interessengegensätze und Verteilungskämpfe gekennzeichnet ist, utopisch und gefährlich.

Dann erscheint es ebenso fragwürdig, die Tatsache der Auseinandersetzungen, Belastungen und Schwierigkeiten in den Mittelpunkt des Lehrens und Lernens zu stellen und jede sich bietende Gelegenheit zu ergreifen, um auf gesellschaftliche und soziale Mißstände oder Ungereimtheiten aufmerksam zu machen, für die sich jüngere Schüler ohnehin noch nicht interessieren. Für anspruchsvolle Lernprozesse ist emotionale Ausgeglichenheit eine der Voraussetzungen, nicht aber eine permanente Verunsicherung der Schüler.

Drittens sollten Konflikte nicht nur als dysfunktional (Parsons 1971), sondern auch als konstruktiv im Sinne des von Dahrendorf (1971) vertretenen konflikttheoretischen Ansatzes gesehen und den Schülern vorgestellt werden. – Auch eine konservative Regierung ist gut beraten, wenn sie Schwachstellen ihres Systems offenlegt, Mißstände aufdeckt und überfällige Reformen selbst in Angriff nimmt. –

Bei der Vielzahl der im Unterricht auftretenden Konflikte dominiert die Konfliktbeilegung, und es erscheint ungerechtfertigt, zusätzliche Konflikte in das Mikrosystem der Schulklasse einzubringen; die ohnehin vorhandenen bieten ausreichende Chancen zum sozialen und politischen Lernen.

Die Zukunft eines jeden gesellschaftlichen Systems ist mit davon abhängig, ob es gelingt, die gesellschaftsimmanenten Konflikte und die Konflikte mit den benachbarten Systemen zu regeln oder zu handhaben. Die Verbesserung der Konfliktfähigkeit – und zwar sowohl der Beilegungs- als auch der Erzeugungsfähigkeit – muß deshalb ein selbstverständliches pädagogisches Anliegen sein.

Verantwortungsbewußte Lehrer werden nicht zur Anpassung (Konfliktbeilegung) *oder* zum Widerstand (Konflikterzeugung) erziehen, sondern zur Anpassung *und* zum Widerstand, zum Gehorsam und zur Bereitschaft, ungerechtfertigt erscheinenden Herrschafts- und Machtansprüchen entgegenzuwirken.

10 Unterrichtskonzeption und Methode wählen

Die Begriffsverwirrung ist in Verbindung mit dieser Planungskomponente besonders groß, und deshalb wird der Versuch einer Begriffsbestimmung und Abgrenzung vorangestellt: Eine *Unterrichtskonzeption* erfordert neben methodischen auch organisatorische Überlegungen und Maßnahmen, die eine Veränderung der Rahmenbedingungen im Vergleich zum üblichen Fachunterricht mit sich bringen, so z.B. die Unterrichtskonzeption des Epochenunterrichts, die eine Änderung des Stundesplans erfordert. *Methoden* bestehen „aus immer wiederkehrenden Verhaltensmustern des Lehrers, die auf verschiedene Fachgebiete angewandt werden können, die für mehr als einen Lehrer charakteristisch und für das Lernen relevant sind" (Gage/Berliner a.a.O., 425). So lassen sich z.B. ein induktives oder deduktives Vorgehen beobachten, entdeckenlassende oder expositorische Lehr-Lern-Strategien. Während eine Unterrichtskonzeption zumeist mehrere Unterrichtseinheiten bestimmt, kann die Methode auf eine Einheit beschränkt bleiben, oder es kommen innerhalb einer Unterrichtseinheit mehrere Methoden zum Tragen. Weder zu den Unterrichtskonzeptionen noch zu den Methoden sind die Sozialformen (vgl. Kap. 7) zu rechnen, sie können in jede Methode und in jede Konzeption integriert werden.

Wendet sich ein angehender Lehrer der Frage nach der geeignet erscheinenden Unterrichtskonzeption zu, dann wird er u.a. mit folgenden Ansätzen konfrontiert: mit dem adaptiven Unterricht (Schwarzer/Steinhagen 1975), dem Blockunterricht (Rapp 1970), computerunterstützten Unterricht (Kaier 1977), Epochenunterricht (Bentzien 1968), mit dem erfahrungsbezogenen Unterricht (Scheller 1981), dem Fachunterricht und fächerübergreifenden Unterricht, dem Gelegenheitsunterricht, Gesamtunterricht (B.Otto 1859–1933),

Muthig 1978, Vilsmeier 1960), informellen Unterricht (Nuber 1977), dem lebensnahen Unterricht (Grunder 1981) und
dem lebensproblemzentrierten Unterricht (Westphal 1979),
dem lernzielorientierten Unterricht (Eigler/Straka 1978),
offenen Unterricht (Kunert 1978, Ramseger 1977, Schmack
1978, Ulshöfer/Götz 1976, Unseld 1977), problemorientier-
ten Unterricht (Bönsch 1981) und dem Projektunterricht
(Frey 1982), programmierten Unterricht (Mager 1972) und
schülerorientierten Unterricht (Einsiedler/Härle 1976,
Schmaderer 1976, Schnitzer/Geisreiter/Volk 1976), dem
schülerzentrierten Unterricht (Wagner 1976), dem wert-
orientierten (Schröder 1978) und wissenschaftsorientierten
Unterricht (Nicklis 1980).

Vielleicht wird dieser Lehrer anfangs ziemlich ratlos sein,
bis er aufgrund des eingehenden Studiums dieser Konzeptionen feststellt, daß sie alle eine mögliche Komponente eines
qualifizierten Unterrichts betonen und diese als Etikett
voranstellen: In einigen Fächern erscheint es sinnvoll, keine
Einzelstunden, sondern Blockunterricht auszuweisen oder
zum Epochenunterricht überzugehen. Lehrer werden immer
wieder versuchen, schülerorientiert zu unterrichten – an
wem sollten sie sich wohl sonst orientieren? –, werden die
Erfahrungen der Schüler einbeziehen und ihnen manchmal
den Unterricht zu einem Erlebnis werden lassen, sofern dies
möglich ist, werden lebensnah unterrichten und Gelegenheiten ergreifen. Grundschullehrer wissen um die Tatsache, daß
sich den Schülern die Lerninhalte mehr ganzheitlich abzeichnen, sie werden Konsequenzen ziehen und gesamtunterrichtlich verfahren. Qualifizierte Fachlehrer stellen Querverbindungen zu anderen Fächern her, während es Oberstufenlehrer
mit als ihre Aufgabe betrachten, die Schüler wissenschafts-
orientiert auf das Studium vorzubereiten. Bei dem Versuch,
die Interessen der Schüler zu berücksichtigen, bieten sich
offene und schülerzentrierte Unterrichtskonzeptionen an, die
auch zu einer Verbesserung der sozio-emotionalen Beziehungen beitragen können. Probleme, auch Lebensprobleme
sind wertorientiert zu analysieren und – falls möglich – zu
lösen. Und wenn es sich vom Lerninhalt her anbietet und die
Rahmenbedingungen es gestatten, werden Lehrer und Schüler manchmal ein Projekt oder ein Vorhaben verwirklichen.
Schließlich wissen jene Lehrer, die Buch- und Computer-
programme kennen und sie nicht sofort als behavioristisch

und amerikanistisch verteufeln, um den Stellenwert und die Entlastungsfunktion des programmierten (PU) und des computerunterstützten Unterrichts (CUU). Jeder Lehrer wird versuchen, sich Rechenschaft über die erreichten bzw. nicht erreichten Lernziele abzulegen und im Anschluß an Erfolgskontrollen oder Leistungsmessungen bemüht sein, die Lücken zu schließen, also nach dem bei Eigler und Straka ausgewiesenen Zyklus verfahren: ,,Lernen, Lerndiagnose, lückenschließendes Lernen" (a.a.O., S. 74) – sofern ihm die Zeit dazu bleibt und er seine Aufgabe, den Schülern beim Lernen zu helfen, ernst nimmt.

Dem Autor ist bewußt, daß er mit dieser Feststellung keineswegs den Vertretern vorstehender Unterrichtskonzeptionen gerecht wird. Leser, die sich für die eine oder andere Konzeption interessieren, seien auf die angegebenen Publikationen aufmerksam gemacht oder auf die Arbeiten von Einsiedler (1981), Gage/Berliner (1979, Bd. II), Geißler (1979) und Joyce/Weil (1972). Doch wenn man erfahrene Lehrer fragt, welche der Unterrichtskonzeptionen sie realisieren, lächeln sie meist etwas verlegen und antworten: ,,Von jeder Konzeption ein bißchen, soweit dies die Rahmenbedingungen zulassen." Wenn z.B. ein Klassenlehrer in seiner Lerngruppe die Fächer Deutsch, Geschichte, Sozialkunde und Geographie erteilt, kann er fächerübergreifend einen Epochenunterricht zum Thema ,,Skandinavien" durchführen und in diese Unterrichtseinheit ein Projekt integrieren. Es ist ihm ohne weiteres möglich, das Thema ,,Skandinavien" in den Mittelpunkt der Einheit zu stellen, Unterrichtsstunden der vier Fächer können zusammengefaßt werden, Lehrer und Schüler können sich auf das Thema konzentrieren und kontinuierlich an ihm arbeiten. Die geographischen, historischen, wirtschaftlichen und politischen Grundkenntnisse werden erworben, Gedichte und Erzählungen skandinavischer Autoren gelesen, Kompositionen werden gehört, Reiseberichte entgegengenommen und schließlich kommt ein Schüler auf die Idee, eine alte Waschküche zu einer Sauna auszubauen, ein Gedanke, der aufgegriffen und in einem Projekt realisiert wird.

Da nun nicht alle Unterrichtskonzeptionen ausführlich dargestellt werden können, sollen nur wenige zentrale Konzeptionen angesprochen werden, die besonders geeignet erscheinen, den Unterricht positiv zu verändern, nämlich die

Konzeptionen des Gesamtunterrichts, Epochenunterrichts, Projektunterrichts, des lernzielorientierten Unterrichts und des offenen Unterrichts.

Der *Gesamtunterricht* ist eine keineswegs veraltete Unterrichtskonzeption, die zwar im Zuge einer fragwürdigen Fach- und Wissenschaftsorientierung in den letzten beiden Jahrzehnten weitgehend aus den Grundschulen verbannt worden ist, die jedoch den Grundschülern sehr entgegenkommt. Grundschüler fühlen, denken und erleben besonders stark ganzheitlich, sie denken nicht in Fächern oder gar in Wissenschaftsdisziplinen. Der Gesamtunterricht nimmt seinen Ausgangspunkt bei konkreten Erlebnissen der Schüler und folgt weitgehend ihren Interessen. Wenn z.B. ein erster warmer Frühlingstag zu verzeichnen ist, dann kann die Lerngruppe einen Lerngang durchführen, Frühlingsblumen betrachten und benennen, Singvögel beobachten und ihnen zuhören, ein Frühlingslied singen, ein Frühlingsbild malen und eine kleine Frühlingsgeschichte schreiben. – Lesern, denen ein solches Beispiel nicht behagt, wird nun sogleich ein anderes geboten: Wenn z.B. im Dorf ein Bauernhof abbrennt, dann kann die Lerngruppe die Brandstelle besichtigen, den Feuerwehrhauptmann befragen, über die Notwendigkeit der Feuerwehr nachdenken, das Meldesystem kennenlernen, im Rollenspiel auf dem Schulhof den Löschvorgang simulieren u.a.m.

Der *Epochenunterricht* bezieht sich auf die zeitliche Planung des Unterrichts, indem nicht viele einzelne Fächer hintereinander, sondern wenige Fächer nacheinander erteilt werden. Wenn z.B. ein Lehrer in seiner eigenen Klasse die Fächer Geschichte, Geographie und Sozialkunde mit jeweils zwei und einer Wochenstunde unterrichtet, dann besteht für ihn die Möglichkeit, diese fünf Stunden zusammenzufassen und jeweils zwei Wochen lang Geschichte und Geographie und in der fünften Woche Sozialkunde zu lehren, wobei sich dann eine ungefähre Stundenverteilung von 10 : 10 : 5 ergibt. Dieser Epochenunterricht, der an Waldorfschulen seit Jahrzehnten praktiziert wird und den auch viele Lehrer an öffentlichen Schulen mit Erfolg realisieren, hat mehrere Vorteile: Die Anzahl der Fächer wird reduziert, in unserem Beispiel von drei Fächern auf ein Fach; Lehrer und Schüler müssen sich nicht laufend auf drei verschiedene Lerninhalte vorbereiten, sie können sich auf einen Inhalt konzentrieren;

die Inhalte werden fast immer nach 24 Stunden wieder aufgegriffen, die Ergebnisse sind am nächsten Tag noch präsent, das oft mühsame Aktualisieren der Vorkenntnisse entfällt weitgehend; Lehrer und Schüler erfahren deutlicher den Lehr-Lern-Fortschritt und haben mehr Erfolgserlebnisse zu verzeichnen. – Während der Gesamtunterricht weitgehend auf die Grundschule beschränkt bleibt, weil an weiterführenden Schulen den Lehrern die umfassende Sachkompetenz fehlt, um in Oberklassen von einem Thema ausgehend dieses sachlich richtig und differenziert darstellen zu können, läßt sich Epochenunterricht immer dann durchführen, sobald ein Lehrer in seiner Lerngruppe mehrere Fächer erteilt. Es ist eigentlich erstaunlich, daß an weiterführenden Schulen, insbesondere an Gymnasien, diese Unterrichtskonzeption noch selten anzutreffen ist.

Im Rahmen des *Projektunterrichts* streben Lehrer und Schüler ein Ziel an, das zu einem vorweisbaren Ergebnis oder zu der Verwirklichung eines Vorhabens führt. Ein möglicher Phasenablauf für die Durchführung eines Projektes könnte so aussehen:

- Lehrer oder Schüler ergreifen die Projektinitiative;
- Lehrer und Schüler bringen Einfälle zu dieser Initiative;
- Lehrer und Schüler erstellen einen Projektplan;
- Lehrer und Schüler verwirklichen gemeinsam das Projekt, indem sie ihre Fähigkeiten in die Projektgruppe einbringen;
- Lehrer und Schüler sichten das Projektergebnis.

Merkmal eines Projektes ist also die gemeinsame Planung und Durchführung, wobei das Ergebnis nicht immer absehbar sein muß. Dem Projektverlauf entsprechend werden Lehrer und Schüler immer wieder mit neuen Frage- und Problemstellungen konfrontiert, die es zu beantworten bzw. zu lösen gilt. Während der sonst übliche Fachunterricht einen starken Vorbereitungscharakter hat – die Schüler lernen z.B. Englisch, um in einigen Jahren die Fremdsprache anwenden zu können –, haben beim Projektunterricht Lehrer und Schüler das Gefühl, an einer gemeinsamen Aufgabe zu arbeiten, die zu einem absehbaren Ergebnis führt. Sie sehen eher Sinn, Zweck und Ziel des Unterrichts, die Lernbereitschaft nimmt meist zu und in Verbindung mit dem Projektergebnis sind fast immer Erfolgserlebnisse zu verzeichnen. Aus der Vielzahl der Projekte und Vorhaben seien beispielhaft wenige Themen genannt:

- Wir schreiben ein Theaterstück und führen es am Elternabend auf.
- Wir züchten Schmetterlinge.
- Wir fotografieren uns eine Woche lang im Unterricht und entwickeln die Bilder.
- Wir bauen unsere Fahrräder auseinander, bauen sie wieder zusammen und überprüfen ihre Verkehrssicherheit ...

Da zur Durchführung eines Projektes die kontinuierliche Zusammenarbeit eines Lehrers mit einer Lerngruppe erforderlich ist, werden an einigen weiterführenden Schulen, die üblicherweise im Fachunterricht organisiert sind, Projekttage oder Projektwochen durchgeführt. Allerdings eignen sich leider nicht alle Lerninhalte für den Projektunterricht, Inhalte, die möglichst oft aufgegriffen werden sollten und bei denen ein hoher Übungsumsatz erzielt werden muß. – Die Konzeption des Projektunterrichts stammt aus den 20er Jahren dieses Jahrhunderts, wurde in den Vereinigten Staaten zuerst realisiert und von Vertretern der Pädagogischen Reformbewegung aufgegriffen und übernommen. Diese Konzeption folgt keinem ideologischen Ansatz, sondern es sind die Projektinhalte und -ziele immer wieder neu zu legitimieren (vgl. Kap. 2–4). – Weiterhin ist der Projektunterricht weder an eine Schulstufe noch an eine Schulart gebunden. Projekte lassen sich im Kindergarten und in der Universität, in der Sonderschule und im Gymnasium durchführen. In jedem Fall können sie dazu beitragen, die Nachteile eines Fachunterrichts abzuschwächen.

Der *lernzielorientierte Unterricht* wurde unter dem Einfluß angelsächsischer Forschungsergebnisse und Publikationen (Mager 1972 und 1975) in den letzten beiden Jahrzehnten auch in der Bundesrepublik Deutschland stark propagiert, doch ist die Tendenz zur Umsetzung heute rückläufig. Dennoch darf nicht verkannt werden, daß er im Bereich der beruflichen Erwachsenenbildung, aber auch im allgemeinbildenden Schulwesen, seine Stellung behaupten wird, wo es darauf ankommt, abrufbare Kenntnisse zu vermitteln und bestimmte Fähigkeiten, Fertigkeiten oder Techniken zu erwerben.

Lernziele werden über einen Lehrplan, über Richtlinien oder über ein Curriculum vorgeschrieben, vom Lehrer oder vom Lehrer und den Schülern gemeinsam formuliert. Die Schüler kennen ansatzweise das Ziel des Unterrichts und können so konzentriert auf das Ziel zusteuern. Am Ende dieses Unterrichts steht die Lernzielkontrolle, die gleichzeitig eine Lehrzielkontrolle beinhaltet.

Eine Sonderform stellt das *zielerreichende Lernen* (Eigler/Straka 1978) dar, das Lernerfolg für jeden verspricht, was sicher auch zutrifft, wenngleich die Lernergebnisse unterschiedlich bleiben werden: „Auf eine Lehr-Lern-Einheit folgt eine Lerndiagnose, die die noch bestehenden Lücken zu erfassen sucht, die dann – bevor zur nächsten Lehr-Lern-Einheit übergegangen wird – durch ein Lücken-schließendes Lernen gefüllt werden sollen" (a.a.O., S. 11). Der Weg zu den Zielen wird von einer Lernhierarchie begleitet. Und es ist vorrangige Aufgabe des Lehrers, Hypothesen darüber zu bilden, warum es vermutlich Schülern nicht gelungen ist, bestimmte Teilziele zu erreichen. Diese Annahmen werden dann im weiteren Verlauf des Unterrichts überprüft, indem der Lehrer die Schüler bei ihren Lernbemühungen unterstützt. Bezeichnenderweise hat Eigler diese Konzeption am Beispiel des Bruchrechnens demonstriert. So zentral und wertvoll die Überlegungen dieses Ansatzes auch sind, so läßt er sich nicht ohne weiteres auf andere Fächer übertragen.

Der *offene Unterricht* unterliegt einem modischen Trend; doch in der Bundesrepublik Deutschland wird er sehr selten realisiert. Der Autor hatte vor Jahren Gelegenheit, in den Vereinigten Staaten offenen Unterricht mitzuerleben: Vier geräumige Klassenzimmer sind hintereinander angeordnet. In jedem Raum werden etwa 12 Schüler unterrichtet, für die eine Lehrerin und mehrere Assistenten oder Praktikanten zur Verfügung stehen. Im ersten Raum arbeiten die 6 bis 8jährigen Schüler, im zweiten die 9- bis 11jährigen, im dritten die 12- bis 14jährigen und im letzten die 15- bis 17jährigen Schüler. Die einzelnen Räume sind mit altersgerechtem Mobiliar und mit entsprechenden Medien großzügig ausgestattet, die Außenbereiche, die von jedem Klassenzimmer aus durch Glasschiebetüren betreten werden können, sind ebenfalls altersgerecht angelegt, d.h. für die Kleinen ein Sandkasten, für die Mittleren ein Abenteuerspielplatz und für die Großen eine Tennisanlage. Die einzelnen Räume sind nicht voneinander getrennt, die Schüler können von einem Raum in den anderen gehen, am Unterricht der älteren teilnehmen oder mal nach den jüngeren sehen. Wer allerdings dabei die anderen stört, der muß wieder seinen eigenen Raum aufsuchen. Im ersten Klassenzimmer, bei den Kleinen, geht es noch ziemlich lebhaft zu, die Schüler springen herum, ein Schüler hat Kopfhörer aufgesetzt und hört Musik, einige Schüler spielen seit Tagen im Sandkasten. Die verantwortliche Lehrerin sagt zu ihrer Assistentin: „Die drei spielen seit Tagen im Sandkasten, vielleicht können Sie sie doch für ein Bilderbuch interessieren"? – Die Bemerkung ist als Anregung, nicht aber als Weisung gedacht. – In den anderen Klassenzimmern wird es dem Alter der Schüler entsprechend zunehmend ruhiger, im letzten Raum herrscht so etwas wie eine Arbeitsatmosphäre. Einige Schüler sitzen an von ihnen eingerichteten Arbeitsplätzen, exerpieren, zeichnen oder rechnen, andere lesen oder sind in ein Gespräch vertieft. Im dritten Raum sitzt ein 13jähriger Junge vor einer großen Arbeitsplatte, auf der zahlreiche Bücher und Nachschlagewerke liegen. Dieser Schüler heißt Jimmy, er verfügt über eine besondere mathematische Begabung, löst im Augenblick Integrale und wird von einem Mathematik-professor der Universität betreut, weil die Lehrer ihm nicht weiterhelfen können. Die Lehrerin spricht voller Ehrfurcht über diese besondere Begabung, die es zu fördern gilt, und Jimmy telefoniert manchmal mit seinem Professor. Die Schule ist zwischen 8 und 17 Uhr geöffnet, doch die Schüler kommen zwischen 8 und 9 Uhr und gehen zwischen 16 und 17 Uhr. Einige weigern sich, um 17 Uhr die Schule zu verlassen, wenn sie gerade in eine Aktivität vertieft sind. – Die Lehrer üben eine ganz andere Funktion aus, ihre Arbeitsweise ist nicht mit der uns bekannten zu vergleichen. Sie bleiben im Hintergrund, beobachten die Schüler, diese kommen zum Lehrer, stellen Fragen, holen sich Anregun-gen, um dann eigenständig weiterzuarbeiten. Dieser Unter-richt ist individualisiert, er folgt den Interessen der Schüler, die Schüler bestimmen ihr Lerntempo selbst (highly indivi-dualized, self motivated, self paced). Der Unterricht ist offen, Begabungen können optimal gefördert werden. Diese Kon-zeption folgt humanistischen Ansätzen des Lehrens und Lernens, Emotionen werden nicht unterdrückt, sie sind erwünscht, das Lernen erfolgt weitgehend angstfrei (vgl.

Gage/Berliner a.a.O., S. 604 ff.). – Ein offener Unterricht erfordert glänzende Rahmenbedingungen, er ist für öffentliche Schulen in dieser Art nicht finanzierbar. Dennoch muß angemerkt werden, daß es heute viele Lehrer gibt, die in überschaubaren Lerngruppen unterrichten und leider mit 15 Schülern immer noch so verfahren, als hätten sie 38 zu instruieren. Die Chancen einer offenen und humanen Konzeption werden vielfach vertan. Unterricht an deutschen Schulen ist so nicht vorstellbar, leider, und den Lehrern fällt es schwer, sich umzustellen, was durchaus verständlich ist.

Die Schüler und Lehrer dieser Versuchsschule in Amherst, Massachusetts, verfolgen überwiegend *entdeckenlassende Lehr-Lern-Strategien* (Klewitz/Mitzkat 1977), indem sie ihren Interessen entsprechend eigenständig Fragen nachgingen und beantworteten, Probleme entdeckten und diese lösten (vgl. Eigler et al. 1975). Das methodische Vorgehen wurde durch die Rahmenbedingungen ermöglicht und gestützt. Im Fachunterricht an den öffentlichen Schulen in der Bundesrepublik Deutschland sind hingegen *expositorische Lehr-Lern-Strategien* vorherrschend, bei denen der Lehrer mehr im Mittelpunkt steht, neue Begriffe definiert, Sachverhalte erklärt oder demonstriert und die Schüler so von einem Lernschritt zum andern führt. Innerhalb von 45 Minuten ist es kaum möglich, die Schüler zu eigenständiger Arbeit anzuregen, zu warten, bis sie initiativ werden, Fragen aufwerfen oder Probleme sehen, die beantwortet bzw. bewältigt werden müssen.

Häufig wird recht unkritisch die entdeckenlassende Lehr-Lern-Strategie als die überlegene bezeichnet und die expositorische abgewertet. Der jeweiligen Lehr-Lern-Aufgabe entsprechend muß das Vorgehen offener und geschlossener, eher entdeckenlassend und dann mehr expositorisch ausfallen. Bestimmte Lehr-Lern-Aufgaben eignen sich besser für die eine oder andere Methode. So ist es kaum vorstellbar, daß Schüler im Lateinunterricht überwiegend entdeckend lernen oder im Englischunterricht den ACI entdecken. Generell bleibt jedoch anzumerken, daß zahlreiche Lehr-Lern-Aufgaben, die sehr wohl entdeckenlassend erarbeitet werden könnten, expositorisch in die Lehr-Lern-Prozesse eingebracht werden, weil ungünstige Rahmenbedingungen ein sinnvolleres Vorgehen verhindern.

In diesem Zusammenhang sollte auch die Frage nach der Tragfähigkeit methodischer Modelle für die Unterrichtspraxis gestellt werden (vgl. Joyce/Weil 1972). Wenn Lehrer Unterricht vorbereiten und planen, dann tun sie das höchst selten oder nie in Verbindung mit einem theoretisch ausgewiesenen Modell, indem sie sich vornehmen, induktiv nach H. Taba zu verfahren, ein Erkundungstraining nach J.R. Suchman durchzuführen, das moralische Bewußtsein nach L. Kohlberg zu fördern oder Ordnungsvorstellungen im Anschluß an D. Ausubel zu entwickeln (vgl. Gage/Berliner a.a.O., S. 427). Der Mangel an theoretischer Begründung der jeweils gewählten Methoden kann einmal darin zu finden sein, daß vielen Lehrern diese Modelle gar nicht bekannt sind, zum anderen ist aber auch zu vermuten, daß ganz andere Gesichtspunkte die methodischen Entscheidungen beeinflussen oder bestimmen, Faktoren, die ein bestimmtes methodisches Vorgehen, selbst wenn man von dessen Wert überzeugt wäre, unmöglich machen. Wie schon erwähnt, eignen sich bestimmte Methoden nur für bestimmte Lehr-Lern-Aufgaben, sind zur Umsetzung häufig spezifische Rahmenbedingungen erforderlich oder müssen bestimmte Lernvoraussetzungen gegeben sein.

Lehrer beachten hingegen einige fachdidaktische Prinzipien – so z.B. das Prinzip der Einsprachigkeit im modernen Fremdsprachenunterricht –, sehen sich in zahlreichen methodischen Entscheidungen z.B. durch die Lehrbuchwerke festgelegt und verfahren dann, den Lernvoraussetzungen und dem Lernvermögen der Schüler entsprechend, unter Berücksichtigung der Rahmenbedingungen möglichst variabel und flexibel – und die lebhaften Schüler fordern von ihnen diese Flexibilität. Für bestimmte Aufgabengruppen verfügen sie jedoch über ein Repertoire an Methoden, von dem sie aus Erfahrung wissen, daß die Umsetzung meist erfolgreich ist. Dieses methodische Repertoire ist weitaus konkreter, bezieht sich auf vergleichbare Lehr-Lern-Aufgaben und ist leider noch zu wenig erforscht (vgl. Metz 1980). Deutschlehrer kennen zahlreiche erfolgversprechende Methoden der Behandlung von Märchen, Fabeln oder Gedichten, sie kennen Möglichkeiten der Rechtschreibübung oder der Aufsatzvorbereitung. Ein Sportlehrer verfügt über mehrere Methoden, wie er die Schüler auf eine leichtathletische Disziplin vorbereitet, an ein Mannschaftsspiel heranführt oder wie er am

Anfang einer Stunde die Schüler durch spielerische Übungen aufwärmt. – Methoden sind weitgehend an die jeweiligen Lehr-Lern-Aufgaben gebunden, Aufgabenbereiche lassen sich ausgliedern, um dann nach geeignet erscheinenden Methoden zu suchen.

Die politischen Implikationen dieser Planungskomponente sind eng mit dem Begriff der „Methodenfreiheit" verknüpft. Dieser Begriff ist äußerst problematisch und unverzichtbar zugleich, problematisch, weil sich hinter ihm viel Unvermögen und Ignoranz, mangelnde Professionalisierung und Scharlatanerie, Trägheit und Subjektivismus verstecken läßt. Mit dem Mantel der Methodenfreiheit können mangelndes Engagement, unzureichende Vorbereitung und Planung, Methodenwillkür und Mißachtung der Schüler zugedeckt werden.

Unverzichtbar ist die Forderung nach Methodenfreiheit, damit

– der Lehrer von den Schülern, von ihrem Lernvermögen und ihren Belangen ausgehen kann, er nicht durch eine abstrakte Methode eingeengt wird;
– sich Lehrer und Schüler in den Lehr-Lern-Prozeß einbringen, ihre Meinungen, Auffassungen und Zweifel frei äußern können, der Prozeß in seiner Dynamik gesehen und berücksichtigt wird;
– Lehrer nach aufgabenbereichsspezifischen Methoden suchen und diese variieren können, Methoden, die ihnen in Form gesicherter Forschungsergebnisse nicht zur Verfügung stehen und auch nicht immer ohne weiteres zur Verfügung gestellt werden können, weil sie bei einer Verabsolutierung wiederum einengen würden;
– Lehrer in ihrer methodischen Kreativität nicht gehemmt, sondern bewußt gefordert und gefördert werden;
– Lehrer in der Lage sind, bei Lehr-Lern-Aufgaben, die sich ihnen neu stellen, nach geeigneten Methoden zu suchen und diese umzusetzen, und
– damit sich vor allem die Schüler an der Suche nach geeigneten Methoden aktiv beteiligen können (vgl. Kap. 6).

Eine Gesellschaft, die sich als freiheitlich demokratisch versteht und in der die Dynamik gesellschaftlicher Entwicklungen und Prozesse nicht geleugnet wird, kann auf Methodenfreiheit in ihren Schulen nicht verzichten. Diese Gesellschaft ist geradezu darauf angewiesen, daß Lehrer und Schüler immer wieder methodische Überlegungen anstellen und über ein mögliches Vorgehen beraten, sich aktiv um Lösungswege bemühen und versuchen, anstehende Probleme erfolgreich zu bewältigen. Nur so ist zu hoffen, daß es nachfolgenden Generationen gelingt, den Schwierigkeiten und Problemen ihrer Zeit zu begegnen.

11 Lehr-Lern-Folgen konzipieren

Die Frage, in welchen Phasen, Stufen oder Schritten der Unterricht abzulaufen habe, beschäftigte und beschäftigt von jeher Pädagogen, Lernpsychologen und Erziehungswissenschaftler. Es gibt fast keine Unterrichtslehre und kein Buch zur Unterrichtsplanung, die sich nicht mit diesem Problem befassen (vgl. Aschersleben/Hohmann 1979, 20; Dichanz/Mohrmann 1980, 94; Maier/Pfistner 1971, 192; Steindorf 1981, 182). Einige Autoren widmen diesem Aspekt sogar eine gesonderte Publikation (Vogel 1973, Keck 1983). Diederich (1979) bemerkt dazu:

„In der Geschichte der Pädagogik hat sich ein ganzes Arsenal von Unterrichtssequenzen angehäuft, an dem sich der Lehrer mehr oder minder bewußt orientieren kann. ‚Hören – Sprechen – Lesen – Schreiben‘ als Standardabfolge von Tätigkeiten im Fremdsprachenunterricht. ‚Sehen – Beurteilen – Handeln‘ oder ‚Lesen – Darstellen – Begreifen‘ sogar als Titel von Schulbüchern, ‚Anschauen – Denken – Anwenden‘ (Dörpfeld), ‚Vorbereitung – Darbietung – Verknüpfung – Zusammenfassung – Anwendung‘ (Rein) oder ‚Analyse – Synthese – Assoziation – System – Methode‘ (Ziller) sind die klassischen ‚Artikulationsschemata‘ der herbartianischen Schule, ‚Zielsetzung – Planung – Ausführung – Beurteilung‘ in der ‚Projektmethode‘ oder ‚Einstimmung – Erlebnis – Ausklang‘ in der Erlebnispädagogik und schließlich moderner und zugleich komplizierter ‚Hinwendung – Vorbereitung – Erarbeitung – Vertiefung – Befestigung – Gestaltung – Ablösung – Entspannung‘ (H. Bach) oder ‚Motivation – Schwierigkeiten – Lösung – Tun – Behalten – Übertragung‘ (H. Roth) – dies alles sind Lösungsvorschläge zu unserem Problem" (a.a.O., S. 431/432).

Bei den vorstehend genannten Autoren läßt sich oft eine Vermischung von entwicklungspsychologischen, lernpsychologischen oder allgemein philosophischen Aspekten mit dem Anliegen der Verlaufsplanung von Unterricht erkennen.

Die Annahme, daß jeder Unterricht nach einem bestimmten Schema ablaufen könne, muß als Fehlannahme bezeichnet werden. Allein die Vielzahl möglicher Artikulationsschemata deutet auf ihre Fragwürdigkeit hin; sie erscheinen kaum handlungsrelevant. Es wird zu zeigen sein, daß es kein Schema gibt und keines geben darf, das verbindlich gemacht werden könnte. Statt dessen wird empfohlen, die jeweiligen Lernvoraussetzungen, den Lerninhalt und mögliche Lernziele in den Blick zu nehmen, das Lernvermögen der Schüler und die zur Verfügung stehende Zeit zu berücksichtigen, um dann eigenständig eine Lehr-Lern-Folge zu konzipieren.

Nun könnte man der Auffassung sein, daß es wenigstens fach- oder lerngebietsspezifische Artikulationsschemata gibt; aber auch diese Auffassung trügt. Betrachten wir z.B. das Fach Deutsch und ein fachorientiertes Schema –

1. Sprechanlaß schaffen,
2. Sprachstoff zusammentragen,
3. Sprachstoff ordnen,
4. Sprachdenken fördern (Regeln finden),
5. vielfältiges Anwenden anstreben –,

dann wird sehr schnell deutlich, daß eine Aufsatzvorbereitung, eine Rechtschreibübung, die Behandlung eines Gedichtes, das Lesen einer Ganzschrift u.a.m. nicht nach diesem Schema erfolgen können. Im Gegenteil, selbst für die Behandlung eines Textes lassen sich beliebig viele Artikulationsschemata entwickeln:

– Auf die Bedeutung des Textes aufmerksam machen,
  den Text vorlesen,
  zur Aussprache auffordern,
  das Gesprächsergebnis zusammenfassen.

– Den Text vorlesen lassen,
  Verständnisfragen stellen,
  den Text nochmals von allen Schülern still lesen lassen,
  die Aussprache leiten,
  das Gesprächsergebnis zusammenfassen lassen.

– Zentrale Begriffe in einem Vorgespräch klären,
  den Text vorlesen,
  die Schüler in Kleingruppen über das Gehörte diskutieren lassen,
  Diskussionsergebnisse zusammentragen lassen.

- Ereignisse oder Erfahrungen ansprechen,
  den Text lesen lassen,
  in Partnerarbeit den Text mit den eigenen Erfahrungen vergleichen,
  Ergebnisse in der Lerngruppe zusammentragen lassen.

- ... (Der Leser wird an dieser Stelle aufgefordert, mindestens ein Dutzend weiterer Artikulationsschemata für die Behandlung eines Textes zu kreieren.)

Um zu einer befriedigenden Antwort auf die Frage nach einer möglichen Lern-Lehr-Folge zu gelangen, wird von allen Artikulationsschemata abgesehen und der Blick auf die zu planende Lehr-Lern-Folge und auf den realisierten Lehr-Lern-Prozeß gerichtet. Erstere stellt sich als Abfolge methodischer, pädagogischer und organisatorischer Handlungen, Handlungsstrukturen und Struktursequenzen in punktuellen Situationen, Situationen und Situationsfolgen dar. In diesen Situationen von unterschiedlicher Komplexität findet ein wechselseitiges Lehren und Lernen statt.

Handlungen im Lehr-Lern-Prozeß

1. *Methodische Handlungen*
   1.1 Punktuelle Handlungen
        in punktuellen Situationen   PS
   1.2 Handlungsstrukturen
        in Lehr-Lern-Situationen   LLS
   1.3 Struktursequenzen
        in Situationsfolgen   SF
2. *Pädagogische Handlungen* – Konfliktbereich –
   2.1 Punktuelle Handlungen
        in punktuellen Konfliktsituationen PKS
   2.2 Handlungsstrukturen
        in Konfliktsituationen   KS
   2.3 Struktursequenzen   KF
        in Konfliktfolgen
3. *Organisierende Handlungen*
   3.1 Punktuelle Handlungen zur
        Organisation in punktuellen Situationen   OPS
   3.2 Handlungsstrukturen zur
        Organisation in Lehr-Lern-Situationen   OLLS
   3.3 Struktursequenzen
        zur Organisation in Situationsfolgen   OSF

In *punktuellen Situationen* treten nur einzelne Handlungen auf, so z.B., wenn der Lehrer einen Schüler fragt und dieser antwortet, ein Schüler fragt und der Lehrer antwortet, ein Schüler schläft und der Lehrer ihn weckt, der Lehrer den Filmapparat einschaltet u.a.m. In *Situationen* sind mehrere Handlungen zu beobachten, die miteinander in Beziehung stehen, so daß sich eine Handlungsstruktur abzeichnet, wenn z.B. ein Lehrer etwas erklärt. *Situationsfolgen* beinhalten mehrere Situationen und bilden so eine Verknüpfung von Handlungsstrukturen, z.B. wenn Hausaufgaben erteilt und kontrolliert werden oder eine Konfliktsituation die andere jagt.

Beispiel I

5. Schuljahr, Deutsch, Übungsstunde, Rückgabe eines Diktats.

Geplante Lern-Lern-Folge

1. Hefte austeilen lassen.	OLLS
2. Den Schülern einen Sachverhalt mit Hilfe einer Tafelzeichnung erklären und ihn nochmals erklären lassen.	
3. Die Schüler zu Kleingruppenarbeit anleiten – anleiten, betreuen, Ergebnisse sichten –.	LLS
	SF_{1-3}

Realisierter Lehr-Lern-Prozeß

	geplant	nicht geplant
1. Lehrer *fordert* die Schüler *auf,* die Hefte auszuteilen.	OLLS	
2. Drei Schüler *streiten sich,* wer die Hefte austeilen darf. – Nun muß erst eine Vereinbarung getroffen werden.		KS
3. Lehrer *zeichnet* und *erklärt.*	LLS	
4. Ein Schüler *stellt eine Frage,* die auf einem Mißverständnis beruht, das im Gespräch ausgeräumt werden kann.		PS
5. Der Lehrer *formuliert* einen Auftrag für Kleingruppenarbeit.	SF_1	

6. Die Mitglieder einer Kleingruppe *streiten sich* über das Vorgehen, einigen sich jedoch schließlich ohne Hilfe des Lehrers.　　　　　KS

7. Der Lehrer *betreut* die Schüler bei der Arbeit, indem er von Kleingruppe zu Kleingruppe geht.　　　　SF₂

8. Der Lehrer läßt die Kleingruppenergebnisse *sichten* und *vergleichen.*　　SF₃

9. Es klingelt zur Pause. Eine Schülergruppe wird *sehr unruhig,* wird durch den Lehrer ermahnt.　　PKS
Lehrer und Schüler verlassen das Klassenzimmer.

Beispiel II

8. Schuljahr, Kunsterziehung, Doppelstunde, Spritztechnik-Herbstblätter.

Geplante Lehr-Lern-Folge

1. Den Schülern die Technik demonstrieren.	LLS
2. Einen Arbeitsauftrag erteilen.	SF₁
3. Die notwendigen Vorbereitungen treffen lassen.	OLLS
4. Die Schüler während der Einzelarbeit betreuen.	SF₂
5. Die Arbeitsergebnisse sichten lassen.	SF₃
6. Die Arbeitsplätze aufräumen und säubern lassen.	OLLS

Realisierter Lehr-Lern-Prozeß

	geplant	nicht geplant
1. Der Lehrer kommt ins Klassenzimmer, die Schüler jagen einander nach, *schreien durcheinander.*		KS
2. Der Lehrer *demonstriert* wie beabsichtigt die Technik.	LLS	
3. Dabei *schubsen* sich einige Schüler, die ermahnt werden müssen.		PKS
4. Die Schüler *treffen die Vorbereitungen* für die Einzelarbeit.	OLLS	

174

5. Ein Schüler *spritzt* seine Mitschülerin naß, diese revanchiert sich mit einem vollen Becher Wasser. KS

6. Nun *erteilt* der Lehrer den Arbeitsauftrag. SF_1

7. Einige Schüler *hören nicht richtig zu,* er läßt deshalb den Auftrag durch aufmerksame Schüler wiederholen. PKS

8. Nun beginnen die Schüler mit der Arbeit und werden vom Lehrer *betreut,* indem dieser individuelle Lernhilfen gibt. SF_2

9. Ein Schüler *hilft* seiner Mitschülerin, indem er ihr eine besonders ausgefeilte Technik beibringt. LLS

10. Eine Schülerin *verärgert* ihren Mitschüler, indem sie dessen Blatt verkleckst. KS

11. Der Lehrer *fordert* gegen Ende der Doppelstunde die Schüler *auf,* fertige Arbeiten nebeneinander zu legen. OPS

12. Dabei kommt es zu kleineren *Streitereien* um die Plätze. PKS

13. Drei Schüler sind noch nicht fertig und *arbeiten weiter.* LLS

14. Die anderen *sprechen* darüber, welche Blätter ihnen besonders gut gefallen. SF_3

15. Die Arbeitsplätze werden nun *aufgeräumt* und *gesäubert.* OLLS

16. Dabei kommt es zu einer *Auseinandersetzung* zwischen dem Lehrer und einem Schüler, der seinen Platz nicht ausreichend gesäubert hat. KS

Aus der Gegenüberstellung der geplanten Lehr-Lern-Folgen und der realisierten Lehr-Lern-Prozesse ergeben sich einige bedeutsame Einsichten:

- Die geplanten Lehr-Lern-Folgen stellen nur Grobstrukturen dar, die Lehr-Lern-Prozesse sind weitaus komplexer und lassen sich nur begrenzt planen.

- Einige konfliktträchtige Ereignisse lassen sich voraussehen; doch insgesamt betrachtet treten diese unvermutet
  auf und verlangen vom Lehrer variables und flexibles
  Handeln. So weiß z.B. ein erfahrener Kunsterzieher, daß
  es beim Wasserholen oft zu derben Späßen und Auseinandersetzungen kommt, doch KS 5 im Beispiel II läßt sich
  nicht voraussehen.
- Die Planung von Lehr-Lern-Folgen wird sich deshalb auf
  die methodischen Handlungen konzentrieren. Ausnahmen
  bilden Maßnahmen der Konfliktprophylaxe sowie metaunterrichtliche Handlungsstrukturen.
- Viele Handlungen laufen im Unterricht parallel (vgl.
  Beispiel II, 2. und 3.; 4. und 5.; 6. und 7.; 8., 9. und 10.;
  13. und 14; 15. und 16.). Das gilt für die methodischen,
  organisierenden und konfliktträchtigen Handlungen.
- Zahlreiche Handlungen werden vom Lehrer gar nicht
  wahrgenommen bzw. können gar nicht wahrgenommen
  werden, so in SF_2 im Beispiel I, wo der Lehrer immer nur
  eine von sechs Kleingruppen betreuen kann.
- Die organisierenden Handlungen erscheinen häufig trivial
  und werden deshalb nicht immer in die Planungsüberlegungen einbezogen (vgl. Beispiel II, OPS 11.).
- Im Lehr-Lern-Prozeß weicht der Lehrer von der geplanten
  Lehr-Lern-Folge ab, ergänzt diese, verkürzt sie oder
  nimmt eine Umstellung vor (vgl. Beispiel II, statt LLS,
  SF_1, OLLS wird LLS, OLLS, SF_1 realisiert.).

Wenn sich nun also die geplante Lehr-Lern-Folge von dem
realisierten Lehr-Lern-Prozeß erheblich unterscheidet, wäre
es dann nicht vielleicht sinnvoller, ganz auf eine Planung zu
verzichten? Stützt nicht die Erkenntnis, daß kein Artikula-
tionsschema verbindlich gemacht werden kann, eine solche
Argumentation?
Keineswegs!
Ein qualifizierter Unterricht ist gegliedert, und in jedem
Planungskonzept lassen sich einzelne Punkte, Abschnitte
oder Phasen erkennen, die aufeinander aufbauen. Eine struk-
turierte Lehr-Lern-Folge bietet Lehrern und Schülern gleichermaßen eine Orientierung im Lehr-Lern-Prozeß, denn
Lehrer erkennen so eher, was gelehrt worden ist, und
Schüler, was sie gelernt haben. Nach einer erfolgreich
durchlaufenen Lehr-Lern-Situation werden beide frei, sich in

der folgenden Lehr-Lern-Situation neuen Inhalten und Zielen zuzuwenden.

Ausgangspunkt für die Planung der Lehr-Lern-Folge haben die Lernvoraussetzungen der Schüler zu sein (vgl. Kap. 1), d.h. es ist in jedem Fall die Frage zu beantworten, ob die Schüler voraussichtlich in der Lage sein werden, die zu planende Lehr-Lern-Folge in einem Lehr-Lern-Prozeß erfolgreich zu durchlaufen, und welche Möglichkeiten es gibt, notwendige Vorkenntnisse zu aktualisieren (vgl. Weinert/Zielinski a.a.O.).

Eine Lehr-Lern-Folge läßt sich nur adressaten- und aufgabenspezifisch entwickeln (vgl. Kap. 1–5), d.h. es sind der Lerninhalt, die Inhaltsstruktur sowie mögliche Lernziele in den Blick zu nehmen und aufeinander zu beziehen. Dabei kann es sinnvoll sein, die Schüler an der Planung der Lehr-Lern-Folge zu beteiligen (vgl. Kap. 6), damit sie zunehmend lernen, Lernprozesse eigenständig zu konzipieren, um sich so aus der Abhängigkeit vom Lehrer zu befreien.

Die Lehr-Lern-Folge steht mit der jeweiligen Unterrichtskonzeption oder gewählten Methode in Beziehung (vgl. Kap. 10). Lehrer, die expositorisch, entdeckenlassend oder gesamtunterrichtlich verfahren wollen, werden der Unterrichtskonzeption bzw. der Methode entsprechend andere Lehr-Lern-Folgen planen, den Unterricht anders einleiten, die Arbeitsaufträge anders formulieren, andere Lehr-Lern-Situationen in den Mittelpunkt des Unterrichts stellen und eine andere Zeitplanung vorsehen.

Eine qualifizierte Lehr-Lern-Folge berücksichtigt soweit wie möglich das individuelle Lernvermögen der Schüler. Leistungsschwache Schüler sind für eine deutliche Gliederung besonders dankbar. Sie treten aus dem Lernfeld, wenn sie nicht in absehbarer Zeit kleine Erfolgserlebnisse zu verzeichnen haben. Ihnen sind erreichbare Ziele zu setzen, die Strukturen sind überschaubar zu halten, und die Lehr-Lern-Situationen sind häufig zu wechseln. Leistungsstarke Schüler können mit anspruchsvolleren und komplexeren Strukturen konfrontiert werden, die Ziele können weitergesteckt sein, und der Lernerfolg darf länger auf sich warten. Erfolgsorientierte Schüler verfügen zumeist über ein größeres Lernvermögen, bessere Konzentrationsfähigkeit und über eine höhere Frustrationstoleranz.

In heterogenen Lerngruppen wird der planende Lehrer versuchen, durch Maßnahmen der Binnendifferenzierung die Leistungsunterschiede zu berücksichtigen. Die Grundlage solcher Überlegungen bildet wiederum das voraussichtliche Lernvermögen der Schüler, nach dem sich das Lehr-Lern-Tempo zu richten hat.

Eine Lehr-Lern-Folge, die einem professionellen Anspruch genügt, wahrt die Lernchancen der Schüler, beinhaltet Lernwiderstände und bringt die Schüler vorübergehend in Lernschwierigkeiten. Wenn sich den Schülern keine Widerstände zeigen, lernen sie nur passiv-rezeptiv oder wiederholen früher Gelerntes. Ein aktiv-produktives Lernen findet statt, wenn Schüler Lernwiderstände erfolgreich überwinden, sie sich mit den Lernschwierigkeiten auseinandersetzen und so lange an ihnen arbeiten, bis sie ausgeräumt sind.

Eine durchdachte Lehr-Lern-Folge bietet den Schülern Abwechslung, was durch einen Wechsel der Lehr-Lern-Situationen, einen Wechsel der Sozialformen und durch wechselnden Medieneinsatz mit der Beanspruchung verschiedener Sinneskanäle erreicht werden kann. Besonders jüngere und leistungsschwache Schüler sind für Abwechslung im Lehr-Lern-Prozeß dankbar, was nicht heißt, daß Lehrveranstaltungen der Erwachsenenbildung im Hochschulbereich monoton sein dürfen. Bietet die Lehr-Lern-Folge keinerlei Abwechslung, sinkt die Lernbereitschaft auch leistungsstarker Schüler.

Eine qualifizierte Lehr-Lern-Folge gibt den Schülern Gelegenheit, mit dem Erlernten umzugehen, es anzuwenden, zu übertragen, die Einsichten, Erkenntnisse, Fähigkeiten, Fertigkeiten oder Erfahrungen in neue Zusammenhänge hineinzustellen. Gelingt dieses integrative Bemühen, können Schüler in einer Lehr-Lern-Situation zeigen, daß sie mit den Einsichten, Erkenntnissen oder Erfahrungen etwas anfangen können, stellen sich Erfolgserlebnisse ein, die den Abschluß eines jeden Lehr-Lern-Bemühens bilden sollten. Dabei kann am Ende eines solchen Prozesses auch die Einsicht, Erkenntnis oder Erfahrung stehen, daß es sich hier um ein moralisches Dilemma, um einen nicht aufzulösenden Widerspruch, um ein ungelöstes Problem handelt, das weiter verfolgt und beachtet werden muß.

Lehr-Lern-Folgen, die auf dem hier skizzierten Reflexionshintergrund konzipiert werden, erfordern ein eigenstän-

diges Nachdenken des Lehrers, das ihm durch Artikulations-schemata oder methodische Modelle nicht abgenommen werden kann. Und wenn z.B. mehrere Lehrer für eine Lerngruppe zu einem Lerninhalt und zu definierten Lernzielen Lehr-Lern-Folgen konzipieren, werden diese völlig anders ausfallen. Dies führt zu der Annahme, daß es zwar wenige Prinzipien für die Planung von Lehr-Lern-Folgen, jedoch eine große Anzahl verschiedener Realisierungsmöglichkeiten gibt.

Als Übung für theoriebewußte Studenten und Professoren kann die Planung zahlreicher alternativer Lehr-Lern-Folgen interessant sein. Lehranfänger sind froh, wenn sich ihnen für eine Unterrichtseinheit im Rahmen ihrer Planungsbemühungen *eine* stimmige Lehr-Lern-Folge abzeichnet, die sich ausreichend begründen läßt. Und auch routinierte Lehrer sehen vorerst keine Veranlassung, nach einer weiteren Lehr-Lern-Folge Ausschau zu halten, sofern ihnen die erste plausibel erscheint. Sie wissen ohnehin aus Erfahrung, daß der Lehr-Lern-Prozeß anders verläuft und im Prozeß ein variables und flexibles Handeln gefragt sein wird.

Die politischen Implikationen dieser Planungskomponente sind bedeutsam und vielfältig. Eine qualifizierte Lehr-Lern-Folge zeichnet sich u.a. dadurch aus, daß sie den Schülern ein aktiv-produktives Lernen ermöglicht. Wer zu politischer Beteiligung bereit ist, wer sich nicht mit Unzulänglichkeiten abfinden will, der verfügt über eine solche aktiv-produktive Lernhaltung. Ein passiv-rezeptives Lernen, das nicht auf dem Versuch basiert, Schwierigkeiten erfolgreich zu bewältigen, ist auf Dauer geeignet, einer Obrigkeit brave Untertanen zu liefern, die sich weitgehend manipulieren lassen. Ein freiheitlich demokratischer Staat ist aber auf lernbereite, lernfähige und kritische Staatsbürger angewiesen. Die Grundlage für diese aktive Lernhaltung wird auch in schulischen Lehr-Lern-Prozessen gelegt.

Eine andere Argumentation ist denkbar: Qualifizierte Lehr-Lern-Folgen nehmen ihren Ausgangspunkt bei den Lernvoraussetzungen der Schüler, berücksichtigen deren Lernvermögen und enden vorläufig mit einer Kontrolle der Lehr-Lern-Erfolge. Damit unterliegen sie dem Rechenschaftsprinzip. – In gleicher Weise sind Absichtserklärungen der Politiker, Parteiprogramme und Regierungserklärungen zu analysieren und zu hinterfragen, ob sie auf realistischen

Annahmen basieren, die mögliche Innovationsrate ausschöpfen, die „Kunst des Möglichen" wagen und ob schließlich jene Ziele angestrebt und erreicht werden, die in den
Absichtserklärungen genannt worden sind.

12 Die Lehrvoraussetzungen verbessern – ausprobieren, simulieren, trainieren

Zu einer qualifizierten Unterrichtsvorbereitung und -planung gehört der Erwerb bedeutsamer Handlungskompetenzen; doch darüber, welches bedeutsame Handlungskompetenzen seien, gehen die Meinungen auseinander. Einfacher scheint es, handlungsinkompetente Lehrer zu identifizieren, die z.B. Schülern ironisch oder sarkastisch begegnen, denen man anmerkt, daß sie ungern unterrichten, die nicht zuhören können, viele Ereignisse im Unterricht gar nicht wahrnehmen, gerechtfertigte Belange der Schüler nicht erkennen und von sich selbst glauben, großartige Lehrer zu sein.

Inkompetenz zeigt sich z.B., wenn ein Lehrer die Schülerbeiträge stets wiederholt (Lehrerecho), er die Schüler unreflektiert lobt (Genau, genau, genau; ok, ok, ok), die Lernwiderstände beseitigt, so daß die Schüler nichts mehr zum Lernen haben, auf sinnlose Art den Lernfortschritt überprüft (Habt Ihr das verstanden? Nicht wahr? Nicht wahr? Nicht wahr, nicht nicht wahr?), ausschließlich Faktenfragen stellt (Wie schwer...? Wann wurde...? Wieviel...?) oder Fragen der Schüler zurückweist, weil sie nicht in sein Konzept passen.

Eine mangelnde Kompetenz läßt sich beobachten, sofern der Unterricht nicht die Lernvoraussetzungen der Schüler berücksichtigt, Stunden immer wieder mit Stereotypen eingeleitet werden (Was haben wir das letzte Mal gemacht? Nehmt Eure Hausaufgaben vor!), bei nachlassender Konzentrationsfähigkeit die Schüler in gleicher Weise ermahnt werden (Nun seid doch endlich ruhig!) oder wenn auf eine Kontrolle des Lernerfolges verzichtet wird, so daß die Schüler eigentlich nie so richtig wissen, was sie nun gelernt haben.

In Gesprächen und Diskussionen zeigt sich die Inkompetenz, wenn der Lehrer die gesamte Gesprächszeit für sich in

Anspruch nimmt (Wenn alles schläft und einer spricht . . .), den Gesprächs- oder Diskussionsschwerpunkt nicht erkennt oder versucht, den Schülern seine Meinung aufzudrängen. – Und wenn er einen Sachverhalt mit einer Zeichnung erklären will, hilflos an der Tafel steht, stottert, das „Kunstwerk" mit Spucke korrigiert und dazu bemerkt: „Ich glaube, Ihr wißt schon, was ich meine", dann ist dies wiederum ein Mangel an Professionalisierung. Dieser Vorwurf muß auch erhoben werden, sofern er Arbeitsaufträge, die zum Üben, Experimentieren, Spielen usw. anleiten sollen, unverständlich formuliert und in der Betreuungsphase mit einzelnen Schülern über die Köpfe der anderen hinweg redet. Und ein Mangel an Konfliktkompetenz zeigt sich, indem er bei Randkonflikten lautstark interveniert und zentrale Konflikte ignoriert.

Diese Beispiele zeigen, daß es offensichtlich kompetente und inkompetente Lehrer gibt, die sich im Grad der Professionalisierung deutlich unterscheiden. Um die Frage beantworten zu können, welche Handlungen des Lehrers den Unterricht qualifizieren, bedarf es einer Übersicht bezüglich der für Lehr-Lern-Prozesse typischen Handlungen, Handlungsstrukturen und Struktursequenzen. Der Autor bemüht sich seit Jahren um ein solches Klassifikationssystem von Lehrhandlungen (Becker 1975, 1976, 1983), um diese transparent und trainierbar zu machen. Die nachstehende Übersicht gibt den derzeitigen Stand der Überlegungen wieder.

Klassifikationssystem von Lehrhandlungen

Handlungsvoraussetzungen
–   Konstruktive Einstellungen
–   Förderliche Persönlichkeitsmerkmale
–   Planungskompetenz
–   Kommunikative Kompetenz

1.   **Prozeßbegleitende Wahrnehmungsleistungen**
1.1   Zuhören und Beobachten
1.2   Sensibilität und Desensibilität
1.3   Selbstwahrnehmung und Fremdwahrnehmung

2.   **Methodischer Bereich**
      Handlungen, Handlungsstrukturen, Struktursequenzen
2.1   *Prozeßleitende Handlungen*

Anmerkung: Mit Hilfe dieses Klassifikationssystems lassen sich alle erdenklichen Unterrichtskonzeptionen, Methoden und Lehr-Lern-Strategien planen und realisieren.

Im Hinblick auf ein zielgerichtetes sinnerfülltes Verhalten (Handeln) des Lehrers im Unterricht lassen sich fünf große Bereiche unterscheiden:

- Handlungsvoraussetzungen,
- prozeßbegleitende Wahrnehmungsleistungen,
- methodische Handlungen,
- pädagogische Handlungen und
- organisierende Handlungen.

Eine positive Einstellung zu den Schülern und zum Lehrerberuf vorausgesetzt, zeichnet sich ein kompetent handelnder Lehrer dadurch aus, daß er aktiv zuhören, exakt beobachten und mehrere Handlungsabläufe gleichzeitig verfolgen kann. Ein solcher Lehrer ist sensibel für gerechtfertigte Belange einzelner Schüler und für die Belange der Lerngruppen, er ist in der Lage, seine Handlungen zu hinterfragen und sich selbst annähernd realistisch einzuschätzen. *Diese Handlungsvoraussetzungen und die prozeßbegleitenden Wahrnehmungsleistungen* lassen sich in persönlichkeitsorientierten Trainigskursen verbessern, in gruppendynamischen Veranstaltungen, die Gelegenheit zur Selbstkonfrontation und zu einer realistischeren Wahrnehmung eigener Handlungen bieten (vgl. Fuller/Baker 1970).

Die im methodischen Bereich vorgenommene Gliederung in prozeßleitende und prozeßbegleitende Handlungen, in Handlungsstrukturen, die den Gesprächs- und Präsentationsbereich betreffen, und in Struktursequenzen für die Bereiche der Sozialformen und der Anleitung, ist nun zu erläutern.

Prozeßleitende Handlungen beziehen sich auf die Tatsache, daß Lehr-Lern-Prozesse auf die Lernvoraussetzungen der Schüler aufbauen und bis zu jenem Punkt geführt werden sollten, an dem sich überprüfbare Lehr-Lern-Erfolge abzeichnen, die Lehrer und Schüler gleichermaßen emotional stabilisieren. Folgen wir einer kybernetischen Terminologie, so haben prozeßleitende Handlungen die Aufgabe, den jeweiligen Ist- und Sollwert zu erfassen. Außerdem übernehmen sie eine motivationale Funktion, indem sie Lernprozesse anregen, aufrechterhalten und auf ein Ziel hinlenken (vgl. Aschersleben/Hohmann a.a.O., S. 158).

Ein inkompetenter Lehrer demotiviert z.B. seine Schüler, indem er Unterrichtsstunden stets in der gleichen Weise einleitet – „Nehmt Eure Hausaufgaben vor!" – Ein kompetenter Lehrer wird zwar auch mal eine Stunde mit dieser Aufforderung beginnen, doch variiert er die Anfangssituation oder den „Einstieg", indem er z.B. Lernziele nennt, das Thema umreißt, den Stellenwert des Themas hervorhebt, die Schüler zum Thema Fragen stellen läßt, sie durch widersprüchliche Thesen provoziert, durch Medieneinsatz Informationen liefert, die Stunde mit einer Demonstration, Erklärung oder einem Filmeinsatz beginnt. Während die Schüler beim inkompetenten Lehrer schon abschätzen können, wie der Unterricht wohl beginnen wird, ist der Anfang einer Unterrichtsstunde beim kompetenten Lehrer immer wieder für sie interessant, weil dieser sein breites Handlungsspektrum variabel einzusetzen vermag.

Auf die Bedeutung der Lernvoraussetzungen, insbesondere der Vorkenntnisse und ihrer Aktualisierung für nachfolgende Lehr-Lern-Prozesse, haben Weinert und Zielinski (1977) aufmerksam gemacht. Sind für eine bestimmte Lernaufgabe besondere Vorkenntnisse erforderlich und werden diese nicht in geeigneter Form aktualisiert, dann profitieren die leistungsschwachen Schüler, die über diese Vorkenntnisse nicht verfügen, von dem nachfolgenden Lehr-Lern-Prozeß wenig oder nichts, und die leistungsstarken, denen die Vorkenntnisse präsent sind, profitieren immer mehr. Ein inkompetenter Lehrer wird sich kaum um die Lernvoraussetzungen und Vorkenntnisse seiner Schüler kümmern oder er wird die Frage stellen – „Was haben wir das letzte Mal gemacht?" –, um dann in einem mühsamen interessetötenden Frage- und Antwortspiel die Vorkenntnisse zu erheben. Ein kompetenter Lehrer weiß um die Bedeutung der Vorkenntnisse gerade für leistungsschwache Schüler und verfügt über ein breites Handlungsrepertoire zur Aktualisierung, indem er z.B. selbst wichtige Kenntnisse kurz und prägnant referiert und auf deren Bedeutung für den nachfolgenden Lehr-Lern-Prozeß aufmerksam macht, diese Aufgabe einem Schüler oder einer Schülergruppe überträgt, Wendekarten fertigt und diese in Kleingruppen einbringt, ein Quiz zusammenstellt, ein Arbeitsblatt fertigt, das Lernaufgaben enthält, durch deren Lösung die Vorkenntnisse aktualisiert werden, die Schüler sich gegenseitig Fragen stellen läßt oder ein Medium, das die bedeutsamen Informationen enthält – Textstelle, Filmausschnitt, Graphik... –, nochmals einsetzt.

Prozeßbegleitende Handlungen wie – „Auf Beiträge eingehen", „Beiträge verstärken", „Fragen stellen" etc. – treten meist punktuell auf. Sie lassen sich nicht voraussehen und sind nur begrenzt planbar, indem sich z.B. der Lehrer bedeutsame Fragestellungen überlegt. Sie haben den Charakter von isolierten Lehrfertigkeiten oder Teaching Skills (vgl. Allen/Ryan 1972) und können auch eine prozeßleitende Funktion übernehmen. Überschneidungen lassen sich nicht ganz vermeiden; auch treten diese prozeßbegleitenden Handlungen innerhalb der typischen Handlungsstrukturen und Struktursequenzen auf. Kompetente Lehrer verfügen im Hinblick auf diese prozeßbegleitenden Handlungen über ein breites Spektrum an Handlungsindikatoren, das sich im Lehr-Lern-Prozeß beobachten läßt und das sie, der jeweiligen Lehr-Lern-Situation oder Situationsfolge entsprechend, variabel und flexibel einsetzen können. In dem eingangs erwähnten Beispiel wiederholte ein inkompetenter Lehrer sämtliche Schülerbeiträge (Lehrerecho) und dokumentierte damit mangelnde Professionalisierung. Ein kompetenter Lehrer hingegen läßt Schülerbeiträge präzisieren, weiterführen, zu anderen Beiträgen in Beziehung setzen, sie begründen, überdenken oder ergänzen. Er umschreibt Beiträge, stellt sie zur Diskussion, bezieht sie in die Argumentation ein, hält besonders wichtige Beiträge fest, hebt sie hervor oder läßt sie ausnahmsweise wiederholen. Dieser Lehrer verfügt über ein ausgeweitetes Handlungsspektrum, und wenn er die Schülerbeiträge in der jeweiligen Lehr-Lern-Situation sinngemäß auffassen und in den Lehr-Lern-Prozeß integrieren kann, erweist er sich im Hinblick auf die Lehrqualifikation – „Auf Schülerbeiträge eingehen" – als handlungskompetent.

Im Gesprächs- und Präsentationsbereich zeichnen sich für typische Lehr-Lern-Situationen *Handlungsstrukturen* ab, die es zu analysieren, zu durchschauen und zu optimieren gilt. Die einzelnen Elemente oder Handlungsindikatoren stehen nun nicht mehr als variabel einzusetzendes Handlungs- oder Maßnahmenbündel nebeneinander, sondern die Handlungsindikatoren ergeben ein Beziehungsgefüge. – Der eingangs erwähnte inkompetente Lehrer, der sich an der Tafel abmühte, war nicht in der Lage, die Handlungsstruktur zu durchschauen. Ein kompetenter Lehrer durchdenkt im Rahmen der Unterrichtsplanung den zu erklärenden Sachverhalt, fertigt die Zeichnung und ordnet ihr verständliche Erklärungen zu. In der Lehr-Lern-Situation ist er in der Lage, Zeichenvorgang und Erklärungen zu koordinieren, er versieht die Zeichnung mit einer Überschrift, nutzt die Tafelfläche aus, gliedert die Zeichnung, beschriftet sie mit den zentralen Begriffen, setzt Symbole und farbige Kreide überlegt ein, achtet auf den erforderlichen Grad der Exaktheit, spricht mit den Schülern über die Perspektive, ermutigt sie zu Zwischenfragen, läßt sie mit- oder weiterzeichnen und fordert schließlich zur Aussprache über Zeichnung und Sachverhalt auf. – Wie vorstehendes Beispiel zeigt, sollten einige Indikatoren in dieser Lehr-Lern-Situation unbedingt berücksichtigt werden, während andere als mögliche Indikatoren fungieren. So muß z. B. im Fach Geometrie der notwendige Grad der Exaktheit gewahrt werden, so daß es sich verbietet, rechtwinklige Dreiecke aus freier Hand zu zeichnen und zu sagen: „Dies soll ein rechter Winkel sein." Doch die Verwendung farbiger Kreide ist oftmals überflüssig, die Perspektive braucht oft nicht erklärt zu werden, wenn sie eindeutig ist u. a. m. –

Die Handlungen des Lehrers beim Einsatz verschiedener Sozialformen und im Anleitungsbereich zeichnen sich als *Struktursequenzen* ab, als eine Abfolge typischer Handlungsstrukturen, die miteinander in Beziehung stehen. Der Lehrer formuliert z.B. eine Lernaufgabe für Einzelarbeit, er betreut die Schüler und läßt eine Auswertung der Ergebnisse vornehmen – die Struktursequenz: anleiten – betreuen – sichten.

Bei Kleingruppenarbeit können solche Sequenzen weitaus komplizierter und differenzierter sein (vgl. Kap. 7). Und je nach Art der Lernaktivität – lesen, schreiben, rechnen, malen, gestalten, basteln, werken, konstruieren, probieren, experimentieren, spielen, kochen, turnen, schwimmen, ... – werden im Anleitungsbereich die Struktursequenzen unterschiedlich ausfallen; doch ist ihnen gemeinsam, daß die Strukturen aufeinander zu beziehen sind und insgesamt eine Lehr-Lern-Folge umfassen. Struktursequenzen zeigen sich z.B. auch bei Leistungsmessungen: auf den Test vorbereiten, Lernhilfen geben, den Test schreiben lassen, korrigieren, Fehler analysieren, auswerten und benoten, Test zurückgeben, Korrekturen vornehmen lassen. – Struktursequenzen sind möglichst vollständig zu durchlaufen, denn eine fehlende Erfolgskontrolle kann die Schüler erheblich frustrieren, wenn sie z.B. stundenlang Hausaufgaben fertigen, nach denen nicht gefragt wird.

Der Bereich der Sozialformen und der Anleitungsbereich überschneiden sich, denn wenn Schüler z.B. experimentieren, dann können sie dies nur in Einzel- oder Partner- oder Kleingruppenarbeit tun – Gruppenarbeit wird sich wohl selten anbieten. Dennoch empfiehlt es sich, die für die Sozialformen typischen Struktursequenzen zu analysieren, weil verschiedene interaktionale Konstellationen unterschiedliche soziale Handlungsstrukturen bedingen, die es zu durchschauen gilt.

Die Qualität der Struktursequenzen ist weitgehend von der einleitenden Handlungsstruktur, dem Arbeitsauftrag und den Lernaufgaben abhängig. In dem Eingangsbeispiel formulierte der inkompetente Lehrer die Arbeitsaufträge für die Schüler unverständlich. Wahrscheinlich war er sich auch nicht der Bedeutung der Arbeitsaufträge bewußt. Ein kompetenter Lehrer bemüht sich um verständliche Formulierungen (einfach, kurz, gegliedert, anregend), umschreibt die Lernziele, gibt Hinweise auf die Erfolgskontrolle, macht Angaben zur

Sozialform und zur Bearbeitungszeit, zu den Arbeitsmitteln und -materialien. Er wird in der Lehr-Lern-Situation darauf achten, daß sich die Schüler auf den Arbeitsauftrag konzentrieren, ihn sorgfältig sichten, Rückfragen stellen, um dann erst weiterzuarbeiten.

Ähnlich wie im methodischen lassen sich auch im *pädagogischen Bereich* bei auftretenden Auseinandersetzungen, Belastungen und Schwierigkeiten Handlungen, Handlungsstrukturen und Struktursequenzen unterscheiden. Wenn z.B. in dem Augenblick, wo es im Unterricht spannend wird, ein Schüler vom Stuhl fällt, die Mitschüler lachen und der Lehrer für einen Augenblick verärgert ist, liegt eine konfliktträchtige Handlung vor. Gehen die letzten zehn Minuten einer Unterrichtsstunde in allgemeiner Disziplinlosigkeit unter, zeichnet sich eine Konfliktstruktur ab, und ist ein Problemschüler an mehreren Konflikten beteiligt, indem er z.B. heute einen Mitschüler verprügelt, morgen einen Automaten knackt und übermorgen einer Lehrerin die Handtasche stiehlt, haben wir es mit einer konfliktträchtigen Struktursequenz zu tun.

Im Rahmen dieses handlungsorientierten Planungsansatzes stellen sich für den Lehrer folgende Fragen:

- Verfüge ich über eine positive Einstellung zu den Schülern und zum Lehrberuf? – Sofern diese Frage verneint werden muß, wäre nach den Ursachen zu forschen und nach den Möglichkeiten einer Einstellungsänderung.
- Wie lassen sich die prozeßbegleitenden Wahrnehmungsleistungen verbessern? – Welche Trainingskurse – zum Zuhören oder zur Gelegenheit der Selbstkonfrontation – bieten sich an?
- Welche der prozeßbegleitenden und prozeßleitenden Handlungen lassen sich planen, ohne Lehrer und Schüler zu verplanen? – z.B. mögliche Frage- und Problemstellungen, Aktualisierung der Vorkenntnisse, Möglichkeiten der Lernmotivierung oder der Erfolgskontrolle –
- Welche Handlungsstrukturen und Struktursequenzen zeichnen sich ab? – z.B. typische Gesprächs- oder Präsentationssituationen, eine Struktursequenz zur Kleingruppenarbeit o.a. –
- Verfüge ich über die erforderlichen Lehrvoraussetzungen, um die entscheidenden Handlungen, Handlungsstrukturen

und Struktursequenzen im Lehr-Lern-Prozeß optimieren zu können?

Wenn diese letztgenannte Frage, die sich jeder Lehrer im Rahmen der Unterrichtsplanung immer wieder stellen sollte, verneint werden muß, bieten sich Möglichkeiten zur Verbesserung der Lehrvoraussetzungen an, die sich mit den Begriffen ausprobieren, simulieren und trainieren umschreiben lassen. Gehen wir von konkreten Beispielen aus:

Ausprobieren:

Ein Lehrer plant im Fach Chemie einen Demonstrationsversuch, den er noch nie durchgeführt hat. Er weiß, daß die Qualität der Unterrichtsstunde vom Gelingen dieses Versuchs abhängen wird, und hat ein bißchen Angst, sich vor den Schülern zu blamieren. Also geht er am Nachmittag in die Schule, probiert den Handlungsablauf, überlegt sich begleitende Erklärungen, um am nächsten Morgen, angemessen qualifiziert, den Lehr-Lern-Prozeß leiten zu können.

Eine Lehrerin möchte im Fach Biologie einen Lehrfilm einsetzen. Sie kennt diesen Film nur aus dem Begleitheft und verfügt noch nicht über jene Handlungssicherheit, die für die Bedienung des Filmapparates wünschenswert wäre. Also verabredet sie sich am Nachmittag mit dem Hausmeister, legt unter dessen kritischen Augen probehandelnd den Film ein, überlegt sich, welche Erklärungen dem Filmeinsatz vorausgehen müssen, an welcher Stelle der Einsatz unterbrochen werden kann, um ein bestimmtes Problem diskutieren zu lassen, legt den Ausschnitt fest, der wiederholt gezeigt werden soll, denkt darüber nach, wie die Aussprache eingeleitet werden könnte u.a.m.

Der Versuch, solche Handlungsstrukturen und Struktursequenzen zu durchschauen und probehandelnd zu durchdringen, um dann im Lehr-Lern-Prozeß über die erforderliche Handlungssicherheit zu verfügen, die notwendig ist, um auf Schülerbeiträge und Schülerfragen eingehen zu können, wird bei Lehranfängern häufiger zu verzeichnen sein. Demonstriert ein berufserfahrener Chemielehrer einen bestimmten Sachverhalt zum fünften Mal und weiß er aus Erfahrung, daß er über die erforderlichen Handlungskompetenzen verfügt, dann wird er sich mit der Bereitstellung der Demonstrationsobjekte und -materialien begnügen.

Simulieren:

Eine Lehrerin im Fach Deutsch möchte den Schülern im ersten Schuljahr ein Märchen erzählen. Sie hat dieses Märchen noch nie im Unterricht behandelt, auch betreut sie die Schulanfänger zum ersten Mal und hat Angst, einiges falsch zu machen. Im Verlauf ihres Studiums setzte sie sich intensiv mit Problemen der Entwicklungspsychologie, der Sprachentwicklung und der Lerntheorien auseinander, und sie glaubt, sich einigermaßen auf die Sprachebene der Schüler einpendeln zu können; doch im Hinblick auf den im Märchen ausgewiesenen Handlungsablauf wird sie auf einmal unsicher. Diese Unsicherheit zeichnet sie übrigens aus, zeugt nur von einem angemessenen Problembewußtsein. – Zufällig schaut sie zum Fenster hinaus und sieht die sechsjährige Tochter ihres Kollegen mit gleichaltrigen Kindern spielen. Sie geht hinaus, ruft die Kinder zusammen und sagt: „Ich möchte Euch gerne ein Märchen erzählen, wer es hören möchte, der kann zu mir in die Wohnung kommen, es dauert nicht sehr lange, ich bin gespannt, wie Ihr das Märchen findet." – Einige Kinder folgen ihr, sie haben ihren Spaß an dem Märchen, und in der nächsten Viertelstunde gewinnt diese Lehrerin wertvolle Einsichten und Erkenntnisse hinsichtlich des Lernvermögens von Schulanfängern. Indem die Lehrerin mit diesen Kindern den Lehr-Lern-Prozeß simuliert, stattet sie sich mit jener Handlungssicherheit aus, die sie in die Lage versetzt, auf die Beiträge der Schüler – auf deren Zweifel, Vermutungen und Gefühlsäußerungen – sensibel zu reagieren.

Ein junger Lehrer geht im Sachunterricht, den er im 2. Schuljahr erteilt, ganz ähnlich vor. Das „Simulationsopfer" ist in diesem Fall seine Freundin, die als Beschäftigungstherapeutin in einer Kinderklinik tätig ist und Erfahrungen im Umgang mit Kindern dieser Altersstufe hat. Dieser Lehrer kam auf die Idee, einen Fragekasten für den Sachunterricht aufzustellen. Er ist bemüht, die spontane Fragehaltung der Kinder zu bewahren und auszubauen nach dem Motto: Nur wer Fragen stellen kann, der lernt wirklich. Doch bald sieht er sich durch seine siebenjährigen Schüler leicht überfordert. Was wird nicht alles gefragt! – Warum ist es am Tag hell und in der Nacht dunkel? Wie kommen die Eisblumen an das Fenster? Wie kommt die Mutti zum Baby? Warum wird die Heizung warm? Wie kann ein Auto fahren? – Dieser Lehrer versucht nun, vom Fragehorizont der Schüler ausgehend, Frage- und Problemstellungen zu entwickeln, welche die Schüler in die Lage versetzen, selbst nach Erklärungen zu suchen und Antworten zu finden. Da er sich keineswegs sicher ist, wie siebenjährige Schüler auf bestimmte Fragen antworten, legt er diese immer wieder seiner Freundin vor. Letztere kennt die einleitenden Sätze schon – ,,Was wird Deiner Meinung nach ein siebenjähriger Schüler antworten, wenn er mit folgendem Problem konfrontiert wird: ...?'' – oder: ,,Ich erkläre Dir jetzt, wie eine ... funktioniert. Meinst Du, daß meine Klasse etwas mit dieser Erklärung anfangen kann?'' Auf diese Weise gelingt es dem Lehrer zunehmend, seine Fragen, Erklärungen und Arbeitsaufträge auf das Lernvermögen der Schüler abzustimmen.

Trainieren:

Eine ganz andere Möglichkeit zur Verbesserung der Lehrvoraussetzungen und der Handlungskompetenzen bietet ein Training des Lehrverhaltens (Allen/Ryan 1972, Becker 1973a und 1983, Becker 1986, Borg et. al. 1970, Clemens-Lodde/Jaus-Mager/Köhl 1978, Kern 1979, Klinzing-Eurich/Klinzing 1981, Krumm 1973, Meyer 1981, Schollmeyer 1981, Sommer 1981, Thiele 1983, Zifreund 1966 und 1976). Mutzeck und Pallasch (1983) gliedern die aktuellen Trainingsansätze in unterrichts-, erziehungs- und persönlichkeitsorientierte Trainingskonzepte. Alle diese Ansätze gehen davon aus, daß es Einstellungen und Handlungskompetenzen gibt, die verändert bzw. erworben werden können und die dann dem Lehrer für die Planung und Durchführung des Unterrichts zur Verfügung stehen. Dabei wird nicht übersehen, daß einige Handlungsvoraussetzungen, Wahrnehmungsleistungen und Fähigkeiten nicht beliebig verändert, verbessert oder erworben werden können.

Die vorgenannten Trainingsansätze variieren in ihren Zielsetzungen sehr stark. Einige streben eine grundlegende Einstellungsänderung an und hoffen, daß sich die Handlungskompetenzen von selbst ausbilden, andere sind auf die Ausbildung spezifischer Handlungskompetenzen ausgerichtet (Klinzing-Eurich/Klinzing, a.a.O., Sommer, a.a.O.), es wird z.B. nur das Frageverhalten trainiert, und die Autoren hoffen offensichtlich, daß der Trainierende die Transferleistung auf andere Kompetenzen selbst leisten kann.

Wie das Klassifikationssystem von Lehrhandlungen zeigt, ist das Handlungsfeld eines Lehrers hochkomplex. Das Lehren läßt sich nicht in seiner Gesamtheit erlernen, sondern die hochkomplexen Handlungsstrukturen müssen isoliert verfügbar gemacht werden (vgl. Zifreund 1966), um dem Lehranfänger jene Hilfen zu bieten, die zum Erlernen des Lehrens erforderlich sind. Aus diesem Dilemma gibt es wahrscheinlich nur zwei Auswege:

1. Die Studiengänge sollten an den Aufgaben des Lehrers im Unterricht orientiert werden (Becker 1973b), d.h. Lehrveranstaltungen sollten zu Trainingsveranstaltungen werden, in denen angehende Lehrer lernen, wie sie Gespräche führen, Diskussionen leiten, Sachverhalte erklären oder demonstrieren, Medien einsetzen, Arbeitsaufträge formulieren u.a.m. Dabei wäre es Aufgabe der trainierenden Dozenten, im Sinne von Gage (1972) Theorien des Lehrens und Lernens zu entwickeln, also Theorien der Gesprächsführung, der Diskussionsleitung, der Verständlichkeit, des Medieneinsatzes u.dgl.m. Die Entwicklung theoretischer Ansätze sollte es den Lehrern ermöglichen, ihr Handeln ausreichend zu begründen.

2. Die zentralen Handlungskompetenzen lassen sich in Trainingskursen nur im Ansatz erwerben. Handlungskompetent wird ein Lehrer, indem er den Lehrberuf mehrere Jahre ausübt. Trainingskurse können im Interesse der zu unterrichtenden Schüler die Lernzeiten angehender Lehrer verkürzen. Der Lehrer ist jedoch selbst gefordert, an der Ausweitung seines Handlungsrepertoires, der Durchdringung typischer Handlungsstrukturen und Struktursequenzen aktiv zu arbeiten. Eine Möglichkeit zum eigenständigen Erwerb spezifischer Handlungskompetenzen bieten u.a. die Kurse von Becker/Clemens-Lodde/Köhl (1980) und Kern (1979). Mit ihrer Hilfe können sich Praktikanten, Referendare und Lehrer auf bestimmte

Handlungen, Handlungsstrukturen und Struktursequenzen vorbereiten, diese im Unterricht bewußter wahrnehmen, sich auf dieselben konzentrieren, um dann, von Tag zu Tag oder Woche zu Woche, zunehmend handlungskompetenter zu werden. Ein kompetent handelnder Lehrer verfügt über ein breites Handlungsspektrum, durchschaut typische Handlungsstrukturen und Struktursequenzen, die ihm für die Planung des Unterrichts abrufbar zur Verfügung stehen.

Andere Formen, die Lehrvoraussetzungen zu verbessern, erscheinen etwas fragwürdig. Sie werden nur deshalb erwähnt, weil sie noch häufig anzutreffen sind. Dabei handelt es sich einmal um die rezeptologische Übernahme ganzer Entwürfe und zum anderen um die detaillierte Vorausplanung ganzer Lehr-Lern-Prozesse, indem einem geplanten Lehrerverhalten die erwarteten Schülerreaktionen gegenübergestellt werden. Solche Vorbereitungstechniken legen den Lehrer zu sehr fest, machen ihn unfrei für den Umgang mit den Schülern. Es ist ein Unterschied, ob sich der planende Lehrer im Verlauf der Lerninhaltsanalyse mehrere mögliche Frage- und Problemstellungen überlegt – was durchaus sinnvoll erscheint – oder ob er 25 Lehrerfragen mit von ihm vermuteten Schülerreaktionen aneinanderreiht und dann versucht, diesen aufgestellten Plan einzuhalten.

Die politischen Implikationen dieser Planungskomponente ergeben sich aus dem hier skizzierten situationsanalytischen Ansatz. Zentrale Handlungen, Handlungsstrukturen und Struktursequenzen lassen sich analysieren, ihre Elemente können isoliert verfügbar gemacht werden (Zifreund 1966). Ein berufsspezifisches Handlungsrepertoire läßt sich ausweiten, erlernen, optimieren. Doch wenn ein Lehrer bemerkenswerte Wahrnehmungsleistungen erbringt, für die Belange der Schüler sensibel ist, ihnen zuhört und lernt, sich selbstkritisch zu sehen, wenn er die prozeßbegleitenden und prozeßleitenden Handlungen auf das Lernvermögen der Schüler abstimmt, er in typischen Lehr-Lern-Situationen und Situationsfolgen kompetent zu handeln vermag, dann kann dies alles in einem Unterricht erfolgen, der demokratischen oder faschistischen Zielsetzungen dient.

Die im Klassifikationssystem ausgewiesenen Handlungen, Handlungsstrukturen und Struktursequenzen werden erst durch die Inhalte und Ziele, die mit ihnen verfolgt werden, legitimiert. So betrachtet sind alle Trainingsmethoden nichts anderes als Techniken, die sich zur Manipulation der Schüler mißbrauchen lassen. Ein Trainer kann die Trainingsteilnehmer schulen, auf Beiträge einzugehen, sinnvolle Fragen zu stellen, Sachverhalte zu demonstrieren, Gespräche und Diskussionen zu leiten, Arbeitsaufträge zu formulieren u.a.m. Er kann das Handlungsrepertoire der Teilnehmer ausweiten, mit ihnen Handlungsstrukturen und Struktursequenzen analysieren, einzelne Handlungen transparent werden lassen, ihnen die erforderliche Handlungssicherheit bieten, die zur Optimierung der Lehrhandlungen erforderlich ist.

Gleiches vermag – der Leser möge dieses makabre Beispiel verzeihen – der Offizier einer Geheimpolizei. Auch er kann situationsanalytisch verfahren, neue Foltermethoden ausklügeln, das Handlungsrepertoire seiner Folterknechte ausweiten, typische Handlungsstrukturen in Foltersituationen und Foltersequenzen transparent machen und seine Untergebenen in der Anwendung dieser Maßnahmen trainieren. –

Dieses Beispiel darf jedoch nicht von dem Anliegen dieses Kapitels ablenken, nämlich von dem Versuch, die Lehrvoraussetzungen zu verbessern, an der Ausweitung des eigenen Handlungsrepertoires zu arbeiten, Lehr-Lern-Situationen und Situationsfolgen zu analysieren, die eigenen Handlungen zu optimieren, sie sinnvoll aufeinander zu beziehen und die hier angesprochenen Möglichkeiten – ausprobieren, simulieren, trainieren – im Interesse der Schüler zu nutzen.

13 In verschiedenen Stadien der beruflichen Sozialisation Unterricht planen

Mitunter wird die Frage diskutiert, ob es sinnvoll sei, sich überhaupt vorzubereiten, weil ein nicht vorbereiteter Unterricht oft produktiver verlaufe als ein vorbereiteter. Vertreter dieser Meinung möchten wohl zum Ausdruck bringen, daß es nicht nur darauf ankomme, Unterricht zu planen, sondern daß die Art der Durchführung letztlich entscheidend sei, womit sie sicher recht haben; aber die Frage an sich, ob oder ob nicht, erscheint reichlich grotesk. Schließlich bedarf eine jede anspruchsvolle Tätigkeit der Vorbereitung und Planung, lediglich über Art und Umfang läßt sich diskutieren.

Ein Jurist muß erst einmal die Akten studieren, sich mit den neuesten Rechtsverordnungen befassen und Material zusammentragen, bevor er Anklage erhebt oder die Verteidigung übernimmt. – Ein Arzt braucht eine Anamnese, bevor er eine Diagnose stellt, therapeutische Maßnahmen ergreift, ein Medikament verordnet oder operiert. – Beispiele dieser Art lassen sich beliebig anführen; sie sollen die These untermauern, daß jede anspruchsvolle Tätigkeit der Vorbereitung und Planung bedarf.

Nun wissen wir allerdings, daß es immer wieder Juristen, Ärzte und Lehrer gibt, die ihren Beruf unzureichend vorbereitet ausüben. Nur kann es nicht darum gehen, einen als negativ erkannten Zustand gutzuheißen oder festzuschreiben. Und dann haben wir auch die Erfahrung gemacht, daß Fachleute mit langjähriger Berufspraxis auf eine Vorbereitung und Planung weitgehend verzichten und dennoch akzeptable Leistungen bringen können; doch zumeist wurden diese Fähigkeiten in den zurückliegenden Jahren durch entsprechenden Arbeitseinsatz erworben, – „geborene" Juristen, Ärzte oder Lehrer gibt es nicht.

Mit Engagement und Charisma allein läßt sich die anspruchsvolle Tätigkeit des Lehrens nicht bewältigen, wenn sie einem professionellen Standard genügen soll. Gelingt einem Lehrer in den ersten Stadien seiner beruflichen Sozialisation dennoch eine Stunde ohne Vorbereitung und Planung, dann hat er einfach Glück gehabt, weil die Schüler z.B. überwiegend intrinsisch motiviert waren und ihm beim Lehren geholfen haben.

Welche Stadien der beruflichen Sozialisation zeichnen sich bei Lehrern ab?

1. Das Stadium des *Praktikanten* und Studenten, der im Rahmen seines Hochschulstudiums mehrere Schulpraktika zu durchlaufen und erste Lehrversuche durchzuführen hat.
2. Das Stadium des *Referendars,* der seine Fachstudien an der Hochschule vorläufig abgeschlossen hat, vormittags in die Schule geht und dort unter Anleitung eines Mentors mehrere Unterrichtsstunden hält und nachmittags im Studienseminar Veranstaltungen besucht, die im Grenzbereich zwischen Theorie und Praxis angesiedelt sein sollten.
3. Das Stadium des *Junglehrers,* der weniger als fünf Dienstjahre zu verzeichnen hat und oft noch Lerngebiete vermittelt, die er noch nie gelehrt hat.
4. Das Stadium des *erfahrenen Lehrers,* der in seinen Fächern alle oder fast alle Schuljahre unterrichtet hat und der die Lerngebiete zum wiederholten Mal lehrt. –

Es wird zu zeigen sein, daß jedes Stadium eigene Formen der Unterrichtsvorbereitung und -planung benötigt.

Der *Praktikant und Student* steht am Beginn seiner beruflichen Sozialisation. Er verfügt zwar über zahlreiche Erfahrungen aus seiner eigenen Schulzeit, in der er qualifizierte und weniger qualifizierte Lehrer kennenlernte, denen er nacheifern bzw. nicht nacheifern möchte; doch nun sieht er die Tätigkeit des Unterrichtens erstmals aus der Perspektive eines Lehrers, und über Lehrerfahrungen verfügt er noch nicht. Ein Praktikant muß sich inhaltlich und methodisch einarbeiten. Er ist froh, wenn sich für ihn eine Lehr-Lern-Folge abzeichnet, die ihm stimmig erscheint. Noch gelingt es ihm selten, methodische Varianten zu sehen. Die hochkomplexe Praxissituation überfordert ihn meist, weil er 30 Schüler, deren Namen er kaum kennt, erzieherisch betreuen, deren Beiträge in den Lehr-Lern-Prozeß integrieren, die Lernziele modifizieren, Lehr-Lern-Situationen variieren soll u.a.m. (vgl. Zifreund 1966).

Einem solchen Praktikanten kann nichts Besseres widerfahren, als gemeinsam mit einem Kommilitonen, Mentor oder Dozenten eine Unterrichtseinheit zu planen und all jene Fragen zu stellen, die in diesem Buch angeschnitten werden. Je intensiver die Vorbereitung, um so weiter wird der Reflexionshorizont. Und wenn der Praktikant eine Woche lang über eine Unterrichtseinheit nachdenkt, mit anderen Personen verschiedene Möglichkeiten der Durchführung diskutiert, gängige didaktische Modelle in seine Überlegungen einbezieht, dann dient dies alles seiner methodischen und didaktischen Schulung. So betrachtet erweist sich die Lehre von den „Feiertagsdidaktiken" (Meyer 1980, S. 89 ff.) als eine gefährliche Irrlehre, die entlarvt werden muß, die lediglich dazu führt, einer vertiefenden Betrachtung auszuweichen. Ob nun ein Unterrichtsentwurf 5 oder 30 Seiten umfaßt, ist ziemlich unerheblich, nur sollten jene Punkte durchdacht, berücksichtigt und manchmal auch schriftlich festgehalten werden, die schließlich Unterricht qualifizieren: die Lernvoraussetzungen, die Rahmenbedingungen, die Auswahl und Analyse der Inhalte, mögliche Lernziele, Medienwahl und Medieneinsatz, Sozialformen, Erfolgskontrollen, evtl. die Frage der Hausaufgaben, die Abfolge der Lehr-Lern- Situationen mit ihren bedeutsamen Frage- und Problemstellungen, Arbeitsaufträgen und Handlungsstrukturen und schließlich die Frage nach der Zeit, in der das Lehr-Lern- Vorhaben verwirklicht werden soll. – Die Tatsache, daß sich ein Lehrer im 8. Dienstjahr nicht mehr so ausführlich vorbereitet, ist nicht der geringste Beweis für die Fragwürdigkeit detaillierter Vorbereitungen.

Ein *Referendar* befindet sich in einer ähnlichen Lage wie ein Praktikant. Zwar hat er zumeist in zwei Fächern seine Fachstudien abgeschlossen, doch darf dies nicht zu dem Trugschluß führen, er habe den zu vermittelnden Lerninhalt schon einmal durchdacht. Meist muß er auf dem Hintergrund seiner fachwissenschaftlichen Kenntnisse eine Orientierung und eine Inhaltsanalyse vornehmen, die sich direkt auf den betreffenden Lerninhalt bezieht. Dieses Einarbeiten bleibt auch ihm nicht erspart, ebensowenig die Reflexion der vorstehend genannten Punkte.

Lehren lernen als eine Art des sozialen Lernens vollzieht sich primär über das Lernen am Modell (vgl. Bandura 1969). Der Referendar ist ständig auf der Suche nach Modellen, er erinnert sich an ihm beispielhaft erscheinende Handlungen von Lehrern aus der eigenen Schulzeit, er übernimmt bestimmte Handlungsmuster seines Mentors oder versucht sich in deren Übernahme, lehnt andere als für ihn nicht akzeptabel ab. Sein Unterrichten gleicht manchmal einem Probehandeln, in dessen Verlauf Handlungsstrukturen, die ihm erfolgreich erscheinen, in das Handlungsrepertoire integriert werden, andere Handlungen, mit denen er schlechte Erfahrungen sammelt, eine vorläufige oder endgültige Ablehnung erfahren. – Bei diesem Prozeß des Suchens, Imitierens und Erprobens erscheint es besonders wichtig, daß Handlungsmuster nicht unreflektiert als „bewährt" oder „läuft ganz gut" übernommen werden, sondern daß ein eigenständiges Bemühen um eine stichhaltige Begründung zu verzeichnen ist. Auf diese Weise arbeitet der Referendar an der Ausweitung seines methodischen Handlungsspektrums, gewinnt Berufserfahrungen, die sich bei künftigen Lehr-Lern-Vorhaben einbringen und nutzen lassen. – Da sich ein Referendar erst im zweiten Stadium seiner beruflichen Sozialisation befindet, werden Unterrichtsentwürfe noch ziemlich umfangreich ausfallen.

Für den *Junglehrer* stellt sich die Frage, ob er den betreffenden Inhalt schon einmal vermittelt hat, und wenn er sie bejahen kann, ergibt sich die weiterführende Frage nach dem vermeintlichen Lehr-Lern-Erfolg. War er mit dem Erfolg zufrieden, besteht für ihn vorläufig kein Anlaß, von dem einmal erarbeiteten Konzept abzugehen. In diesem Fall wird er die Lehr-Lern-Folge stichwortartig rekonstruieren, sich für die betreffende Stunde oder Doppelstunde einen „Spickzettel" schreiben, der bestimmte Aktivitäten des Lehrers und der Schüler enthält. Ergaben sich jedoch bei der Behandlung des Lerninhalts Schwierigkeiten, dann steht er vor der Aufgabe, bestimmte Aspekte neu zu durchdenken, die Methode zu variieren, um dann das Ergebnis seiner Überlegungen auf einem Zettel stichwortartig festzuhalten.

Ganz anders wird die Unterrichtsvorbereitung und -planung verlaufen, wenn er den betreffenden Inhalt noch nie vermittelt hat. In diesem Fall ist er wiederum inhaltlich gefordert, er wird vielleicht bedeutsam erscheinende Kenntnisse und Erkenntnisse herausschreiben, zusammenstellen, für die Schüler aufarbeiten, sich Gedanken über die anzusteuernden Ziele machen u.a.m. – Viele Planungsüberlegungen, die ein Praktikant oder Referendar anzustellen pflegt, entfallen jedoch schon für den im Dienst befindlichen Junglehrer, weil er sie schon mehrmals angestellt hat und für ihn selbstverständlich geworden sind.

Ähnlich ergeht es jenem *erfahrenen Lehrer,* der schon über 5 Jahre im Dienst ist. Wenn er z.B. in seiner Klasse unterrichtet, die er seit drei Jahren führt, dann braucht er nicht die sozialen Lernvoraussetzungen seiner Schüler einzuschätzen und das Ergebnis zu Papier zu bringen. Wer 10 Jahre lang in der Grundschule schwerpunktmäßig im ersten und zweiten Schuljahr unterrichtet hat, wird nicht täglich über die Sprachebene sechsjähriger Kinder nachdenken, der betreffende Lehrer weiß, was er ihnen sprachlich zumuten bzw. nicht zumuten kann. – Wenn ein Geschichtslehrer zum fünften Mal in seinem Berufsleben den Lerninhalt – ,,Ende der Weimarer Republik – Machtergreifung durch die Nationalsozialisten'' – vermittelt, wird er sich kaum noch vorbereiten, es sei denn, es tauchten echte Hitler-Tagebücher auf.

Allerdings besteht nun bei einem erfahrenen Lehrer die Gefahr, daß er in Routine erstarrt, altbewährte Handlungsmuster immer wieder neu auflegt, im Unterricht rigide verfährt, ohne sich für die Beiträge der Schüler offenzuhalten.

Berufserfahrene Lehrer können auf ihre Aufzeichnungen aus früheren Schuljahren zurückgreifen. So genügt ihnen manchmal ein Blick in den betreffenden Ordner – oder ein Blick auf den Stundenplan. Wenn doch einmal umfangreiche Vorbereitungen und Planungen notwendig werden, beschränken sich diese meist auf die inhaltliche Komponente, weil ein breites methodisches Repertoire zur Verfügung steht, das aufgabenspezifisch eingesetzt werden kann.

Aus den vier Stadien der beruflichen Sozialisation ergeben sich für die Unterrichtsplanung unterschiedliche Arbeitsbelastungen. In den ersten Berufsjahren muß sehr viel Zeit und Kraft für Planungsüberlegungen investiert werden, und mit zunehmender Berufserfahrung kommt der Lehrer mit weniger Zeit aus. In den ersten Jahren werden die Entwürfe und Ausarbeitungen noch recht umfangreich ausfallen, später wird nur noch stichwortartig notiert, was wesentlich erscheint, oder man beschränkt sich auf eine gedankliche Vorbereitung.

Was den Umfang und die Zeit der Vorbereitung und Planung betrifft, so gibt es sicher erhebliche fachspezifische Unterschiede. Lehrer, die an Berufsfachschulen „Elektronik" oder „EDV" unterrichten, müssen sich immer wieder umstellen, sich stets auf dem laufenden halten. Für sie besteht ein Zwang zur Fortbildung, um praxisrelevant lehren zu können. – Wenn ein Studienrat im Fach Latein zum 9. Mal den Tacitus lesen läßt, ergeben sich für ihn kaum neue Perspektiven. Zwar läßt sich jedem Inhalt stets etwas Neues abgewinnen und jeder Lerninhalt wird auch von jeder Lerngruppe anders aufgefaßt; doch lassen sich fachlich bedingte Unterschiede nicht wegdiskutieren.

Die Arbeitsbelastung der Referendare und Junglehrer ist generell in den ersten Jahren recht hoch. Aufgrund dieser Einsicht ergibt sich die Notwendigkeit zur Konzentration auf die beruflichen Aufgaben. Wer in den ersten Berufsjahren als Lehrer zahlreiche Nebentätigkeiten ausübt, die Orgel schlägt, fünf Gesangsvereine dirigiert oder sechs Sportvereine trainiert, dem muß Zeit und Kraft für Vorbereitungs- und Planungsaufgaben fehlen. Mit zunehmender Berufserfahrung und abnehmendem Arbeitsaufwand ergeben sich dann auch Freiräume für ein diesbezügliches Engagement.

Die folgenden Ratschläge sind nicht als Belehrung gedacht, sondern als Hilfen für Praktikanten, Referendare und Junglehrer, die sich ökonomisch und optimal vorbereiten wollen. – Es erscheint ratsam, erst einmal Abstand vom Schulvormittag zu gewinnen. Auch hier gilt es, das physiologische Leistungstief zu umschiffen, um sich dann im zweiten Leistungshoch, am Spätnachmittag, den Korrekturen und Vorbereitungen zuzuwenden. Die Arbeiten werden in dieser Zeit meist müheloser und effektiver durchgeführt. – Interindividuelle Unterschiede gibt es natürlich auch hier.

Fragwürdig erscheint die Vorbereitung bis tief in die Nacht hinein, wie dies häufig bei verantwortungsbewußten und fleißigen Lehrern anzutreffen ist. Ihnen fehlt am Morgen jene emotionale Ausgeglichenheit, die erforderlich ist, um die vielen kleinen Widerwärtigkeiten des Schulalltags gelassen zu ertragen. Hier steht der Lehrer häufig vor dem Zwang, Abstriche bei der Vorbereitung machen zu müssen, d.h. er kann sich im Hinblick auf mehrere Stunden, die er zu erteilen hat, nur fachinhaltlich orientieren und muß auf weitergehende methodische Überlegungen verzichten. Was nun für die Schüler wichtiger ist – ein sorgfältig vorbereiteter, unausgeschlafener oder ein emotional ausgeglichener Lehrer, der an jenen Stellen, an denen es Lehr-Lern-Schwierigkeiten gibt, mit den Schülern darüber nachdenken muß, wie es nun weitergehen soll –, darüber läßt sich diskutieren.

Für die Qualität der Unterrichtsplanung sind auch die Planungsmaterialien entscheidend, die Fachbücher, Lehrerhandbücher, Lehrwerke, Begleithefte, Lexika sowie all die anderen Medien. Wer hier gut ausgestattet ist, verfügt über ein breites Anregungspotential, das im Interesse der zu unterrichtenden Schüler genutzt werden kann.

Schließlich ist es sinnvoll, alle Unterrichtsentwürfe, auch wenn es sich nur um Skizzen oder Notizen handelt, nach Fächern und Schuljahren geordnet abzuheften, damit später auf diese Entwürfe zurückgegriffen werden kann. Unterlagen dieser Art stellen wertvolle Erinnerungshilfen dar, machen auf Fehler und Mängel aufmerksam, erinnern aber auch an Lernschwierigkeiten und an Lernhilfen, die im zurückliegenden Lehr-Lern-Prozeß auftraten bzw. zu geben waren.

Weil die verschiedenen Stadien der beruflichen Sozialisation unterschiedliche Formen der Vorbereitung und Planung bedingen, können keine verbindlichen Anforderungen an einen Unterrichtsentwurf gestellt werden. Als Maximalschema für Praktikanten und Referendare lassen sich in Verbindung mit den einzelnen Kapiteln dieses Buches folgende Gliederungspunkte nennen:

1. *Allgemeine Angaben*
z. B. Fach, Thema, Schulart, Schuljahr, Lehrende(r), Mentor(in), Betreuer(in)...
2. *Analytischer Teil*
z. B. Analyse der Rahmenbedingungen, Sachanalyse, Analyse der Lernvoraussetzungen, didaktische Analyse, Analyse der Beteiligungsmöglichkeiten...

3. *Entscheidungsteil*
z. B. Lernziele der Stunde, der Doppelstunde oder der Unterrichtseinheit; Teilziele zu einzelnen Stunden; Entscheidungen hinsichtlich der Methode, der Medienwahl...
4. *Verlauf*
5. *Literatur*

Abschließend sei auf die politische Dimension aufmerksam gemacht, die sich in allen Stadien der beruflichen Sozialisation stellt: Zur Vorbereitung und Planung wird Zeit benötigt. Je mehr Zeit zur Verfügung steht, um so gründlicher kann sich der Lehrer vorbereiten, das betreffende Lehr-Lern-Vorhaben durchdenken, und um so qualifizierter wird meist auch der Unterricht ausfallen. Hat der Lehrer genügend Zeit für die Vorbereitung und Planung, kann er auch methodische Kreativität entwickeln, Varianten des Vorgehens simulieren u.a.m. Voraussetzung ist allerdings, daß er die ihm zur Verfügung gestellte Zeit auch wirklich für die Unterrichtsvorbereitung und -planung nutzt, diese Zeit also indirekt den Schülern zugute kommt. Dies ist eine Frage des Berufsethos, des Anspruchs, den jeder Lehrer an sich selbst zu stellen hat.

Generell wird in der Bundesrepublik Deutschland die Planungszeit nach dem kognitiven Niveau der Lerninhalte bemessen, was höchst fragwürdig ist. Je höher das Niveau – Studienstufe des Gymnasiums, Universität –, um so geringer ist gemeinhin die Deputatsbelastung, und um so mehr Zeit steht dem betreffenden Lehrer für die Planung zur Verfügung. Dabei stellen sich für einen Grundschullehrer, der einen hohen Ausländeranteil unter den Schülern seiner Klasse hat, zahlreiche andere schwierige Aufgaben, die es zu lösen gilt; hier kommt es zu Auseinandersetzungen, Belastungen und Schwierigkeiten, die ein Lehrer im Bereich der Erwachsenenbildung gar nicht kennt. –

Von seiten des Arbeitgebers, der privaten Träger oder der Ministerialbürokratie besteht die Möglichkeit, Lehrer mit einem so hohen Deputat zu belasten, daß ihnen kaum noch Zeit und Kraft für die Unterrichtsvorbereitung und -planung bleibt. Das gilt vor allem für Lehrer an Fachschulen, denen neben ihrem Deputat noch zahlreiche andere Verpflichtungen auferlegt werden. Lehrer, die ständig unter Zeit- und Handlungsdruck stehen, denen keine Zeit für die Planung zugebilligt wird, können die Lehrinhalte nicht vertieft betrachten, Ziele hinterfragen und einer kritischen Reflexion unterziehen. Die Fähigkeit, über die zu vermittelnden Lerninhalte hinauszudenken, aber auch die methodische Kreativität bleiben bei zu hoher Arbeitsbelastung auf der Strecke.

Ähnlich kritisch sind für Lehrer und Schüler geschlossene curriculare Vorgaben zu sehen. Wenn Lerninhalte, Ziele, Methoden, Medien, Erfolgskontrollen und die Lehr-Lern-Zeiten vorgeschrieben werden, kann zwar der jeweilige Schulträger unmittelbar in den Unterricht hineinwirken, was sicher auch zum Teil gerechtfertigt und beabsichtigt ist. Das gilt vor allem für das berufliche Schulwesen, wo es immer wieder darauf ankommt, Schüler zur Funktion zu führen, sie für bestimmte berufliche Aufgaben zu qualifizieren. Doch ein geschlossenes Curriculum macht Planungsüberlegungen weitgehend überflüssig, entmündigt Lehrer und Schüler in weiten Bereichen, bietet kaum noch Spielraum für individuelle, kreative und kritische Lösungen. Ein geschlossenes Curriculum, mit dem Lehrer und Schüler laufend kontrolliert werden können, führt zu Reglementierungen, die unserer freiheitlich demokratischen Grundordnung widersprechen und die keinem Gesellschaftssystem förderlich sind. Jeder Lehrer benötigt zur Unterrichtsvorbereitung und -planung einen ausreichenden Handlungsspielraum, um den Lehr-Lern-Prozeß im Interesse des Trägers und der Schüler effektivieren, optimieren und human gestalten zu können.

14 Die Grenzen der Planung sehen

Prozesse sind nur begrenzt planbar, so auch Lehr-Lern-Prozesse, in denen Lehrer und Schüler interagieren und kommunizieren. Jeder *Lehr-Lern-Prozeß ist einmalig,* wie die Menschen, die in diesem Prozeß lehren und lernen (vgl. Maier/Pfistner 1971, S. 34 ff.). Außerdem kann der Lehrer seinen Schülern nur ein Lernangebot unterbreiten – Lernanreize bieten, Frage- und Problemstellungen aufwerfen, Arbeitsaufträge erteilen u.a.m. –, lernen müssen sie allein. Über diese Tatsache können auch prozeßbegleitende Lern- oder Vermittlungshilfen nicht hinwegtäuschen. Wenn also ein Lehrer eine Lehr-Lern-Folge geplant hat, dann ist noch keineswegs sichergestellt, daß die Schüler die für sie in den Blick genommenen Lernziele auch anstreben und erreichen. *Schüler lassen sich nun einmal nicht ohne weiteres verplanen.*

Wenn wir die Grenzen der Planung sehen, bedeutet das jedoch nicht, daß Unterricht generell nicht planbar sei. Jeder *Unterricht kann auf einem Kontinuum angesiedelt werden, das zwischen „planbar" und „nicht planbar" liegt.* Dabei ist der Grad der Planbarkeit entscheidend von der jeweiligen Unterrichtskonzeption abhängig. Ein Lehrprogramm, das mittels Computer dargeboten wird, oder ein Fernstudienlehrgang, den viele tausend Hörer durchlaufen, ist vom ersten bis zum letzten Lernschritt geplant. Zur Bearbeitung durch die Schüler bzw. Teilnehmer ist nicht einmal ein Lehrer oder Dozent erforderlich, da alle Lehrfunktionen vom Programm oder Studienlehrgang übernommen werden. Die Lernergebnisse stellt der Computer fest, dem nur die Daten übermittelt werden müssen. Individuelle Lern- oder Vermittlungshilfen sind zwar nicht möglich, doch wird auch bei einem solchen Unterricht über die Medien gelehrt und gelernt. Programme dieser Art – manchmal durch sog.

Sozialphasen aufgelockert – sind aus der Erwachsenenbildung nicht mehr wegzudenken.

Ein offener Unterricht an der Grundschule verläuft nach ganz anderen Prinzipien. Wenn Lehrer und Schüler an einem Lerninhalt arbeiten, sich auf eine Sache konzentrieren, sie in den Mittelpunkt stellen, an ihr herumdenken, sich in den Lehr-Lern-Prozeß einbringen, dann werden inhaltliche Elemente entdeckt und relevant, die der Lehrer während der Planung gar nicht absehen konnte. Die Lehr-Lern-Ziele kristallisieren sich erst im Prozeß heraus und werden dann bewußter angestrebt. Ein solcher Unterricht ist kaum planbar, er läßt sich lediglich vorbereiten.

Unter „*Vorbereitung*" wird in diesem Zusammenhang zweierlei verstanden, einmal das Bemühen des Lehrers, sich in Verbindung mit dem jeweiligen Lerninhalt gründlich zu informieren, so daß er die Inhaltsstruktur mit ihren Elementen und Beziehungen weitgehend durchschaut, um auf der Basis dieser Sachinformation besser auf die Schüler eingehen zu können. Zum anderen bezieht sich die Vorbereitung des Unterrichts auf alle organisatorischen Maßnahmen, die zu treffen sind, wie z.B. Fragen der Raumbelegung, der Medienbeschaffung und des Medieneinsatzes, der Sitzordnung, der Gruppierung u.a.m. –. Solche organisatorischen Maßnahmen werden auch manchmal ad hoc getroffen, wenn sie sich im Prozeß als notwendig erweisen; doch läßt sich ein qualifizierter Unterricht ohne jede Vorbereitung nur mit Zeitverlust durchführen.

Die „*Planung*" umfaßt hingegen alle Überlegungen zur Lehr-Lern-Folge, zur Abfolge der Lehr-Lern-Handlungen, der Handlungsstrukturen und Struktursequenzen. Bei vorhandener Handlungskompetenz kann eine solche Planung weitgehend entfallen. Ein sensibler und erfahrener Lehrer merkt u.a. an den Schüleräußerungen, ob ein schwieriger Sachverhalt nochmals erklärt werden muß oder die Situationsfolge der Einzelarbeit in eine Gesprächs- oder Diskussionssituation überzugehen hat. Er vermag auf der Basis seiner Handlungskompetenz den Lehr-Lern-Prozeß zu beeinflussen und das Lernvermögen der Schüler weitgehend zu berücksichtigen.

So betrachtet hat jede *Planung den Charakter der Vorläufigkeit,* und sie muß, dem Prozeßverlauf entsprechend, revidiert werden. Wenn Lehrer ihren Schülern zuhören, die

Beiträge aufgreifen und weiterführen, dann ist es ganz selbstverständlich, daß einige inhaltliche Elemente ergänzt, andere fallengelassen werden. Gleiches gilt für die in den Blick genommenen möglichen Lernziele, von denen einige erreicht, andere nicht erreicht werden und zu denen neue Ziele hinzutreten, die der Lehrer im Rahmen der Vorbereitung und Planung noch nicht sah oder gar nicht sehen konnte.

Eingangs wurde betont, daß sich die Lernvoraussetzungen der Schüler immer nur einschätzen, nicht aber exakt bestimmen lassen. So wird es immer wieder vorkommen, daß der Lehrer im Lehr-Lern-Prozeß auf *Vorkenntnislücken* stößt, die Exkurse notwendig werden lassen, weil ohne Schließung dieser Lücken eine sinnvolle Weiterarbeit nicht möglich ist. In solchen Fällen werden mühsam geplante Lehr-Lern-Folgen oft grundlegend verändert oder ihre Realisierung wird zeitlich stark verzögert.

Die Grenzen der Unterrichtsplanung zeigen sich auch bei dem Versuch, das Lernvermögen der Schüler und die benötigten Lernzeiten einzuschätzen. *Lehranfänger nehmen sich meist für die zur Verfügung stehende Zeit zuviel vor und überschätzen das Lernvermögen der Schüler.* Nun hat sich das Lehrtempo nach dem Lerntempo der Mehrzahl der Schüler zu richten. – Es wäre illusorisch, wollte sich ein Fachlehrer am leistungsschwächsten Schüler dieser Gruppe orientieren, also warten, bis auch dieser den entsprechenden Lernfortschritt erzielt hat. Und durch Differenzierungsmaßnahmen läßt sich diese Problematik nur teilweise auffangen, nicht aber lösen. Da ein Lehrer auf keinen Fall über die Köpfe seiner Schüler hinweg unterrichten und eine geplante Lehr-Lern-Folge „durchziehen" darf, kann er nicht mit Sicherheit sagen, ob von 11 Lehr-Lern-Situationen, die er für eine Doppelstunde konzipiert hat, am Ende dieser 90 Minuten 9 der geplanten Situationen oder zwei weitere realisiert worden sind.

Lernbereitschaft und Lernvermögen einer Lerngruppe sind beträchtlichen Schwankungen unterworfen, die jede Planung relativieren. Das Fach und der Lerninhalt, der Wochentag und die Tageszeit, Witterungseinflüsse und besondere Ereignisse wie Schuljahresbeginn oder Ferienanfang sind Einflußgrößen, die eine exakte Planung unmöglich machen.

Einplanen lassen sich auch nicht die sozialen Konflikte, die Auseinandersetzungen, Belastungen und Schwierigkeiten, welche die geplante Lehr-Lern-Folge durchbrechen und zu erheblichen Verzögerungen führen können. Auseinandersetzungen müssen erst geschlichtet werden, bei Belastungen bedarf es der Entlastung, und Schwierigkeiten sind auszuräumen oder zu überwinden, bevor weitergearbeitet werden kann. Solange ein nicht ausgetragener Konflikt die Lerngruppe beeindruckt, sind die Schüler nur bedingt in der Lage, sich auf die Lernziele zu konzentrieren. In solchen Fällen muß der Konflikt selbst zum Lerninhalt werden, indem Lehrer und Schüler nach einem Ausweg suchen, nach Möglichkeiten der Handhabung oder Regelung.

Schließlich lassen sich die kleinen Widerwärtigkeiten des Schulalltags nicht vorhersehen und auch nicht eliminieren, Ereignisse, die eine geplante Lehr-Lern-Folge gründlich durcheinanderbringen können. Da steht z.B. eine aufgeregte Mutter vor der Tür und fordert eine Aussprache, weil ihr Kind auf dem Schulweg verprügelt worden ist, da ist der Filmapparat plötzlich nicht einsatzbereit, weil ein Kollege versuchte, sich fehlende Handlungskompetenz für den Filmeinsatz anzueignen, oder der Schulleiter kommt auf die glänzende Idee, eine realitätsnahe Feuerwehrübung anzuberaumen, von der Lehrer und Schüler gleichermaßen überrascht werden.

Wenn Lehrer eine Unterrichtseinheit sorgfältig planen, die Lernvoraussetzungen der Schüler einschätzen, Lerninhalte auswählen, analysieren, strukturieren, mögliche Lernziele formulieren, die Rahmenbedingungen berücksichtigen, die Schülerbeteiligung einplanen, einen Wechsel der Sozialform anstreben, Medien sorgfältig auswählen und ihren Einsatz vorbereiten, konfliktprophylaktische Maßnahmen erwägen, zurückliegende Konflikte analysieren und um ihre Beilegung bemüht sind, wenn angemessene Unterrichtskonzeptionen und -methoden gewählt und Lehr-Lern-Folgen konzipiert werden, dann ist noch nicht sichergestellt, daß der Lehr-Lern-Prozeß auch optimal verläuft. Die Lücke zwischen Vorbereitung und Planung einerseits und Realisierung andererseits kann beträchtlich sein. Erfahrene Lehrer wissen um diese Diskrepanz, *Lehranfänger sind häufig enttäuscht, manchmal auch frustriert, wenn ihnen trotz gewissenhafter Vorbereitung und Planung die Umsetzung mißlingt.* Dies kann an den vorgenannten Einflußgrößen liegen, an den Schülern, die ja den Lehr-Lern-Prozeß mitbestimmen, aber auch an *fehlender Durchführungskompetenz* des Lehrers, die es zu erwerben gilt. Deshalb befaßt sich Teil II dieser handlungsorientierten Didaktik mit der Durchführung von Unterricht.

Anhang

Beispiel – Strukturskizze

Sofern sich ein Praktikant oder Referendar von einem Tag auf den anderen auf einen Unterricht vorbereiten muß, kann von ihm kein ausführlicher Entwurf erwartet werden. In diesem Fall genügt die schriftliche Vorbereitung in Form einer Strukturskizze. Bei einem schüler- und lernzielorientierten Unterricht beinhaltet eine solche Skizze als Ergebnis analytischer Überlegungen die Lernziele und den geplanten Verlauf mit den zentralen Lehr-Lern-Situationen, Frage- und Problemstellungen, Lernhilfen, Arbeitsaufträgen und Medien.

Eine solche Strukturskizze kann in der hier ausgewiesenen Form erstellt werden; doch sind auch andere Formen denkbar, wie z. B. das Ausfüllen mehrerer Spalten : Teilziele / Lehrer-Schüler-Aktivitäten / Kommentare zum Medieneinsatz, zum Vorgehen und zur Sozialform...

Fach:	Deutsch	Schulart:	_Grundschule_

<table>
<tr><td>Fach:</td><td>Deutsch</td><td>Schulart:</td><td>_Grundschule_</td></tr>
<tr><td>Thema:</td><td>Silben</td><td>Schuljahr:</td><td>_2._</td></tr>
<tr><td>Datum:</td><td></td><td>Ausbildungslehrer:</td><td></td></tr>
<tr><td>Studentin:</td><td>Britta Kohler (P 6)</td><td>Betreuer:</td><td></td></tr>
</table>

Lernziele:
Die Schüler sollen
– den Begriff „Silbe" kennen,
– wissen, daß Wörter aus Silben bestehen,
– sich darin üben, Wörter mündlich nach Silben zu trennen,
– den Rhythmus unserer Sprache erfahren,
– sich im deutlichen und der Standardsprache angenäherten
   Artikulieren schulen,
– aus vorgegebenen Silben richtige Wörter zusammensetzen,
– aus vorgegebenen Silben neue Unsinnswörter erfinden.
→ Voraussetzungen für die schriftliche Silbentrennung
→ Hilfe für flüssigeres Lesen

Geplanter Verlauf:

1. Lehrer	spricht Abzählreim (siehe Anhang) vor.	GA/PA
Schüler	lernen den Abzählreim auswendig.	
Schüler	sprechen den Abzählreim in Partnerarbeit langsam und deutlich und „machen" ihn anschließend vor.	
2. Lehrer:	„Irgendwie hängt bei dem Abzählreim das Zeigen mit dem Sprechen zusammen."	GA
Lernhilfe:	L stellt falschen Abzählrhythmus dem richtigen gegenüber.	
Lehrer	nennt den Begriff „Silbe", schreibt ihn an die Tafel und verdeutlicht ihn anhand eines Wortes.	
3. Lehrer:	„Zu unserem Abzählreim könnt ihr auch klatschen!"	GA
Lernhilfe:	L macht ein wenig vor.	
Schüler	sprechen den Reim und klatschen dazu.	

Lehrer:	„Das Klatschen hat doch auch etwas mit den Silben zu tun!"	
4. Lehrer:	„Ich denke mir, daß einige von euch auch einen Abzählreim kennen."	GA
Schüler	sprechen eigene Abzählreime vor und zeigen oder klatschen wahlweise dazu.	
5. Einsatz	des AB	GA
Lehrer:	„Ich bin gespannt, ob ihr herausfindet, was ich gezeichnet und geschrieben habe."	
Schüler	nennen die „richtigen" Tiere.	
Lehrer:	„Auch zu den Tiernamen könnt ihr klatschen!"	
6. Lehrer:	„... ihr könnt auch andere komische Tiere mit den Silben erfinden." „Wie geht also die Spielregel?"	GA
7. Lehrer	stellt AA, das AB zu bearbeiten, mit Hilfe eines TA, der strukturgleich zum AB ist: Die auf dem AB fehlenden Tierhälften auf dem zweiten Blatt suchen, ausschneiden und auf die freien Felder kleben.	EA

Weitere Aufgaben bzw. Differenzierungsmöglichkeiten:

– Aufgaben Nr. 1 und 2 des AB
– „Erfinde andere komische Tiere und schreibe ihre Namen ins Heft!"
– „Du kannst die Tiere anmalen!"

• Erfolgskontrolle: Einsammeln der AB, evtl. auch Vorlesen

Medien: Schere, Klebstoff, Unterlage zum Kleben

AA: Arbeitsauftrag
AB: Arbeitsblatt
EA: Einzelarbeit
GA: Gruppenarbeit
PA: Partnerarbeit

Anhang:

Abzählreim:
Backenzahn und grüner Kater,
Katzenschwanz und Eulenvater,
Bimmelbahn und Negerkuß,
du bist der, der suchen muß.

Janosch

Arbeitsblätter:
Vgl. Trautmann 1984

Silben

Wörter bestehen aus Silben .

Nas		Ze	
		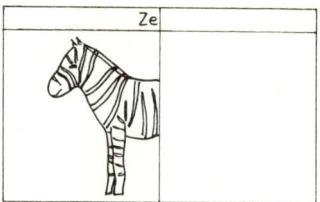	

Lö		Ha	

Ti		Ka	
		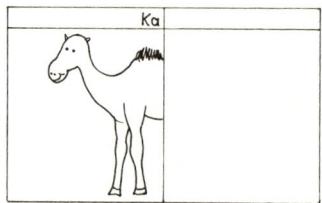	

① Schreibe die Namen der Tiere richtig auf!

Nashorn, Löwe, Tiger, Zebra, Hase,

Kamel

② Erfinde andere komische Tiere und schreibe ihre Namen auf!

Beispiel – Unterrichtseinheit

1. Allgemeine Angaben

Fach: Heimat- und Sachunterricht   Schulart: _Grundschule_

Thema: Luft und ihre Eigenschaften   Schuljahr: _2._

Datum: _____   Ausbildungslehrer: __

Studentin: Britta Kohler (P6)   Betreuer: _____

2. Analytischer Teil

2.1 Analyse der Rahmenbedingungen

Die im folgenden dargestellte Unterrichtseinheit findet in einem zweiten Schuljahr der Grundschule von ..., einem Dorf von ungefähr 3000 Einwohnern, statt. Die zu unterrichtende Klasse setzt sich aus 29 Kindern, 15 Mädchen und 14 Jungen, zusammen. Seit einem Monat lernen die Schüler jedoch meist in zwei leistungs- und geschlechtsheterogen aufgeteilten Gruppen.

Die Klassenlehrerin, Frau ..., übernahm die Klasse bereits zu Beginn des ersten Schuljahres. Die Schüler haben zu ihr ein offenes, entspanntes und insgesamt gutes Verhältnis. Ebenso kann das Miteinander-Umgehen der Schüler als gut, sogar als überdurchschnittlich gut, bezeichnet werden.

Kinder ausländischer Eltern wie auch Problemschüler befinden sich nicht in der Klasse. Sowohl der leistungsstärkste als auch der leistungsschwächste Schüler der Klasse gehören nicht zu der Halbgruppe, auf die sich die geplante Unterrichtseinheit bezieht. Mit den Sozialformen Partnerarbeit und Kreisgespräch sind die Schüler vertraut, Kleingruppenarbeit hingegen wurde bisher selten verwirklicht. Auch die Möglichkeit des gegenseitigen Sich-Aufrufens der Schüler, beispielsweise in einer Erzählrunde, wurde kaum praktiziert, so daß dazu noch sehr viel Zeit benötigt wird.

An das Unterrichten durch Studenten ist die Klasse gewöhnt. Vorteilhaft für Erzählrunden oder spontane Aktivitäten ist die Tatsache, daß vor den nahezu halbkreisförmig aufgestellten Tischen viel Platz, z.B. für einen Stuhlkreis, vorhanden ist.

Die gesamte Schule ist großzügig angelegt und ausreichend mit Medien ausgestattet.

Das Kollegium, das aus nur sechs Lehrern besteht, arbeitet gut zusammen und zeigt sich Studenten gegenüber freundlich und hilfsbereit.

2.2 Sachanalyse

A. Die Zusammensetzung der Luft

Luft ist ein unsichtbares Gemisch verschiedener Gase, das die gesamte Erde umgibt. Die Hauptbestandteile sind Stickstoff (78%) und Sauerstoff (21%). Weiterhin besteht Luft aus Edelgasen, Kohlendioxid und Spuren von Wasserdampf. Die Zusammensetzung ist mit Ausnahme des Gehaltes an Wasserdampf, der temperaturabhängig ist, in der Nähe der Erdoberfläche konstant.

Auch Fremdstoffe wie Staub, giftige Gase und krebserregende Stoffe sind in der Luft enthalten.

B. Einige Eigenschaften der Luft und Folgerungen daraus
1. Luft nimmt einen Raum ein.
   → Luft kann andere Körper, z.B. Wasser, verdrängen.
   → In Wasser eingeleitete Luft wird in Form von Luftblasen sichtbar.
2. Luft füllt den gesamten ihr zur Verfügung stehenden Raum gleichmäßig aus.
   → In vielen Dingen, beispielsweise in Holz, ist Luft.
   → Es gibt nach heutigem Wissensstand keinen Ort, an dem nichts ist.
3. Luft strebt einen Druckausgleich an.
   Dies geschieht immer dann, wenn ein Raum noch nicht gleichmäßig mit Luft ausgefüllt ist, d.h. wenn unterschiedliche Druckverhältnisse bestehen.
   → Luft entweicht aus einem Fahrradschlauch, sobald die Möglichkeit dazu gegeben ist. In diesem Fall kann man Luft auch hören.
   → Auf dieser Eigenschaft fußt auch unser Atmungsmechanismus: Indem wir den Brustkorb vergrößern, erzeugen

wir einen geringen Unterdruck, so daß Luft in die Lunge einströmen kann.

4. Luft übt einen Druck auf das umschließende Gefäß aus. Dies ist darin begründet, daß Moleküle in gasförmigen Stoffen in lebhafter Bewegung sind. Dabei prallen die Moleküle mit hoher Geschwindigkeit (bei 0° C rund 500 m/ s) nicht nur aufeinander, sondern auch auf das sie umschließende Gefäß.

→ Wird in einen Fahrradschlauch Luft hineingepumpt, dann erhöht sich der Druck. Sehr hoher Druck bewirkt das Platzen des Schlauches.

5. Luft ist komprimierbar. Die Ursache für diese Eigenschaft liegt in der Tatsache, daß zwischen den Luftmolekülen viel freier Raum ist.

→ Ein Fahrradschlauch kann „fest" oder „weniger fest" aufgepumpt werden.

→ In einem Becher, der mit seiner Öffnung senkrecht nach unten ins Wasser getaucht wird, steigt der Flüssigkeitsstand leicht über den Gefäßrand.

6. Luft ist volumenelastisch. Das heißt, daß die Luft wieder ihr früheres Volumen einnimmt, sobald der Druck, der das Volumen verkleinert hat, nachläßt.

→ Luftgefüllte Bälle hüpfen und luftgefüllte Reifen oder luftgepolsterte Schuhe federn.

7. Druck, Temperatur und Volumen der Luft hängen eng miteinander zusammen:

– Bei gleichbleibender Temperatur, aber zunehmendem Druck verkleinert sich das Volumen; bzw. wird das Volumen bei gleichbleibender Temperatur verkleinert, so vergrößert sich der Druck.

– Mit zunehmender Temperatur und gleichbleibendem Volumen wächst der Druck; bzw. es vergrößert sich das Volumen, wenn der Druck gleich bleibt und die Temperatur zunimmt.

→ In der Nähe einer Heizung wird ein Luftballon praller. Es ist sogar möglich, daß er platzt.

→ Warme Luft steigt auf und kalte sinkt nach unten. Dies liegt daran, daß Luft sich bei Erwärmung ausdehnt. Pro Volumeneinheit sind dann weniger Teilchen vorhanden. Am Gewicht der Luft ändert sich dabei nichts. Somit ist das spezifische Gewicht der erwärmten Luft im Verhältnis zu der sie umgebenden kühleren Luft geringer. Luft mit geringerem spezifischen Gewicht kann in solcher mit größerem spezifischen Gewicht aufsteigen.

→ Vögel, Drachenflieger und Segelflugzeuge nutzen diese Tatsache aus (Aufwind). Auch bei Heißluftballons und Fußbodenheizungen findet sie Anwendung und in umgekehrter Weise bei Kühltruhen, z. B. im Supermarkt, die oben ohne allzu großen Energieverlust offen bleiben können.

8. Luft erfährt eine Gewichtskraft, welche jedoch gering ist (ca. 1,25 cN/1).

→ Eine Folge davon ist der atmosphärische Luftdruck, der auf Meereshöhe im Mittel 1013 mbar beträgt und mit zunehmender Höhe abnimmt (je 5 km auf etwa die Hälfte). Er gehört zu den Grundbedingungen des Lebens auf der Erde. Wahrgenommen wird er nur in besonderen Situationen, z. B. im Zusammenhang mit Wetteränderungen oder beim Benutzen von Fahrstühlen oder Bergbahnen („die Ohren fallen zu").

→ Da die Gewichtskraft aber relativ gering ist, sind luftgefüllte Dinge sehr leicht und können, sofern die Hülle nicht zu schwer ist, schwimmen (Schlauchboot).

9. Luft setzt Körpern, die sich relativ zu ihr bewegen, einen Widerstand entgegen.

Sind wir selbst diese „Körper", so können wir die Luft spüren. Der Luftwiderstand wirkt entgegen der Bewegungsrichtung des Körpers und ist von der Projektionsfläche des Körpers in Bewegungsrichtung, der Form des Körpers („stromlinienförmig", „aerodynamisch"), der Luftdichte (Teilchen pro Volumeneinheit) und der Luftgeschwindigkeit relativ zum Körper abhängig.

→ Einerseits kann der Luftwiderstand ausgenutzt werden, so beim Fallschirm, andererseits wird oft versucht, ihn zu verringern, so bei Fahrzeugen.

→ Der mit zunehmender Höhe abnehmende Luftwiderstand (weniger Teilchen pro Volumeneinheit) ist mit ein Grund dafür, daß Flugzeuge in großer Höhe fliegen.

10. Jede Kraft löst eine ihr entgegen gerichtete Gegenkraft aus. Deshalb bewirkt Luft, die von einem Körper nach hinten beschleunigt wird, die Vorwärtsbeschleunigung des Körpers (Rückstoßprinzip).

→ Dies kann leicht bei Luftballons, aus denen man Luft entweichen läßt, beobachtet werden.

→ Auch die Drehflügel eines Hubschraubers beschleunigen Luft, und zwar nach unten, so daß der Hubschrauber durch die daraus resultierende Gegenkraft gehoben wird. Ähnliches findet auch bei gekrümmten Flugzeugtragflächen statt, sofern das Flugzeug ausreichende Geschwindigkeit entwickeln kann. Und dieses Prinzip gilt auch für das Steigenlassen von Drachen. Dort wird die anströmende Luft nach unten gedrückt, und der Drachen selbst dadurch nach oben.

11. In horizontaler Richtung bewegte Luft nennen wir Wind. Die Sonneneinstrahlung bewirkt eine unterschiedliche Erwärmung der Erdoberfläche und der sie umgebenden Luft. Daraus ergibt sich ein unterschiedliches spezifisches Gewicht der Luft, was unterschiedlichen Luftdruck zur Folge hat. Dadurch kommt es zu ausgleichenden Luftströmungen. Zusätzlich erfahren die Luftteilchen eine Ablenkung, zum einen durch die jeweilige Geländeform und vor allem durch die Kraft der Erdrotation. Unter dem Einfluß weiterer Faktoren entsteht unser kompliziertes Windsystem.

Ein lokales Windsystem, wie beispielsweise der Gletscherwind, ist dagegen im wesentlichen nur an den Tagesgang der Sonneneinstrahlung gebunden.

12. Der in der Luft vorhandene Sauerstoff unterhält Verbrennungsvorgänge.

→ Hält man ein Glas über eine brennende Kerze, so daß kein Luftaustausch mit der Außenluft stattfinden kann, dann erlischt die Flamme nach kurzer Zeit.

→ Der in der Luft befindliche Sauerstoff ist auch für menschliche Verbrennungsvorgänge unabdingbar. Nur etwa drei Minuten kann ein Mensch ohne Sauerstoff leben. In Ruhestellung atmet er in jeder Minute ungefähr fünfzehnmal 0,5 dm^3 Luft ein und aus.

13. Unsere Luft ist verschmutzt.
Luftverschmutzung ist die Anreicherung der Luft mit Gasen, Dämpfen, flüssigen und festen Stoffen. Sie wird v. a. durch Brände und Stürme bewirkt. In den letzten Jahrzehnten ist jedoch der Mensch zum Hauptverursacher geworden (Industrie, Kraftfahrzeuge, Heizungen, ...). Mengenmäßig und hinsichtlich der Gesundheitsgefähr-

dung am bedenklichsten sind dabei Verbrennungsgase wie
Kohlenmonoxid, Schwefeldioxid und Stickoxide, außerdem auch Halogenkohlenwasserstoffe und Treibgase aus
Sprühdosen.

2.3. Didaktische Analyse

„Es charakterisiert einen Bildungsinhalt, daß er als einziger
Inhalt immer stellvertretend für viele Kulturinhalte steht;
immer soll ein Bildungsinhalt Grundprobleme, Grundverhältnisse, Grundmöglichkeiten, allgemeine Prinzipien, Gesetze,
Werte, Methoden sichtbar machen" (Klafki 1970, S. 134).
    Dieser Forderung kann der Lerninhalt „Luft" in mehrfacher
Weise genügen:
1. Die Schüler wenden allgemeine wissenschaftliche Verfahren an.
2. Die Schüler erfahren, daß jede Erscheinung auf einer
   Ursache beruht.
3. Die Schüler erleben, daß Dinge, die normalerweise nicht
   wahrgenommen werden, doch vorhanden sein können.
4. Einige Erkenntnisse über den Lerninhalt können auf
   andere Phänomene übertragen werden.

zu 1.:
Die gesamte Schrittfolge, die für das Entstehen einer naturwissenschaftlichen Aussage notwendig ist (Beobachtung →
Hypothese → Experiment → Falsifikation/Verifikation →
Theorie → Vorhersage von Einzelfällen), kann im Unterricht
aufgrund der wenigen zur Verfügung stehenden Zeit nur in
den seltensten Fällen vollzogen werden. Das Kennenlernen
und Anwenden eines oder mehrerer dieser Elemente ist
indessen möglich.
    Im Mitttelpunkt dieser Unterrichtseinheit soll das Experiment als Kern jedes naturwissenschaftlichen Vorgehens stehen, da es „den Schülern vielseitige Lernchancen im kognitiven, affektiven und psychomotorischen Bereich" (Becker/
Clemens-Lodde/Köhl 1980, S. 297) ermöglicht:

– Die Schüler lernen Vorteile und Besonderheiten eines
  Experimentes kennen:
  • Mittels eines Experimentes können Hypothesen überprüft

werden, können Problem- oder Fragestellungen beantwortet werden.

- Ein Experiment ist beliebig oft wiederholbar.
- Die komplexe Wirklichkeit kann entsprechend der Fragestellung vereinfacht dargestellt werden.
- Aus gleichen Bedingungen resultiert immer das gleiche Ergebnis.
- Schon bei der Änderung von nur einer Bedingung kann sich das Ergebnis verändern oder sogar umkehren.
- Ein Vergleich verliert an Aussagekraft, wenn mehrere Bedingungen gleichzeitig abgeändert werden (siehe Verlaufsplanung der dritten Stunde).

– Die Schüler sind gezwungen, genau zu beobachten. Dazu ist volle Konzentration vonnöten, und die Aufmerksamkeit muß auf das Wesentliche gerichtet werden. – Präzises und gerichtet selektives Wahrnehmen stellt eine anspruchsvolle kognitive Leistung dar.

– Eigene Beobachtungen können anderen nur dann zugänglich gemacht werden, wenn sie verbalisiert werden. Dieses Verbalisieren leistet Mehrfaches: Einerseits gewinnt die Sache durch das Sprechen an Klarheit, die Behaltwerte erhöhen sich, und die Zuhörenden können die verschiedenen Beobachtungen miteinander vergleichen, verknüpfen, oder sie können Einspruch erheben; andererseits stoßen die Schüler beim Formulieren an die Grenzen des Sagbaren und müssen nach neuen Sprachmustern suchen, oder es werden Präzisierungen erforderlich. – Sach- und Sprachunterricht sind wechselseitig aufeinander verwiesen.

– „Die Schüler können im Experiment den gegenseitigen Bezug von Denken und Handeln erfahren" (Becker/Clemens-Lodde/Köhl 1980, S. 297).

– Handelndes Begreifen stellt eine wichtige Grundlage der Begriffsbildung dar.

– Es werden verschiedene Sinneskanäle angesprochen. Auch Grob- und Feinmotorik werden gefordert und gefördert.

– Es besteht für die Schüler die Möglichkeit, das Lerntempo weitgehend selbst zu bestimmen.

– Selbsttätiges und entdeckendes Lernen wird realisiert (vgl. Bildungsplan für die Grundschule 1984, S. 12).

– Da die Experimente in Partnerarbeit durchgeführt werden, können die Schüler lernen, zu kommunizieren und zu kooperieren.

– Und nicht zuletzt macht den Schülern das Experimentieren zumeist Spaß. Dies ist nicht nur der hier dargestellten Unterrichtseinheit förderlich, sondern es stellt auch ein wichtiges Moment für zukünftige Lernaufgaben dar (→ Aufbau einer intrinsischen Motivation).

Zu erwähnen ist noch, daß nur dann experimentiert werden sollte, wenn das Experiment einen wirklichen und sinnvollen Beitrag zur Problemlösung darstellt. Experimentieren als Selbstzweck bzw. um das Verfahren einzuüben, dürfte – zumal im zweiten Schuljahr – unangebracht sein.

zu 2.:

Die Schüler, deren Denken oft noch magisch durchwoben ist, können im Laufe der Unterrichtseinheit immer wieder feststellen, daß jedes Phänomen, auch wenn es zunächst Zauberei zu sein scheint, auf eine Ursache zurückführbar ist. Dies fördert nicht nur das Kausaldenken, sondern auch die Lernbereitschaft. Denn die Schüler haben einfach das Bedürfnis, unerklärlichen Dingen auf die Spur zu kommen. Gelingt es ihnen, so werden sie angeregt und ermutigt, auch bei anderen Erscheinungen nach den Ursachen zu forschen.

In dieser Unterrichtseinheit haben alle Phänomene, erscheinen sie auf den ersten Blick auch noch so verschieden, dasselbe zur Ursache: die Luft. Dadurch können die Schüler lernen, verschiedene Beobachtungen und Erklärungen miteinander zu verknüpfen. Hier zeigt sich den Schülern auch, daß zu einem einzigen Sachverhalt verschiedene Zugangsweisen möglich sind und daß ein einziger Sachverhalt mittels verschiedener Indikatoren identifiziert werden kann (Beispiel: Luft verdrängt Wasser / Luft zeigt sich in Form von Luftblasen); und schließlich erweist es sich, daß in Kenntnis der Eigenschaften eines Sachverhaltes dieser auch sinnvoll genutzt werden kann (siehe die zweite oder dritte Stunde der Unterrichtseinheit).

zu 3.:

Luft wird normalerweise nicht wahrgenommen. Luft ist für die meisten Kinder mit „nichts" gleichbedeutend.

Nun aber erfahren die Schüler plötzlich, daß Luft sehr wohl „etwas" ist. Diese Erkenntnis kann mit dazu beitragen, daß die Schüler aufgeschlossener und sensibler für ihre Umwelt werden, daß sie genauer schauen und mehr fragen. Wenn die

Schüler zunehmend befähigt werden sollen, am Leben teilzu-
haben und ihre Lebensbezüge differenziert zu verstehen (vgl.
Bildungsplan für die Grundschule 1984, S. 134), dann stellt
der Aufbau bzw. die Festigung einer Haltung wie beschrieben
eine wichtige Aufgabe dar.

Am Thema „Luft" zeigt sich auch, daß das, was wir als
„Wirklichkeit" erleben, nur ein Teil eines Gesamten ist. Zu-
gangsweise, Wahrnehmung und Verarbeitung der Sinnesein-
drücke bestimmen, was für uns „wirklich" ist. Ändern oder
erweitern wir diese, so kann sich unser Weltbild ändern.

zu 4.:
An dieser Stelle seien einige Transfermöglichkeiten der zu
gewinnenden Erkenntnisse auf andere Lern- und Lebensge-
biete genannt:
- Luft steht exemplarisch für die Gewinnung von Grundein-
  sichten über den gasförmigen Aggregatzustand.
- Erkenntnisse über den Widerstand der Luft sind in modifizierter Weise auch auf den Widerstand von Wasser über-
  tragbar.
- Nicht nur Luft, sondern auch beispielsweise Wasser, muß
  der Gesundheit wegen sauber gehalten bzw. wieder gesäubert werden.
- Luft zeigt uns, daß wir ohne Natur im weitesten Sinne nicht
  leben können (Luft zum Atmen), daß wir aber dabei sind,
  diese zu verändern bzw. zu zerstören (Luftverschmutzung),
  wodurch wir uns selbst Schaden zufügen (z.B. Pseudo-
  Krupp).
Einige Kenntnisse von den Eigenschaften der Luft können die
Schüler im jetzigen und/oder zukünftigen Leben zu sinnvolle-
rem Handeln befähigen.
Beispiele:
- Falls im Aquarium keine Luftblasen mehr zu sehen sind, für
  erneute Luftzufuhr sorgen.
- Ein Loch in einem Fahrradschlauch finden.
- Wenn es im Zimmer warm werden soll, dann nicht das
  Fenster direkt über der Heizung öffnen.
- Einen Heizlüfter auf den Boden, nicht auf den Schrank
  stellen.
- Soll die Schlitten- oder Radfahrt rasant verlaufen, dann der
  bremsenden Luft möglichst wenig Angriffsfläche bieten.
- Den Kopf nicht in eine luftundurchlässige Hülle stecken.

Im Lehrplan für das zweite Schuljahr sind im Arbeitsbereich 5 („Erfahrungen von Naturerscheinungen") folgende Ziele aufgeführt:
„Die Schüler untersuchen einige Eigenschaften der Luft und erfahren, wie sie der Mensch nutzt. Es wird ihnen bewußt, daß die Luft saubergehalten werden muß, weil von ihr gesundes Leben abhängt."
Untenstehende Inhalte sind vorgegeben:
„Luft kann fühlbar sein und nimmt einen Raum ein."
„Wir brauchen Luft zum Atmen."
„Der Mensch kann bewegte Luft ausnützen."
„Verschmutzte Luft schadet dem Leben."
Einige Inhalte können noch im selben Schuljahr beim Bauen von Flugapparaten (Arbeitsbereich 6 „Umgang mit Technik") aufgegriffen werden, andere im dritten Schuljahr bei der Thematisierung des Wetters.
Wenngleich einige zentrale und exemplarische Einsichten, v. a. diejenige, daß Luft nicht nichts ist, allen Schülern zu ermöglichen sind, soll der Schwerpunkt der hier dargestellten Einheit nicht auf der Vermittlung von Kenntnissen liegen. Denn bedenkt man, wie wenig naturwissenschaftliche Inhalte in der Grundschule Raum finden können und wie schnell rasch vermittelte Kenntnisse vergessen werden, dann zeigt sich die Fragwürdigkeit einer Überbetonung des Inhaltes in aller Deutlichkeit.
So erscheint es in dieser Unterrichtseinheit sinnvoll, das formale Element der Bildung zu betonen und – so weit als möglich – Elemente der entdeckenlassenden Lehr-Lern-Strategie zu berücksichtigen. – „Dabei gilt im Unterricht durchgehend der Grundsatz, daß nicht die Menge der behandelten Stoffe, sondern die Art und Weise der Aneignung und Übertragung auf immer wieder neue Erfahrungs- und Wissensgebiete und die Integration in übergreifende Zusammenhänge im Rahmen des Schullebens für den Bildungserfolg entscheidend sind" (Bildungsplan für die Grundschule 1984, S. 12).
Bedenkt man das Alter der zu unterrichtenden Schüler, so ergeben sich weitere Forderungen:

– Die Schüler dürfen nicht mit Fachbegriffen konfrontiert werden, die sie noch nicht mit Erfahrungen verbinden können. Wer über die Verstehensleistungen der Schüler hinausgeht, der „... beschwört damit die Gefahr falscher

Vorstellungen (...) oder des bloß angelernten, im geistigen Leben des jungen Menschen aber ‚funktionslosen' Wissens herauf" (Klafki 1970, S. 138).

Auch eine Sicht durch die Brille der Fachdisziplinen ist aufgrund des ganzheitlichen Erlebens der Schüler dieser Altersstufe unangebracht.

– Es sind immer wieder Bezüge zur Lebenswirklichkeit der Schüler aufzuzeigen. So verfehlt es wäre, den Unterricht auf das Aufgreifen und Bewußtmachen vorhandener Schülererfahrungen zu beschränken und keine wirklich neuen Erfahrungen zu ermöglichen, so verfehlt wäre es, wenn von den schulischen Experimenten keine Brücken zum außerschulischen Leben geschlagen würden. Denn zum einen wird ein Sachverhalt um so besser verstanden, je mehr er in bereits vorhandene Strukturen integriert werden kann, und zum anderen bewirkt das Übertragen und Anwenden experimentell gewonnener Erkenntnisse auf Sachverhalte des täglichen Lebens eine höhere Lernbereitschaft. Außerdem bewegt sich ein Unterricht, in dem Transferleistungen erbracht werden, auf einer anspruchsvollen kognitiven Ebene (vgl. Bloom et al. 1974, S. 130ff.).

Es ist noch anzumerken, daß bei vielen Schülern auch in Kenntnis naturwissenschaftlicher Erklärungen das anthropomorphe, magische und utilitaristische Weltbild weiterbestehen wird – und es auch weiterbestehen darf. Denn wird gleichzeitig am Aufbau naturwissenschaftlicher Verfahrens- und Verstehensweisen gearbeitet, so werden diese, wenn die Schüler in ihrer Entwicklung so weit sind, ohne erneute Unterweisung die bisherige Weltsicht ersetzen.

2.4 Analyse der Lernvoraussetzungen

Die Schüler zu Beginn des zweiten Schuljahres haben nach Piaget bezüglich ihrer Entwicklung die Stufe der konkreten Operation erreicht, wenngleich hier interindividuelle Unterschiede zu verzeichnen sind.

Die kognitive Entwicklung zeichnet sich durch die Überwindung von Egozentrismus, Anthropomorphismus und statischem Denken aus; reversibles und kausales Denken, das Schlußfolgern aus konkreten und bekannten Prämissen, das Bilden von Oberbegriffen und deduktive Denkleistungen werden allmählich möglich – sind es aber nicht immer –, und es können auch zunehmend mehrere Faktoren einer Situation zueinander in Beziehung gesetzt werden. Oft jedoch werden komplexe Beobachtungen in Form einer Kette dargestellt, ohne daß die Zusammenhänge erkannt werden können. Die Vorstellung von der Invarianz der Menge ist nach Piaget im Denken der Schüler bereits entwickelt. Das Erfassen von Details gelingt den Schülern, ihr Erleben ist jedoch ganzheitlich. Das Bedürfnis, Zusammenhänge zu verstehen, nimmt in diesem Alter zu, so daß es häufig zu einer selbständigen Theorienbildung kommt, bei der Erfahrungen aus einem Bereich fälschlicherweise auf einen anderen übertragen werden. In einige Schüleräußerungen gehen auch bereits Formulierungen ein, die der Welt der Erwachsenen und der Wissenschaften entstammen. Doch mit diesen sind keine erklärungsmächtigen Vorstellungen verbunden, sie sind nicht in das Erfahrungswissen der Schüler integriert und erfüllen noch nicht die Funktion von Begriffen.

Der Lerninhalt „Luft" kommt dem an das Konkrete gebundenen Denken der Schüler zunächst nicht entgegen, da Luft normalerweise nicht wahrgenommen wird, bzw. in Ruhe nicht wahrgenommen werden kann. Auch unsere Sprache, nach der eine Flasche „leer", ein Fahrstuhl „frei" und in einer Dose „nichts" sein kann, bringt den Schülern den Lerninhalt nicht näher. Und die Wendung „Du bist Luft für mich!" tut ein übriges.

Doch da verschiedene Versuche konkrete Anschauung – zwar nicht des zu erschließenden Gegenstandes selbst, sondern der von ihm ausgehenden Wirkungen – ermöglichen und weil einige Rätsel, die diese zunächst aufgeben, von den Schülern zunehmend selbst gelöst werden können, geht vom Lerninhalt eine gewisse Faszination aus.

Erfahrungen mit der Luft haben alle Schüler schon gesammelt. Luftballons, Luftmatratzen, Schwimmringe, Schlauchboote, Fahrradreifen, Luftblasen, steigende Drachen und vielleicht sogar Heißluftballons gehören zum Erfahrungsbereich der Kinder. Und welches Kind kennt nicht die Sätze „Geh' mal an die frische Luft!" oder „Laß' mal frische Luft herein!"? In dieser Klasse ist die Luft vielleicht auch deshalb mehr im Bewußtsein der Kinder, da diese in einem Luftkurort leben. Den Widerstand der Luft haben die Kinder alle schon verspürt, so z.B. beim Rad- oder Rollerfahren. Vielleicht haben sie sich sogar über die Lenkstange gebeugt, um den Luftwiderstand zu verringern. Und daß wir Menschen Luft zum Leben benötigen, hat jedes Kind schon beim Schwimmen bzw. Tauchen erlebt. Wind schließlich ist von seinen Auswirkungen her allen Schülern bekannt. Die vorhandenen Erfahrungen werden jedoch kaum analytisch durchdrungen sein, und es wird sicher keinem Schüler bewußt sein, daß und inwieweit alle diese Erscheinungen zusammenhängen und daß ihre gemeinsame Ursache in den Eigenschaften der Luft zu suchen und zu finden ist.

Schulische Erfahrungen bezüglich des Lerninhaltes liegen keine vor. Auch ist Luft ein Lerninhalt, zu dessen Erhellung die Medien – verglichen mit anderen sachunterrichtlichen Themen – wenig beitragen. Erst die Luftverschmutzung ist ein in den Medien häufig dargestelltes Thema. Dennoch muß – wie fast immer im Heimat- und Sachunterricht – mit deutlichen interindividuellen Unterschieden im sachstrukturellen Entwicklungsstand gerechnet werden.

Selbst experimentiert haben die Schüler in der Schule noch nicht. Deshalb sind hier Metaunterricht, gute Organisation und viel Geduld und Hilfestellung nötig. Da einigen Schülern das Lesen noch Schwierigkeiten bereitet, erscheint es wenig sinnvoll, die Versuchsanordnungen und -aufgaben schriftlich zu geben. Auch selbständiges Notieren ist den Schülern nicht bekannt und zu Beginn der zweiten Klasse auch fragwürdig, da sich leicht falsche Schreibweisen einprägen können bzw. die Aufschriebe ständig vom Lehrer korrigiert werden müssen. Die Schreibgeschwindigkeit der Schüler ist nur gering entwickelt, so daß längere Texte zur Ergebnissicherung unangebracht sind.

Das Sprechen der Schüler ist kontextgebunden und kommt noch leicht vom Thema ab. In einem erarbeitenden Gespräch können jedoch – zumindest ansatzweise – Bezüge zwischen verschiedenen Gesprächsbeiträgen hergestellt werden.

Vorteilhaft wirkt sich auf die Sachunterrichtsstunden die Tatsache aus, daß sie nur in einer Halbgruppe und nicht in der gesamten Klasse stattfinden.

3. Entscheidungsteil

3.1 Lernziele

3.1.1 Lernziele der Unterrichtseinheit

Die Schüler sollen
- erleben, daß man Luft in bestimmten Situationen wahrnehmen kann, und daraus schließen, daß Luft nicht nichts ist,
- einige Eigenschaften der Luft kennenlernen,
- erkennen, daß man bestimmte Eigenschaften der Luft nutzen kann,
- sich mit der Tatsache, daß Wind bewegte Luft ist, vertraut machen,
- benennen, wann Wind nützen und wann Wind schaden kann,
- wissen, daß wir Menschen ohne Luft nicht leben können,
- feststellen, daß der Mensch die Luft verschmutzt,
- den Begriff „Versuch" kennen und
- sich im Experimentieren üben.

3.1.2 Lernziele für die ersten drei Stunden

Die Schüler sollen
- beim Durchführen und Beobachten von Versuchen erfahren, daß Luft Raum einnimmt und andere Körper verdrängen kann, (1. Std.)
- wissen, daß es keinen Ort gibt, an dem nichts ist, (2. Std.)
- feststellen, daß man in Wasser eingeleitete Luft in Form von Luftblasen sehen kann, (2. Std.)
- die Erkenntnis, daß sich Luft sichtbar machen läßt, auf das Problem eines beschädigten Fahrradschlauches übertragen, (2. Std.)
- den Widerstand der Luft am eigenen Körper erfahren, (3. Std.)
- wissen, daß Luft bremsen kann, (3. Std.)
- beobachten und erklären, daß ein sich relativ zur Luft bewegender Fallschirm um so stärker gebremst wird, je größer sein Schirm ist, (3. Std.)
- letztere Einsicht auf die Form von Kraftwa- (3. Std.)

228

genkarosserien übertragen und sich so ansatzweise mit Gesetzen der Aerodynamik vertraut machen.

Wie bereits in der didaktischen Analyse angesprochen, sollen
in dieser Unterrichtseinheit weniger abrufbare fachspezifische
Kenntnisse vermittelt, sondern hauptsächlich fachübergrei-
fende Lehr-Lern-Ziele – kognitiver, affektiver und psychomotorischer Art – angestrebt werden. Einige sind oben aufgeführt, andere sollen hier kurz genannt werden:
   Die Schüler sollen lernen, präzise zu beobachten, zu vergleichen, zu folgern und zu verbalisieren, sie sollen Problemlö-
sungsstrategien entwickeln und anwenden üben, und es sollen
anspruchsvollere kognitive Strukturen herausgebildet werden.
Auch geht es darum, Selbsttätigkeit und kooperatives Handeln zu ermöglichen, um beispielsweise Selbständigkeit,
Selbstkritik, Kreativität und Sachlichkeit zu fördern und
soziale Lernziele wie Hilfsbereitschaft oder Konfliktfähigkeit
anzusteuern. Neugier, Lernfreude, Freude am Tun und Lei-
stungsbereitschaft sollen ebenfalls entwickelt bzw. gesteigert
werden. Schließlich wird die Motorik der Schüler, v. a. bei der
Durchführung von Versuchen, gefordert und gefördert.
   Diese Lernziele zu operationalisieren erscheint kaum möglich und wenig sinnvoll. Ob und inwieweit sie erreicht wurden,
kann – sofern überhaupt – meist erst nach Jahren festgestellt
werden. Doch da ihre Verwirklichung sowohl für den einzelnen als auch für das Bestehen und die Weiterentwicklung der
gesamten Gesellschaft unabdingbar sind, gilt es, sie immer
wieder neu in den Blick zu nehmen, um sie dann bewußter
anzusteuern.

3.2 Methoden- und Medienwahl

Aus Platzgründen kann in diesem Entwurf nur das Vorgehen
der ersten drei Stunden geschildert werden, wobei in diesem
Abschnitt von der ersten Stunde alle geplanten Situationen
dargestellt, von den beiden folgenden jedoch nur einige
Aspekte skizziert werden.
   Der geplante Verlauf der **ersten Stunde** läßt sich kurz
zusammengefaßt wie folgt beschreiben:
   Der Lehrer „zaubert" einen Versuch (siehe Arbeitsblatt 1)
und erklärt den Schülern, nachdem diese ihre Vermutungen

über das „Zauberkunststück" geäußert haben, daß es sich nicht im mindesten um Zauberei handelt. Nun führen die Schüler den Versuch in Partnerarbeit durch; zuvor wird jedoch eine metaunterrichtliche Phase bezüglich des Durchführens von Versuchen eingeschoben. Die Erklärung des Versuches sollte dann soweit wie möglich von den Schülern selbst geleistet werden. Anschließend wird Bezug auf Wörter wie „leer" oder „frei" genommen; schließlich regt der Lehrer an, zu Hause den Versuch noch einmal durchzuführen. In den letzten 10 Minuten füllen die Schüler ihr Arbeitsblatt aus.

Das „Zauberkunststück" des Lehrers (1. Situation) wurde aus mehreren Gründen als Einstieg gewählt:

- Die Schüler werden regelrecht in den Bann des Vorganges gezogen, ihr Interesse für den Lerninhalt wird geweckt – und es macht ihnen Spaß.
- Inhalte, die von positiven Gefühlen begleitet gelernt werden, werden nicht so schnell vergessen.
- Aus dem Staunen der Schüler kann der Wunsch nach Klärung erwachsen. So werden die Schüler angeregt, Hypothesen zu bilden – und wieder zu verwerfen.
- Die Schüler erfahren beispielhaft, daß auch scheinbar Unerklärliches auf eine Ursache zurückgeführt werden kann.
- Die Schüler möchten vielleicht selbst den Versuch als „Zauberer" ihren Familienmitgliedern vorführen (→ bessere Behaltwerte, höhere Motivation).

Unabdingbar ist es, vor den Schülerversuchen eine metaunterrichtliche Phase „Versuche durchführen – aber wie?" einzuschieben (2. Situation). Angesprochen werden sollte beispielsweise der Umgang mit den benötigten Medien und das Verhalten bei Partnerarbeit (→ Konfliktprophylaxe). Auch gezielte Hinweise, z. B. ganz genau zu schauen, sind bedeutsam. Weiterhin empfiehlt es sich, mit den Schülern ein akustisches Zeichen (z. B. durch das Schlagen eines Tamburins erzeugt), nach dessen Ertönen die augenblickliche Arbeit unterbrochen wird, abzusprechen und einzuüben. Denn so kann der Lehrer während der Schülerversuche wichtige Informationen (und nur solche!) einschieben und nach einer gewissen Zeit die Versuchsphase ohne übermäßigen Kraftaufwand abbrechen.

Wenn die Schüler mit ihren Versuchen beginnen (3. Situation), muß ihnen ein wenig Zeit zugestanden werden, in der sie sich spielerisch-entdeckend mit den Medien vertraut machen können. Bei Medien mit hohem Aufforderungscharakter zu anderen Tätigkeiten ist jedoch generell Vorsicht geboten. Deshalb werden in dieser Stunde die Korkschiffchen im Gegensatz zu den restlichen für den Versuch benötigten Medien, die aus organisatorischen Gründen vom Lehrer vor der Stunde bereitgestellt werden, erst dann ausgeteilt, wenn sie benötigt werden; und deshalb dürfen die Schüler die Korkschiffchen mit nach Hause nehmen, um dort – statt in der Schule – mit ihnen zu spielen. – Ganz anders stellt sich die Situation natürlich dar, wenn offener Unterricht verwirklicht wird.

Während die Schüler experimentieren, ist der Lehrer aufgerufen, die Schüler zu beobachten, eventuell Lernhilfen nach dem Minimalprinzip (vgl. Becker 1986, S. 167 ff.) zu geben und bei Schwierigkeiten und Unruhe – ebenfalls nach dem Minimalprinzip – zu intervenieren. Alle Schüler sollten Zeit zum Experimentieren bekommen, eine zeitliche Überdehnung der Experimentierphase hingegen sollte, da dies erhebliche Disziplinschwierigkeiten provozieren kann, vermieden werden.

In der anschließenden Auswertungsphase (4. Situation) berichten die Schüler von ihrem Vorgehen und ihren Beobachtungen, sie vergleichen diese vielleicht mit ihren ersten Vermutungen und stellen Erklärungsversuche an. Der Lehrer sollte sich dabei zunächst weitgehend zurückhalten und das Gespräch überwiegend nonverbal steuern (vgl. Becker 1986, S. 182 ff.), um die Schüler die Erklärung möglichst eigenständig erarbeiten zu lassen. Es gilt, die Frage Klafkis zu bedenken: „Welche Anschauungen, Hinweise ... usw. sind geeignet, den Kindern dazu zu verhelfen, möglichst selbständig die auf das Wesentliche der Sache, des Problems gerichtete Fragestellung zu beantworten?" (Klafki, 1970, S. 141). Sinnvoll kann an dieser Stelle eine Tafelskizze sein, mit der beispielsweise die Aufmerksamkeit auf die Veränderung des Wasserstandes gelenkt werden kann. Nachdem möglichst viele Schüler Beiträge geleistet haben, ist der Lehrer aufgerufen, das Gespräch zunehmend zu strukturieren, indem er z. B. auffordert zu präzisieren oder indem er verschiedene oder gar widersprüchliche Erklärungsversuche zur Diskussion stellt (vgl. Becker 1986, S. 196 ff.). Noch vorhandene Unklarheiten oder Widersprüche können gut durch handelndes Überprüfen seitens der Schüler angegangen werden. Wenn es darum geht, die Ursache für eine Erscheinung zu finden, so bietet sich auch das Verfahren des negativen Schlusses an, bei dem nacheinander in Frage kommende „Verdächtige" aussortiert werden, bis die wirkliche Ursache herausgefunden ist. Manche Erklärungen jedoch, die die Schüler nicht selbst finden können, müssen vom Lehrer gegeben werden.

Um die Schüler nicht zu überfordern, wird nicht darauf eingegangen, daß der Becher, soll der Versuch gelingen, (nahezu) senkrecht ins Wasser getaucht werden muß.

Nach kurzem Innehalten auf Lehrer- wie auf Schülerseite (→ Nun kommt etwas Neues!) wird die deutsche Sprache mit Wörtern wie „leer" oder „frei" unter die Lupe genommen (5. Situation). Diese Sprachbetrachtung wird vom Lehrer mit einer Erzählung eingeleitet („Meine Schwester sagte zu mir: ‚Wenn das Glas leer ist, dann...'").

Durch diese Reflexion über Sprache

- werden die Schüler allmählich zu einem kritischeren Beleuchten ihrer Sprache geführt,
- werden die gewonnenen Erkenntnisse (sachunterrichtlicher Art) vertieft,
- können die Schüler schulisches Wissen in die Familie hineintragen.

Die beiden letzten Punkte sind auch Gründe dafür, warum der Lehrer die Schüler dazu anregt, den in der Stunde durchgeführten Versuch zu Hause vorzuführen, und weshalb Zeit darauf verwendet wird, zu besprechen, wo und wie dies geschehen kann (6. Situation). Motivation und Behaltwerte dürften durch das häusliche Experimentieren deutlich steigen, v. a. auch deshalb, weil die Schüler in der nächsten Stunde von den verblüfften Blicken ihrer Familienmitglieder erzählen dürfen (emanzipatorischer Aspekt). Auf diese Weise bekommt sogar das mehrmalige Wiederholen der Erklärungen für die Schüler einen Sinn: „Ich würde es der Mama so erklären ...'"/„Ich habe es dem Papa so erklärt ..." (7. Situation / 1. Situation der folgenden Stunde).

Den Abschluß der Stunde bildet ein Arbeitsblatt, und zwar aus folgenden Gründen:

- Die Schüler üben sich in der Erstellung eines Sachtextes.
- Die Schüler, die noch nicht lange lesen und schreiben

können, erfahren die Notationsfunktion des Schreibens: Ich kann zu Hause noch einmal die Versuchsanleitung und -erklärung nachlesen (→ intrinsisch motiviertes Schreiben). Auf diese Funktion des Arbeitsblattes sollte vom Lehrer hingewiesen werden.

– Die Schüler beschäftigen sich noch einmal mit dem Lerninhalt, die Behaltwerte erhöhen sich, und die Schüler ziehen daraus einen Gewinn für ihre rechtschreiblichen Fähigkeiten.

– Die Schüler – und der Lehrer – haben Gelegenheit, zur Ruhe zu kommen, was – wollen Lehrer und Schüler einen Schulvormittag ausgeglichen überstehen – außerordentlich wichtig ist.

– Die Schüler mögen im allgemeinen Schreibphasen selbst sehr gerne, schon deshalb, weil sie beim Anblick eines ausgefüllten Arbeitsblattes das Gefühl haben, nun bestimmt etwas gelernt zu haben.

Da der Text ziemlich kurz ist, entfallen besondere Überlegungen zur Differenzierung. Wer fertig ist, darf das Arbeitsblatt anmalen und beschäftigt sich so nochmals mit dem Lerninhalt.

– Vor dem Einsatz des Arbeitsblattes ist darauf zu achten, daß alle Tische wieder trocken sind.

Die ausgefüllten Arbeitsblätter werden – wie die folgenden auch – vom Lehrer auf Vollständigkeit, Rechtschreibung und Lesbarkeit hin überprüft, schließlich wollen die Schüler Auskunft über den Erfolg ihrer Bemühungen bekommen. Auch kann nicht im Deutschunterricht Rechtschreibung trainiert werden, um sie kurz darauf im Heimat- und Sachunterricht für unwichtig zu erklären. Hier gilt es, ohne viel Aufhebens zu korrigieren bzw. Hinweise zu geben. Je nach Zeit kann es in oder nach der Stunde geschehen. Freude und Interesse am Inhalt dürfen davon nicht beeinträchtigt werden.

Daß am Ende der Stunde von Lehrer und Schülern gemeinsam aufgeräumt wird, ist selbstverständlich.

Vorteilhaft ist es, wenn diese erste Stunde nicht mit dem Klingelzeichen beendet werden muß. Es bietet sich an, einen weiteren Versuch, der ca. 10 bis 15 Minuten in Anspruch nimmt, anzuschließen:

Ein Becher mit einem Loch im Boden wird mit der Öffnung nach unten in eine Schüssel mit Wasser getaucht. Nun kann in den Becher Wasser eindringen, der Wasserstand außerhalb des Bechers in der Schüssel bleibt gleich, und die durch das Loch entweichende Luft ist fühlbar, wenn ein Finger knapp über das Loch gehalten wird. So können dic Schüler ganz konkret die Luft, die sich im Becher befand, spüren.

Sollten sich in der Stunde andere, in der Planung nicht bedachte, jedoch bedeutsame Fragestellungen ergeben, dann sollte versucht werden, mit den Schülern mitzudenken und vorgefaßte Lernziele zunächst einmal beiseite zu schieben.

In der **zweiten Stunde** erscheint mir die zu erbringende Transferleistung bedeutsam. Sie ist – v. a. in Anbetracht des Alters der Schüler – eine hohe kognitive Leistung (6. Situation): Die Schüler sollen die Frage, wie ein unsichtbares Loch im Fahrradschlauch gefunden werden kann, beantworten, indem sie die Erkenntnis, daß in Wasser eingeleitete Luft in Form von Luftblasen sichtbar ist, auf das neue Problem übertragen. Gibt ein Schüler die richtige Antwort (den Schlauch in Wasser tauchen), sollte der Lehrer nicht einfach „richtig" sagen. Statt dessen sollen die Schüler diese Hypothese durch eigene Beobachtung überprüfen. Wichtig an dieser Aufgabe ist auch die Tatsache, daß den Schülern vor Augen geführt wird, daß sie mit dem in der Schule Gelernten etwas anfangen können.

Von der **dritten Stunde** sind drei Momente hervorzuheben:

– In der 2. Situation können die Schüler durch das Laufen mit einem aufgespannten Regenschirm den Luftwiderstand ganz konkret am eigenen Leib erleben. Sie spüren ganz deutlich, daß Luft „etwas" ist, daß es sie gibt.
– Die Fallschirme, die in der 6. bis 8. Situation zum Einsatz kommen, sind vom Lehrer in drei Größen vorbereitet, so daß sich ihre Sinkgeschwindigkeiten unterscheiden. (Das unterschiedliche Gewicht der Schlüssel kann hier vernachlässigt werden, da sich die Schirme in ihrer Größe deutlich unterscheiden.) Die Schüler werden bald feststellen, daß die Sinkgeschwindigkeiten nur dann verglichen werden können, wenn die Fallschirme gleichzeitig und von derselben Höhe gestartet werden (8. Situation). Somit haben sie ein wichtiges Kriterium für eine Meßreihe (→ Querverbindung zur Mathematik) gefunden: Sollen Objekte bezüglich einer Eigenschaft verglichen werden, so dürfen sie sich nur in dieser unterscheiden, alle anderen Bedingungen müssen konstant gehalten werden.

– Die anschließend geforderte Transferleistung der Erkenntnisse über den Luftwiderstand auf die Form von Kraftwagenkarosserien ist sehr anspruchsvoll (10. Situation) und wird in einer denkenden Auseinandersetzung nur von einigen wenigen Schülern erbracht werden können. Vorsicht ist bei der Formulierung der Fragestellung geboten: Wer einen Lastwagen und einen Sportwagen an die Tafel zeichnet und die Schüler fragt, welches Fahrzeug schneller sei, bekommt zwar richtige Antworten, doch die Übertragungsleistung werden die wenigsten Schüler vollzogen haben. Statt dessen ist eine Frage der Art „Bei welchem Fahrzeug bremst die Luft mehr?" zu stellen.

Überprüft werden die Hypothesen wiederum anhand eines Experimentes, das aus Zeitgründen nicht von allen Schülern durchgeführt wird. Durch dieses Experiment erhalten die Schüler die Gelegenheit, sich die Fragestellung durch eigene Anschauung zu beantworten. Vielleicht kommt es auch spontan zu analogen Schlüssen seitens der Schüler, so z. B. in bezug auf Radfahren mit gebeugtem und mit aufrechtem Oberkörper.

4. Geplanter Verlauf

4.1 Geplanter Verlauf der ersten Stunde

1. Lehrer „zaubert" den auf dem AB beschriebenen Versuch, einmal mit Schiffchen, einmal mit Papier als Becherinhalt.   GA

 Schüler formulieren Vermutungen, warum Schiffchen und Papier beim Eintauchen des Bechers trocken bleiben.

2. Metaunterricht: Versuche durchführen – aber wie?   GA

3. Schüler führen den Versuch selbst durch.   PA

4. Schüler beschreiben ihr Vorgehen und nennen ihre Beobachtungen. Sie versuchen, Erklärungen für ihre Beobachtungen zu finden.   GA

 Lernhilfe: Tafelskizze (strukturgleich zur Zeichnung auf dem AB)

Lehrer vervollständigt bzw. berichtigt die
Erklärungen der Schüler.

5. „... und wenn das Glas leer ist, dann gibst du   GA
   es wieder zurück!" – Eingehen auf
   unsere Sprache, auf Wörter wie
   „leer" und „frei".
   „Und wenn euch mal wieder jemand
   fragt, ob euer Glas leer ist, dann ..."

6. Lehrer regt an, den Versuch auch zu Hause   GA
   durchzuführen. Schüler machen
   Vorschläge, wo und wie sie dies tun
   können.

7. Lehrer: „Vielleicht verstehen eure Eltern ...   GA
   gar nicht, warum ... Wie könnt ihr es
   ihnen erklären?"

Luft   Blatt 1

Du brauchst für den Versuch:

Schüssel mit Wasser   Becher oder Glas   Schiffchen

Ich tauche den Becher ins
Wasser. Das Schiffchen bleibt
trocken. Außen steigt das
Wasser höher.

Luft braucht Platz.

236

Schüler formulieren Erklärungen.
8. Schüler füllen ihr AB aus.   EA
    Lehrer schreibt Text (Schülerformulierun-
    gen!) strukturgleich zum AB an die
    Tafel und betreut die Schüler wäh-
    rend der EA.

Medien: Für je 2 Schüler und für die Lehrer-Demonstration:
    1 Glasschüssel mit gefärbtem Wasser und markier-
    tem Wasserstand
    1 Becherglas
    1 Korkschiffchen
    1 Blatt Papier
    und der unvermeidliche Lappen

4.2 Geplanter Verlauf der zweiten Stunde

1. Schüler erzählen, wie sie den Versuch der   Kreis
   letzten Stunde zu Hause durchge-
   führt haben.
   Lehrer: „Eure Eltern ... haben euch vielleicht gefragt, wie das kommt, daß
   das Schiffchen trocken bleibt.“
   Schüler formulieren Erklärungen.
2. Lehrer: „Ihr wißt, daß in diesen Gläsern Luft   Kreis
   ist. Ich frage mich, ob es sonst noch
   irgendwo Luft gibt.“

   Schüler machen sich mit der Tatsache vertraut, daß es keinen Ort gibt, an dem
   nichts ist.
3. Schüler pusten durch einen Strohhalm Luft in   PA
   Wasser.
   Lehrer (evtl.): „Überlegt euch mal, was dieser Versuch mit unserem Thema
   ‚Luft‘ zu tun hat.“
4. Schüler beschreiben und erklären ihre Beob-   GA
   achtungen.
   Schüler berichten von ähnlichen Erfahrungen (z. B. Badewanne).
   Lehrer gibt Anstöße zur Vervollständigung
   (z. B.: „Beschreibt die Luftblasen
   ganz genau!“).

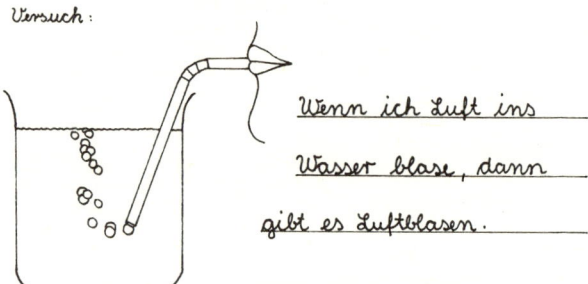

Versuch :

Wenn ich Luft ins Wasser blase, dann gibt es Luftblasen.

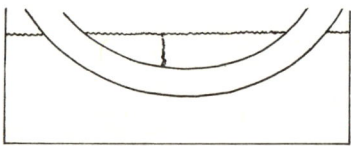

Im Versuch kann man Luft sehen.

Wie findest Du das Loch im Fahrradschlauch ?

Ich pumpe den Schlauch auf und lege ihn ins Wasser. Dort, wo Luftblasen aufsteigen, ist das Loch.

5. Schüler versuchen herauszufinden, wie das   GA
   Loch eines beschädigten Fahrradschlauches ausfindig zu machen ist.
   Schüler überprüfen die Behauptung, die Lösung liege in den aus dem Loch auf-

steigenden Luftblasen, durch eigene
Beobachtung.
6. Schüler bearbeiten das AB. Die Luftblasen   EA
zeichnen sie selbst ein.
Lehrer schreibt Text (Schülerformulierun-
gen!) strukturgleich zum AB an die
Tafel und betreut die Schüler während der EA.
Schüler, die fertig sind, malen die Zeichnung
auf dem AB an oder suchen sich eine
freie, aber leise Beschäftigung.

Medien:
Für je 2 Schüler: 1 großes Glas mit Wasser
                   2 Strohhalme
Für die Lehrer-Demonstration: 1 Glasschüssel mit Wasser
                              1 Fahrradschlauch mit Loch

4.3 Geplanter Verlauf der dritten Stunde

1. Metaunterricht: Leise durch das Schul-   GA
   haus ...
   Schüler machen ihren Mitschülern vor, wie
   sie ganz leise durch das Schulhaus
   gehen werden.
2. Schüler ziehen geschlossenen bzw. geöffne-   Schulhof
   ten Regenschirm beim Laufen hinter
   sich her. Sie vergleichen.
3. Schüler beschreiben, was sie in Situation 2   GA
   festgestellt haben, und versuchen,
   eine Erklärung zu finden.
   Lernhilfe: „Es hat mit unserem Thema ‚Luft'
   zu tun."
   Lernhilfe: Tafelskizze (Personen mit ge-
   schlossenem bzw. geöffnetem Regenschirm)
   Lehrer vervollständigt evtl. die Erklärungen
   der Schüler.
   Lehrer: „Ich überlege mir, wie das Laufen
   mit einem Riesenschirm wohl ist."
4. Lehrer: „Kann jemand erklären, was ein   GA
   Fallschirm ist?"

Lernhilfe: Tafelskizze (Fallschirm)

5. Schüler stellen einen kleinen Fallschirm her (siehe „Medien" und AB). EA

6. Schüler probieren ihre Fallschirme zunächst frei aus (Matte als Landeplatz, um den Lärmpegel nicht unnötig zu erhöhen). EA

7. Schüler stellen Vermutungen darüber an, wie Schirmgröße und Sinkgeschwindigkeit zusammenhängen. Halbkreis

8. Schüler ordnen die verschieden großen Fallschirme nach Sinkgeschwindigkeit. Halbkreis

Schüler vergleichen die Sinkgeschwindigkeiten verschieden großer Fallschirme im Experiment und versuchen zu begründen, wie Sinkgeschwindigkeit und Schirmgröße zusammenhängen.

je nach Zeit:

9. Lehrer zeichnet einen Kasten- und einen Sportwagen an die Tafel. Halbkreis

Schüler übertragen die Erkenntnis aus den Situationen 2/3 und 8/9 auf die Form von Kraftwagenkarosserien.

Schüler überprüfen ihre Hypothesen am Experiment (Lehrer-Demonstration).

Lehrer läßt zusammen mit einem Schüler zwei gleiche Fahrzeuge mit unterschiedlich aufgebauter Ladung von einer Anhöhe rollen.

HA: Schüler lösen die Aufgaben zum Ankreuzen auf dem AB. (Der Text wird in der folgenden Stunde geschrieben.)

Lehrer erklärt das Vorgehen bei Multiple-choice-Fragen.

Medien:

Für Situation 2: Pro Schüler: 1 Regenschirm (von den Schülern mitgebracht)

Für Situationen 5–8: Pro Schüler: 1 Fallschirm (aus vom Leh-

	rer vorbereitetem Plastikfolienschirm
	und vom Schüler mitgebrachtem Schlüs-
	sel; drei verschiedene Schirmgrößen)
Für Situationen 6–8:	1 Matte als „Landeplatz" für die Fall-
	schirme
	1 großer Stab als „Startmarke"
Für Situation 9:	2 Bretter als Startbahnen
	2 Constri- (Lego-, …)autos von gleicher
	Bauart, einmal mit flacher Ladung, ein-
	mal mit hochragender, sperriger La-
	dung.

Abkürzungen:

AA: Arbeitsauftrag
AB: Arbeitsblatt
EA: Einzelarbeit
GA: Gruppenarbeit
HA: Hausaufgabe
PA: Partnerarbeit
TA: Tafelanschrieb

Mit aufgespanntem Regenschirm kann ich nicht so schnell laufen, weil mich die Luft bremst.

Luft kann bremsen.

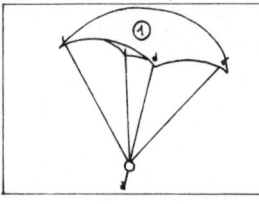 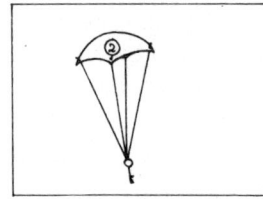

Bei welchem Fallschirm bremst die Luft mehr? Kreuze an!

Fallschirm ① ☒   *Fallschirm* ② ☐

Bei welchem Auto bremst die Luft mehr? Kreuze an!

Auto ① ☒   *Auto* ② ☐

5. Literatur

Bader, F./Dorn, F. (Hrsg.): Physik – Mittelstufe. Hannover 1974

Beck, G./Soll, W. (Hrsg.): Sach- und Machbuch, 2. Schuljahr. Lehrerbuch. Frankfurt 1982

Becker, G.E.: Durchführung von Unterricht. Handlungsorientierte Didaktik Teil II. Weinheim 1986, 2. Aufl.

Becker, G.E.: Planung von Unterricht. Handlungsorientierte Didaktik Teil I. Weinheim 1987, 2. Aufl. (dieses Buch)

Becker, G.E./Clemens-Lodde, B./Köhl, K.: Unterrichtssituationen. München 1980, 2. Aufl.

Bloom, B.S. et al.: Taxonomie von Lernzielen im kognitiven Bereich. Weinheim und Basel 1974, 4. Aufl.

Christen, H.R.: Einführung in die Chemie. Frankfurt/Main 1975, 10. Aufl.

Klafki, W.: Studien zur Bildungstheorie und Didaktik. Weinheim 1970, 10. Aufl.

Leicht, W.H.: Physik und Chemie in der Grundschule, Lehrerhandbuch 2. Jahrgangsstufe. München 1972

Leicht, W.H.: Physik und Chemie in der Grundschule, Lehrerhandbuch 3. Jahrgangsstufe. München 1973

Ministerium für Kultus und Sport Baden-Württemberg (Hrsg.): Bildungsplan für die Grundschule. Stuttgart 1984

Oerter, R.: Moderne Entwicklungspsychologie. Donauwörth 1982, 19. Aufl.

Schenk-Danzinger, L: Entwicklungspsychologie. Wien 1977, 11. Aufl.

Trautmann, S.: Der Sprachfuchs: Übungen zur Sprachförderung. Arbeitsheft für das zweite Schuljahr. Stuttgart 1984

Verschiedene Lehrerhandbücher für den Heimat- und Sachunterricht in der zweiten Klasse

Literatur

Aebli, H.: Grundformen des Lehrens. Stuttgart 1977, 10. Aufl.

Allen, D./Ryan, K.: Microteaching. Weinheim und Basel 1972

Amidon, E.J./Hough, J.B. (eds.): Interaction Analysis. Theory, Research, and Application. Reading 1967

Armbruster, B./Hertkorn, O.: Allgemeine Mediendidaktik. Köln 1978

Aschersleben, K./Hohman, M.: Handlexikon der Schulpädagogik. Stuttgart 1979

Bandura, A.: Principles of Behavior Modification. Holt, Rinehart and Winston, London 1969

Becker, G.E.: Auf dem Weg zu einer Taxonomie des Lehrverhaltens. In: Unterrichtswissenschaft. 3, 1975, 4, 35–54

Becker, G.E.: Auswertung und Beurteilung von Unterricht. Handlungsorientierte Didaktik Teil III. Weinheim 1986

Becker, G.E.: Darstellung verschiedener Trainingsansätze unter inhaltlichem Aspekt. In: Zifreund, W. (Hrsg.) 1976, a.a.O.

Becker, G.E.: Disziplinkonflikte im Unterricht. Ursachen und pädagogische Maßnahmen. Studienbrief der Fernuniversität Hagen. Hagen 1982

Becker, G.E.: Durchführung von Unterricht. Handlungsorientierte Didaktik Teil II. Weinheim 1986. 2., überarb. Aufl.

Becker, G.E.: Lehrer lösen Konflikte. Weinheim und Basel 1985, 3. Aufl.

Becker, G.E.: Lernhilfen geben. In: Beiträge zu Unterricht und Ausbildung der Zsch. Krankengymnastik. 6, 1982, 2, 5–8

Becker G.E.: Optimierung schulischer Gruppenprozesse durch situatives Lehrtraining. Heidelberg 1973 (a)

Becker G.E.: Situatives Lehrtraining – Eine Methode zum Erwerb von Handlungskompetenzen –. In: Mutzeck/Pallasch (Hrsg.) a.a.O.

Becker G.E.: Zur erforderlichen Neuorientierung des erziehungswissenschaftlichen Studiums an den Aufgaben des Lehrers im Unterricht. In: Unterrichtswissenschaft. 1, 1973 (b), 2/3, 121–127

Becker G.E./Clemens-Lodde, B./Köhl, K.: Unterrichtssituationen. München 1980, 2. Aufl.

Becker G.E./Dietrich, B./Kaier, E.: Konfliktbewältigung im Unterricht. Bad Heilbrunn 1982, 3. Aufl.

Benden, M. (Hrsg.): Zur Zielproblematik in der Pädagogik. Bad Heilbrunn 1977

Bentzien, K.-H.: Der Epochenunterricht auf der Oberstufe der Volksschule. Stuttgart 1968, 3. Aufl.

244

Biller, K.: Unterrichtsstörungen. Stuttgart 1979

Blankertz, H.: Theorien und Modelle der Didaktik. München 1975, 9. Aufl.

Bloom, B.S. et al.: Taxonomie von Lernzielen im kognitiven Bereich. Weinheim und Basel 1972 (Originalausgabe 1956)

Böll, H.: Die verlorene Ehre der Katharina Blum. In: Romane und Erzählungen 5, 1971–1977, Köln 1977

Bönsch, M.: Konfliktdidaktik – ein zentrales Aufgabenfeld sozialen Lernens. In: Die Deutsche Schule. 72, 1980, 5, 263–275

Bönsch, M.: Problemorientierter Unterricht. In: Päd. Welt. 35, 1981, 12, 767–772

Boettcher, W. et al.: Lehrer und Schüler machen Unterricht. München 1976

Borg, W.R. et al.: The Minicourse. A Microteaching Approach to Teacher Education. Collier-Macmillan, London 1970

Brezinka, W.: ,,Konfliktpädagogik". Zur Analyse und Kritik eines neuen pädagogischen Schlagworts. In: Zsch. f. Päd. 25, 1979, 6, 953–967

Brophy, J.E./Good, T.L.: Die Lehrer-Schüler-Interaktion. München 1976 (Originalausgabe 1974)

Brück, H.: Die Angst des Lehrers vor seinem Schüler. Reinbek bei Hamburg 1978

Bruner, J.S.: Der Prozeß der Erziehung. Berlin und Düsseldorf 1970

Clarizio, H.F.: Disziplin in der Klasse. München 1979 (Originalausgabe 1971)

Claus, K.E.: Effects of Modeling and Feedback Treatments on the Development of Teachers' Questioning Skills. Technical Report No. 6. Stanford Center for Research and Development in Teaching. Palo Alto 1969

Clemens-Lodde, B./Jaus-Mager, I./Köhl, K.: Situatives Lehrtraining in der Erwachsenenbildung. Braunschweig 1978

Cube, F. v.: Die kybernetisch-informationstheoretische Didaktik. In: Päd. Beiträge. 32, 1980, 3, 120–124

Dahrendorf, R.: Zu einer Theorie des sozialen Konflikts. In: Zapf, W. (Hrsg.) a.a.O.

Derschau, D. v. (Hrsg.): Hausaufgaben als Lernchance. München 1979

Dichanz, H./Kolb, G. (Hrsg.): Unterrichtstheorie und Medienpraxis. Stuttgart 1979

Dichanz, H./Mohrmann, K.: Unterrichtsvorbereitung. Probleme, Beispiele, Vorbereitungshilfen. Stuttgart 1980, 4. Aufl.

Dick, L. v.: Alternativschulen. Informationen, Probleme, Erfahrungen. Reinbek bei Hamburg 1979

Diederich, J.: Verlaufsformen des Unterrichts. In: Päd. Beiträge. 31, 1979, 11, 431–433

Dohmen, G.: Medienwahl und Medienforschung im didaktischen Problemzusammenhang. In: Unterrichtswissenschaft. 1, 1973, 2/3, 2–26

Duck, L.: Teaching with Charisma. Allyn and Bacon, Boston 1981

Eckensberger, D.: Sozialisationsbedingungen der öffentlichen Erziehung. Frankfurt 1971

Eigler, G. et al.: Grundkurs Lehren und Lernen. Weinheim und Basel 1975, 2. Aufl.

Eigler, G./Krumm, V.: Zur Problematik der Hausaufgaben. Weinheim und Basel 1972

Eigler, G./Straka, G.A.: Mastery Learning. Lernerfolg für jeden? München 1978

Einsiedler, W.: Lehrmethoden. Probleme und Ergebnisse der Lehrmethodenforschung. München 1981

Einsiedler, W./Härle, H. (Hrsg.): Schülerorientierter Unterricht. Donauwörth 1976, 2. Aufl.

Flanders, N.A.: Analyzing Teaching Behavior. Addison-Wesley, Reading 1970

Frey, K.: Die Projektmethode. Weinheim und Basel 1982

Frommer, H. (Hrsg.): Handbuch Praxis des Vorbereitungsdienstes. 2 Bände, Düsseldorf 1981 und 1982

Fuller, F./Baker, H.: Counseling Teachers: Using Video Feedback of their Teaching Behavior. The University of Texas, Austin 1970 – vgl. in: Becker 1973 (a)

Fürstenau, P.: Zur Theorie der Schule. Weinheim und Basel 1969

Gage, N.L.: Teacher Effectiveness and Teacher Education. The Search for a Scientific Basis. Palo Alto 1972

Gage, N.L./Berliner, D.C.: Pädagogische Psychologie. 2 Bände, München 1979, 2. Aufl. (Originalausgabe 1975)

Gagné, R.M.: Die Bedingungen des menschlichen Lernens. Hannover 1969 (Originalausgabe 1965)

Geißler, E.E./Plock, H.: Hausaufgaben – Hausarbeiten. Bad Heilbrunn 1981, 3. Aufl.

Geißler, E.E./Schneider, H.: Hausaufgabe. Darmstadt 1982

Geißler, H.: Modelle der Unterrichtsmethode. Stuttgart 1979, 2. Aufl.

Giesecke, H.: Emanzipierende Mitbestimmung als Erziehungsziel des Demokratisierungsprozesses. In: Benden, M. (Hrsg.) 1977, a.a.O.

Gordon, Th.: Lehrer-Schüler-Konferenz. Hamburg 1977, 3. Aufl. (Originalausgabe 1974)

Groeben, N.: Die Verständlichkeit von Unterrichtstexten. Münster 1972

Grunder, H.U.: Lebensnaher Unterricht – kein Privileg von Alternativschulen! In: Päd. Beiträge. 33, 1981, 9, 396–399

Guilford, J.P.: Persönlichkeit. Weinheim und Basel 1964 (Originalausgabe 1959)

Habermas, J.: Vorbemerkung zu einer Theorie der kommunikativen Kompetenz. In: Habermas, J./Luhmann, N. 1971, a.a.O.

Habermas, J./Luhmann, N.: Theorie der Gesellschaft oder Sozialtechnologie. Frankfurt 1971

Heckhausen, H.: Förderung der Lernmotivierung und der intellektuellen Tüchtigkeiten. In: Roth, H. (Hrsg.) 1969, a.a.O.

Heimann, P./Otto G./Schulz, W.: Unterricht – Analyse und Planung. Hannover 1972, 6. Aufl.

Henderson, J./Lanier, P.: What Teachers Need to Know and Teach (for Survival on the Planet). In: Journal of Teacher Education. 24, 1973, 1

Hentig, H. v.: Allgemeine Lernziele der Gesamtschule. In: Lernziele der Gesamtschule. Gutachten und Studien der Bildungskommission. Bd. 12, Stuttgart 1971, 3. Aufl., 13–43

Hentig, H. v.: Vom Verkäufer zum Darsteller. Absagen an die Lehrerbildung. In: Neue Sammlung. 21, 1981, 2, 100–114; 3, 221–245

Hermes, E.: Basiswissen Schulpädagogik. Stuttgart 1980

Hiller, G.G.: Konstruktive Didaktik. Düsseldorf 1973

Hörner, H./Maier, H./Pfistner, H.-J.: Beurteilung von Unterricht. Rheinstetten 1981, 2. Aufl.

Hug, W.: Historisch-politische Kompetenz. Zur Curriculumtheorie eines modernen Geschichtsunterrichts. In: Ulshöfer, R./Götz Th. (Hrsg.) 1976, a.a.O.

Ingenkamp, K./Horn, R./Jäger, R.S. (Hrsg.): Tests und Trends. Jahrbuch der Pädagogischen Diagnostik. Weinheim und Basel 1982

Jackson, Ph.W.: The Student's World. In: The Elementary School Journal. 1966, 4, 345–357

Joyce, B./Weil, M.: Models of Teaching. Prentice Hall, Englewood Cliffs 1972

Kaier, E.: Lehren, Lernen und Computer. Datenverarbeitung in Schule, Aus- und Weiterbildung. Stuttgart 1977

Keck, R.W.: Unterricht gliedern – zielorientiert lehren. Bad Heilbrunn 1983

Keck, R.W./Sandfuchs, U. (Hrsg.): Schulleben konkret. Bad Heilbrunn 1979

Keller, U./Neumann, G.: Kritische Erziehung. 2 Bände, Opladen 1971

Kempowski, W.: Unser Herr Böckelmann. Hamburg 1979

Kern, H.J.: Lehrer-Selbsttraining. Frankfurt 1979

Kibler, R.J./Barker, L.L./Miles, D.T.: Behavioral Objectives and Instruction. Allyn and Bacon, Boston 1970

Kiphard, E.J.: Motopädagogik. Psychomotorische Entwicklungsförderung. Dortmund 1979

Klafki, W.: Die bildungstheoretische Didaktik im Rahmen kritisch-konstruktiver Erziehungswissenschaft. In: Päd. Beiträge. 32, 1980, 1, 32–37

Klafki, W.: Neue Studien zur Bildungstheorie und Didaktik. Weinheim 1985

Klewitz, E./Mitzkat, H. et al.: Entdeckendes Lernen und offener Unterricht. Braunschweig 1977

Klinzing-Eurich, G./Klinzing, H.G.: Lehrfertigkeiten und ihr Training. Weil der Stadt 1981

Köhler, F.: Grammatik im Medienverbund. In: Schulpraxis. 3, 1983, 2, 24–27

Kohlberg, L./Turiel, E.: Moralische Erziehung und Moralentwicklung. In: Portele, G. (Hrsg.) 1978, a.a.O.

Kolb, G.: Kommunikationstheoretische Überlegungen zu einer Mediendidaktik. In: Unterrichtswissenschaft. 1, 1973, 2/3, 61–74

Kounin, J.S.: Techniken der Klassenführung. Stuttgart 1976 (Originalausgabe 1970)

Kozdon, B. (Hrsg.): Lernzielpädagogik – Fortschritt oder Sackgasse. Gegen das Monopol eines Didaktikkonzepts. Bad Heilbrunn 1981

Krathwohl, D.R.: Taxonomie von Lernzielen im affektiven Bereich. Weinheim und Basel 1975 (Originalausgabe 1964)

Krüger, R.: Rückkehr zum Klassenlehrer? Zur Weiterentwicklung traditioneller Klassenlehrer-Modelle. In: Pädagogische Welt. 35, 1981, 5, 307–314

Krumm, H.-J.: Analyse und Training fremdsprachlichen Lehrverhaltens. Weinheim und Basel 1973

Kunert, K.: Theorie und Praxis des offenen Unterrichts. München 1978

Langer, I./Schulz v.Thun, F./Tausch, R.: Verständlichkeit in der Schule, Verwaltung, Politik und Wissenschaft. München 1974

Lindenberg, Ch.: Waldorfschulen: Angstfrei lernen, selbstbewußt handeln. Praxis eines verkannten Schulmodells. Reinbek bei Hamburg 1975

Mager, R.F.: Lernziele und Programmierter Unterricht. Weinheim 1972, 2. Aufl. (Originalausgabe 1961)

Mager, R.F.: Zielanalyse. Weinheim und Basel 1975, 2. Aufl. (Originalausgabe 1972)

Maier, H./Pfistner, H.-J.: Die Grundlagen der Unterrichtstheorie und der Unterrichtspraxis. Heidelberg 1971

Mann, I.: Lernprobleme. München 1979

Messner, R.: Funktionen der Taxonomien für die Planung von Unterricht. In: Bloom, B.S. et al. (Hrsg.) 1972, a. a. O.

Metz, H.: Aufgabenorientierte Lehr-Lern-Strategien. In: Päd. Welt. 34, 1980, 7, 402–406

Meyer, E.: Trainingshilfen zum Gruppenunterricht. Oberursel 1981

Meyer, H.: Leitfaden der Unterrichtsvorbereitung. Königstein 1980, 3. Aufl.

Miltz, R.J.: How to Explain. A Manual for Teachers. Stanford Center for Research and Development in Teaching. Palo Alto 1972

Minssen, F.: Die psychosoziale Dimension des Lehrberufs. In: Gruppendynamik. 1, 1970, 1, 50–62

Möller, Ch.: Die curriculare Didaktik oder: Der lernzielorientierte Ansatz. In: Päd. Beiträge. 32, 1980, 4, 164–168

Möller, Ch.: Praxis der Lernplanung. Weinheim und Basel 1974

Möller, Ch.: Technik der Lernplanung. Weinheim und Basel 1974, 5. Aufl.

Muth, J.: Pädagogischer Takt. Heidelberg 1967, 2. Aufl.

Muthig, B.: Gesamtunterricht in der Grundschule. Bad Heilbrunn 1978

Mutzeck, W./Pallasch, W. (Hrsg.): Handbuch zum Lehrertraining. Konzepte und Erfahrungen. Weinheim und Basel 1983

Nicklis, W.S.: Von Sinn und Unsinn des „wissenschaftsorientierten Unterrichts" in praktischer Hinsicht. In: Päd. Welt. 34, 1980, 7, 387–395

Nuber, F. (Hrsg.): Informeller Unterricht – Modell für die Grundschule. München 1977

Parsons, T.: Das Problem des Strukturwandels: Eine theoretische Skizze. In: Zapf, W. (Hrsg.) 1971, a.a.O.

Piaget, J.: Das Erwachen der Intelligenz beim Kinde. Stuttgart 1969 (Vgl. Gage/Berliner, a.a.O., 348 ff.)

Pikas, A.: Rationale Konfliktlösung. Heidelberg 1974

Popham, W.-J.: Performance Test of Teaching Proficiency. In: American Educational Research Journal. 1971, 1

Popp, W. (Hrsg.): Kommunikative Didaktik. Weinheim und Basel 1976

Portele, G. (Hrsg.): Sozialisation und Moral. Weinheim und Basel 1978

Ramseger, J.: Offener Unterricht in der Erprobung. Erfahrungen mit einem didaktischen Modell. München 1977

Rapp, G.: Blockunterricht. Zur Effizienz von Doppel- und Einzelstunden. Stuttgart 1970

Redlich, A./Schley, W.: Kooperative Verhaltensmodifikation im Unterricht. München 1978

Robinsohn, S.B.: Bildungsreform als Revision des Curriculum. Neuwied 1972. 3. Aufl.

Rosenshine, B.: Teaching Behaviors and Student Achievement. NFER-Nelson, London 1971

Roth, H. (Hrsg.): Begabung und Lernen. Deutscher Bildungsrat. Gutachten und Studien der Bildungskommission. Band 4, Stuttgart 1969, 2. Aufl.

Rutenfranz, J.: Beanspruchung von Schülern: Arbeitsphysiologische Aspekte der derzeitigen Schulsituation. Bundesmin. f. B.u.W., Bonn 1978

Rutter, M. et al.: Fünfzehntausend Stunden. Schulen und ihre Wirkung auf die Kinder. Weinheim und Basel 1980 (Originalausgabe 1979)

Sader, M.: Psychologie der Gruppe. München 1976

Scheller, I.: Erfahrungsbezogener Unterricht. Königstein 1981

Schmack, E.: Offenes Curriculum – offener Unterricht. Möglichkeiten und Grenzen. Kastellaun 1978

Schmaderer, F.O. (Hrsg.): Die Bedeutung eines schülerorientierten Unterrichts. Grundsätze, Möglichkeiten, Maßnahmen. München 1976

Schmitt, R.: Stufen der moralischen Entwicklung. Basis für ein pädagogisches Konzept? In: Päd. Beiträge. 31, 1979, 10, 366–371

Schnitzer, A./Geisreiter, E./Volk, H.: Schwerpunkt: Schülerorientierter Unterricht. München 1976

Schönberger, F. (Hrsg.): Kooperative Didaktik. Neustadt 1982

Schollmeyer, D.: Lehrtraining und Verhaltensmodifikation. Düsseldorf 1981

Schraeder-Naef, R.: Schüler lernen Lernen. Weinheim und Basel 1978

Schröder, H.: Wertorientierter Unterricht. Pädagogische und didaktische Grundlagen eines erziehenden Unterrichts. München 1978

Schulz, W.: Die lerntheoretische Didaktik. Oder: Didaktisches Handeln im Schulfeld. Modellskizze einer professionellen Tätigkeit. In: Päd. Beiträge. 32, 1980 (a), 2, 80–85

Schulz, W.: Unterrichtsplanung. München 1980 (b)

Schwarzer, R./Steinhagen, K.: Adaptiver Unterricht zur Wechselwirkung von Schülermerkmalen und Unterrichtsmethoden. München 1975.

Singer, K.: Maßstäbe für eine humane Schule. Mitmenschliche Beziehung und angstfreies Lernen durch partnerschaftlichen Unterricht. Frankfurt, 1981

Sommer, H.: Grundkurs Lehrerfrage. Weinheim und Basel 1981

Spitz, R.A.: Siehe Lit. bei Eckensberger, D. (1971) a.a.O.

Steindorf, G.: Grundbegriffe des Lehrens und Lernens. Bad Heilbrunn 1981

Tausch, R./Tausch, A.-M.: Erziehungspsychologie. Begegnung von Person zu Person. Göttingen 1979, 9. Aufl.

Thiele, H.: Trainingsprogramm Gesprächsführung im Unterricht. Bad Heilbrunn 1983

Ulich, D.: Gruppendynamik in der Schulklasse. München 1971

Ulshöfer R./Götz, Th. (Hrsg.): Praxis des offenen Unterrichts. Das Konzept einer neuen kooperativen Didaktik. Freiburg 1976

Unseld, G.: Offene Schulen für offenes Lernen. Kronberg 1977

Vilsmeier, F.: Der Gesamtunterricht. Weinheim 1960

Vogel, A.: Artikulation des Unterrichts. Ravensburg 1973

Wagenschein, M.: Zum Begriff des Exemplarischen Lehrens. Weinheim 1959

Wagner, A. (Hrsg.): Schülerzentrierter Unterricht. München 1976

Weck, H.: Bewertung und Zensierung. Berlin 1982

Weidenmann, B.: Lehrerangst. Ein Versuch, Emotionen aus der Tätigkeit zu begreifen. München 1978

Weinert, F.E./Zielinski, W.: Lernschwierigkeiten – Schwierigkeiten des Schülers oder der Schule? In: Unterrichtswissenschaft. 5, 1977, 4, 292–304

Wendeler, J.: Lernzieltests im Unterricht. Weinheim und Basel 1981

Westphal, E.A.F. (Hrsg.): Erfahrungen mit lebensproblemzentriertem Unterricht. – Bericht über einen Lernprozeß. – Oldenburg 1979

Wilhelm, Th.: Theorie der Schule. Stuttgart 1967

Winkel, R.: Die kritisch-kommunikative Didaktik. In: Päd. Beiträge. 32, 1980, 5, 200–204

Zapf, W. (Hrsg.): Theorien des sozialen Wandels. Köln und Berlin 1971, 3. Aufl.

Zifreund, W.: Konzept für ein Training des Lehrverhaltens mit Fernseh-Aufzeichnungen in Kleingruppen-Seminaren. Beiheft 1 zur Zsch. pl, Berlin 1966

Zifreund, W.: Training des Lehrverhaltens und Interaktionsanalyse. Weinheim und Basel 1976

Sachregister

Personenregister

Aebli, H. 56
Allen, D.W. 56, 127, 186, 192
Amidon, E.J. 8
Armbruster, B. 115, 118, 125
Aschersleben, K. 18, 25, 170, 185
Ausubel, D.P. 167

Bach, H. 170
Baker, H. 185
Bandura, A. 199
Barker, L.L. 63
Becker, G.E. 24, 26, 56, 106, 108, 140, 142/143, 154, 182, 192/193
Bentzien, K.-H. 158
Berliner, D. 7, 28, 30, 37, 158, 160, 166/167
Biller, K. 142
Blankertz, H. 13, 42/43, 138
Bloom, B.S. 28 ff., 37, 63, 65 ff., 128
Böll, H. 136, 139
Bönsch, M. 13, 159
Boettcher, W. 94, 100
Borg, W.R. 66
Brecht, B. 136
Brezinka, W. 107, 156
Brophy, J.E. 105
Brück, H. 140
Bruner, J.S. 38

Clarizio, H.F. 156
Claus, K.E. 31, 123
Clemens-Lodde, B. 24, 26, 106, 192/193
Comenius, J.A. 38, 113
Cube, F.v. 13

Dahrendorf, R. 157
Dale, E. 115

Derschau, D.v. 84
Dichanz, H. 115, 170
Dick, L.v. 7
Diederich, J. 170
Dietrich, B. 154
Dörpfeld, F.W. 170
Dohmen, G. 139
Duck, L. 40, 50

Eigler, G. 84/85, 97, 159/160, 164, 166
Einsiedler, W. 159/160

Flanders, N.A. 8, 94, 154
Frey, K. 159
Fürstenau, P. 78
Fuller, F. 185

Gage, N.L. 7, 28, 30, 37, 158, 160, 166/167, 193
Gagné, R.M. 28, 123
Gaudig, H. 38
Geheeb, P. 38
Geisreiter, E. 159
Geißler, E.E. 84
Geißler, H. 160
Giesecke, H. 99
Goebbels, J. 137
Götz, Th. 13, 159
Good, T.L. 105
Gordon, Th. 142, 153
Groeben, N. 56
Grunder, H.U. 159
Guilford, J.P. 28/29, 31, 37, 63, 128, 149

Habermas, J. 10, 59
Härle, H. 159

Handlungsorientierte Didaktik

Georg E. Becker
Planung von Unterricht
Handlungsorientierte Didaktik
Teil I.
257 Seiten. Broschiert.
DM 38,–
ISBN 3-407-25189-0
Der Lehrer gilt als Fachmann
für die Organisation von Lern-
prozessen. Dies bedarf sorgfäl-
tiger Planung in einzelnen
Schritten. Die hier vorliegende
Handlungsorientierte Didaktik
bietet Anleitung und Hilfe bei
der Planung von Unterricht.

Georg E. Becker
Durchführung von Unterricht
Handlungsorientierte Didaktik
Teil II.
298 Seiten. Broschiert.
DM 38,–
ISBN 3-407-25089-4
In diesem Band wird der Versuch
unternommen, angehenden Lehrern handlungsorientierte Leitlinien zu bieten, die es ihnen erlauben, theoretische Einsichten
und Erkenntnisse auf die Handlungsebene zu übertragen und
an der Ausweitung und Veränderung ihres Handlungsrepertoires
zu arbeiten.

Georg E. Becker
**Auswertung und Beurteilung
von Unterricht**
Handlungsorientierte Didaktik
Teil III.
204 Seiten. Broschiert.
DM 38,–
ISBN 3-407-25090-8
Nach den beiden ersten Bänden
»Planung von Unterricht« und
»Durchführung von Unterricht«
folgt nun Teil III der handlungs-
orientierten Didaktik »Auswer-
tung von Unterricht«. Ein prakti-
sches Buch für Lehrerstudenten
wie für Lehrer, das detaillierte
Leitlinien für die verschieden-
sten Unterrichtssituationen gibt.

Georg E. Becker
Handlungsorientierte Didaktik
Eine auf die Praxis bezogene
Theorie.
168 Seiten. Broschiert.
DM 34,–
ISBN 3-407-25135-1
Die Handlungsorientierte Didak-
tik will Lehrer befähigen, im
Unterricht möglichst human,
demokratisch und effektiv zu
verfahren. Dazu werden Studien
und Übungsziele sowie Verfah-
ren zum Qualifikations- und
Kompetenzerwerb angeboten.

Preisänderungen vorbehalten

Beltz Verlag · Postfach 100154 · 69441 Weinheim

B0163

Weitere Bücher von Georg E. Becker

Georg E. Becker
Claudia Hartmann-Kurz
Ute Nagel (Hrsg.)
Schule für alle
Die Asylpolitk und ihre
Auswirkungen auf Kinder
von Asylbewerbern.
299 Seiten. Broschiert.
DM 42,–
ISBN 3-407-25183-1
Kinder von Asylbewerbern –
ihre rechtliche Situation und
ihre Chancen, eine Schule zu
besuchen.

Georg E. Becker
Ursula Coburn-Staege (Hrsg.)
**Pädagogik gegen
Fremdenfeindlichkeit, Rassismus
und Gewalt**
Mut und Engagement in
der Schule.
324 Seiten. Broschiert.
DM 39,80
ISBN 3-407-25155-6
Eine Aufforderung an Lehrer
und Lehrerinnen, mutig
und engagiert den Grund-
und Menschenrechten in ihren
Klassen, Schulen und Gemein-
den Geltung zu verschaffen.

Georg E. Becker
Lehrer lösen Konflikte
Ein Studien- und Übungsbuch.
455 Seiten. Broschiert.
DM 48,–
ISBN 3-407-25187-4
Diese Buch will dazu auffordern,
sich in der Analyse von Konflik-
ten und in der Entwicklung von
Konfliktlösungen zu schulen.

Georg E. Becker
Britta Kohler
Hausaufgaben
Kritisch sehen und die Praxis
sinnvoll gestalten.
196 Seiten. Broschiert.
DM 36,–
ISBN 3-407-25108-4
Dieses Buch orientiert sich an
den Handlungen des Lehrers
im Unterricht und bietet in
verständlicher Form konkrete
Handlungshilfen für das Stelle,
Betreuen und Kontrollieren von
Hausaufgaben. Das Buch bietet
Referendaren, Lehrern aller
Schularten, Nachhilfelehrern
und sozialpädagogischen Mit-
arbeitern einen umfassenden
Reflexionshintergrund und lie-
fert Anregungen und Hinweise
für die Arbeit mit den Schülern.

Preisänderungen vorbehalten

Beltz Verlag · Postfach 100154 · 69441 Weinheim

B0164

Reinhold Miller bei Beltz

Reinhold Miller
Schule selbst gestalten
Band 1:
Beziehung und Interaktion
136 Seiten. Ordner. DM 128,–
ISBN 3-407-62325-9
Die umfassenden und vielfältigen inner- und außerschulischen Veränderungen erfordern erweiterte bzw. neue Angebote für Lehrerinnen und Lehrer zur zeitgemäßen Gestaltung von Schule und Unterricht. Die Kopiervorlagen sind dafür als Arbeitshilfen gedacht mit folgender Zielrichtung: Rascher Zugriff zu wichtigen Themenbereichen; Multiplikation von Informationen in Form von Arbeitsblättern oder Overheadfolien; Grundlagen für Erfahrungsaustausch und Diskussionen; Material für Schilf und Schulentwicklung.
Der Band enthält zehn Themenbereiche: Gestaltpädagogik; Neurolinguistisches Programmieren (NLP); Nonverbale Kommunikation; Organisations- und Schulentwicklung; Psychodrama-Pädagogik; Schulinterne Lehrerfortbildung (SCHILF); Supervision; Themenzentrierte Interaktion (TZI); Transaktionsanalyse (TA); Verbale Kommunikation

Reinhold Miller
Schul-Labyrinth
Gedanken-Gänge, Anstöße, Aus-Wege. Hilfen im Umgang mit Veränderungen.
264 Seiten. Broschiert. DM 38,–
ISBN 3-407-25147-5

Reinhold Miller
Lehrer lernen
(Sonderausgabe)
363 Seiten. Pappband. DM 29,80
ISBN 3-407-21013-2

Reinhold Miller
**Schulinterne
Lehrerfortbildung**
(Sonderausgabe)
340 Seiten. Pappband. DM 29,80
ISBN 3-407-21014-0

Reinhold Miller
**Sich in der Schule
wohlfühlen**
(Sonderausgabe)
320 Seiten. Pappband. DM 29,80
ISBN 3-407-21015-9

Reinhold Miller
»Das ist ja wieder typisch«
Kommunikation und Dialog in Schule und Schulverwaltung.
25 Trainingsbausteine.
180 Seiten. Broschiert. DM 29,80
ISBN 3-407-62313-5

Preisänderungen vorbehalten

Beltz Verlag · Postfach 100154 · 69441 Weinheim

B0165